Parleremo Languages
Presents

Basic Vocabulary Activities Book
Polish - Volume 1

Compiled by Erik Zidowecki

For more language learning materials and the chance to meet other language learners, visit http://www.parleremo.org

Welcome to this Vocabulary Activities book!

This book contains word searches, word scrambles, and quizzes in 12 categories of words:

Airport	**Clothing**	**Hotel**
Animals	**Family**	**Parts of the Body**
Around the House	**Food**	**Restaurant**
Birds	**Fruit**	**Vegetables**

This book is divided into four main sections:

Word lists. These are the words for the different categories, listed in alphabetical order with parts of speech and the closest English translations. Parts of speech are given in []. The words are presented so you know what words are being used for the quizzes.

Searches. For each category, there are 12 puzzles. Words are listed with English translations. Find all the word in the grid of letters. Words may be in any direction vertically, horizontally and diagonally.

Scrambles. For each category, there are 6 puzzles, and each puzzle has 10 word scrambles. You must rearrange the letters of each scramble to get the correct word. There is a place under each scramble to write your answer. Spaces and hyphens are in their proper places already. Hints and solutions are availbe at the end of the scrambles section.

Quizzes. For each category, there are 6 quizzes, and each quiz has 24 questions. You must choose the best match for the word given. Solutions are available at the end of the quizzes section.

Note: In some cases , the common word for something may be used instead of the formal word, so as to help provide you with a more natural vocabulary.

We hope you learn some new vocabulary and have fun doing it!

Airport

anulować *[v]* - to cancel

bagaż *[m]* - luggage

bezpośredni *[adj]* - direct

bilet *[m]* - ticket

bilet w jedną stronę *[m]* - single ticket

bilet w obie strony *[m]* - round trip ticket

bileterka *[m]* - ticket agent

biuro podróży *[n]* - travel agency

boczne przejście *[f]* - gangway

bramaka *[f]* - gate

cel *[n]* - destination

deska ratunkowa *[f]* - life preserver

domowy *[adj]* - domestic

drugi pilot *[m]* - copilot

hangar *[m]* - hangar

informacja *[f]* - information

kabina *[f]* - cabin

karta pokładowa *[f]* - boarding pass

klasa ekonomiczna *[f]* - economy class

koło *[n]* - wheel

latanie *[n]* - flying

lecieć *[v]* - to fly

lot *[m]* - flight

lotnisko *[n]* - airport

lądować *[v]* - to land

międzynarodowy *[adj]* - international

nagły wypadek *[m]* - emergency

niepalący *[adj]* - non-smoking

nieść *[v]* - to carry

odlatywać *[v]* - to take off

odlot *[m]* - departure

odprawa *[f]* - check-in

okno *[n]* - window

palenie *[n]* - smoking

palenie wzbronione *[inj]* - no smoking

pas startowy *[m]* - runway

pasażer *[m]* - passenger

paszport *[m]* - passport

pierwsza klasa *[f]* - first class

pilot *[m]* - pilot

plecak *[f]* - rucksack

połączenie *[n]* - connection

przyjazd *[m]* - arrival

późno *[adv]* - late

rezerwować *[v]* - to book

samolot *[m]* - airplane

siadać *[v]* - to sit down

siedzenie *[n]* - seat

skrzydło *[n]* - wing

sprawdzić torby *[v]* - to check bags

start *[m]* - liftoff

stewardesa *[f]* - air hostess

słuchawki *[fp]* - headphones

taca *[f]* - tray

tlen *[m]* - oxygen

toaleta *[f]* - toilet

turbulencja *[f]* - turbulence

urzędnik *[m]* - officer

waga *[f]* - weight

walizka *[f]* - suitcase

wcześnie *[adv]* - early

wolnocłowy *[adj]* - duty-free

wsiadać *[v]* - to board

wyjście *[m]* - exit

wykrywacz metalu *[m]* - metal detector

wysokość *[f]* - altitude

zabezpieczenie *[m]* - security

zadeklarować *[v]* - to declare

załoga *[f]* - crew

ziemia *[f]* - land

śmigłowiec *[m]* - helicopter

Animals

aligator *[m]* - alligator

bawół *[m]* - buffalo

borsuk *[m]* - badger

byk *[m]* - bull

bóbr *[m]* - beaver

gazela *[f]* - gazelle

gepard *[m]* - cheetah

goryl *[m]* - gorilla

hiena *[f]* - hyena

hipototam *[m]* - hippopotamus

jagnię *[n]* - lamb

jaguar *[m]* - jaguar

jeleń *[m]* - deer

jeżozwierz *[m]* - porcupine

kangur *[m]* - kangaroo

koala *[f]* - koala

kot *[m]* - cat

koza *[f]* - goat

koń *[m]* - horse

krokodyl *[m]* - crocodile

krowa *[f]* - cow

królik *[m]* - rabbit

kuguar *[m]* - cougar

lama *[f]* - llama

lampart *[m]* - leopard

lew *[m]* - lion

lis *[m]* - fox

małpa *[f]* - monkey

mrówkojad *[m]* - anteater

mrównik *[m]* - aardvark

muł *[m]* - mule

mysz *[f]* - mouse

niedźwiedź *[m]* - bear

nosorożec *[m]* - rhinoceros

ocelot *[m]* - ocelot

osioł *[m]* - donkey

owca *[f]* - sheep

pancernik *[m]* - armadillo

panda *[f]* - panda

pantera *[f]* - panther

pawian *[m]* - baboon

pies *[m]* - dog

piesek *[m]* - little dog

pręgowiec *[m]* - chipmunk

ropucha *[f]* - toad

ryś *[m]* - lynx

ryś rudy *[m]* - bobcat

szczenię *[m]* - pup

szczur *[f]* - rat

słoń *[m]* - elephant

tygrys *[m]* - tiger

walabia *[f]* - wallaby

wielbłąd *[m]* - camel

wiewiórka *[f]* - squirrel

wilk *[m]* - wolf

wąż *[m]* - snake

zebra *[f]* - zebra

zwierzę *[n]* - animal

świnia *[f]* - pig

żaba *[f]* - frog

żyrafa *[f]* - giraffe

żółw *[m]* - tortoise

Around the House

bibli;oteczka *[f]* - bookcase

budzik *[m]* - alarm clock

butelka *[f]* - bottle

czajnik *[m]* - kettle

dach *[m]* - roof

danie *[m]* - dish

dom *[m]* - house

drzwi *[fp]* - door

dywan *[m]* - carpet

dzbanek do kawy *[n]* - coffee pot

filiżanka *[f]* - cup

kanapa *[f]* - couch

kieliszek *[f]* - drinking glass

klatka schodowa *[m]* - staircase

klucz *[m]* - key

koc *[m]* - blanket

kocioł *[m]* - pot

kosz na śmieci *[m]* - rubbish can

kredens *[m]* - dresser

krzesło *[n]* - chair

kuchnia *[f]* - kitchen

kurek *[m]* - tap

lampa *[f]* - lamp

latarka *[f]* - torch

lodówka *[f]* - refrigerator

lustro *[n]* - mirror

meble *[fp]* - furniture

mikser *[m]* - blender

miotła *[f]* - broom

miska *[f]* - bowl

mydło *[n]* - soap

nóż *[m]* - knife

obraz *[m]* - image

odkurzacz *[m]* - hoover

patelnia *[f]* - frying pan

piekarnik *[m]* - stove

poduszka *[f]* - pillow

podłoga *[f]* - floor

popielniczka *[f]* - ashtray

portfel *[m]* - wallet

portmonetka *[f]* - purse

pralka *[f]* - washing machine

prysznic *[m]* - shower

przełącznik *[m]* - switch

prześcieradło *[n]* - sheet

pudełko *[n]* - box

puszka *[f]* - tin

półka *[f]* - shelf

radio *[n]* - radio

serwetka *[f]* - napkin

stół *[m]* - table

sufit *[m]* - ceiling

suszarka *[f]* - drier

szafa *[f]* - wardrobe

szafka *[f]* - cabinet

szklanka *[f]* - glass

szuflada *[f]* - drawer

talerz *[m]* - plate

telefon *[m]* - telephone

telewizor *[m]* - television

toalteta *[f]* - loo

torba *[f]* - bag

torba na śmieci *[f]* - rubbish bag

torebka *[f]* - handbag

toster *[m]* - toaster

wanna *[f]* - bath (tub)

wazon *[m]* - vase

wiadro *[n]* - pail

widelec *[m]* - fork

woda *[f]* - water

zamrażarka *[f]* - freezer

zasłona *[f]* - curtain

zasłonka od prysznica *[f]* - shower curtain

zegar *[m]* - clock

zlew *[m]* - kitchen sink

zmywarka *[f]* - dishwasher

łyżka *[f]* - spoon

łóżko *[n]* - bed

łóżko polowe *[n]* - cot

ściana *[f]* - wall

śpiwór *[m]* - sleeping bag

Birds

bażant *[m]* - pheasant

bocian *[m]* - stork

czapla *[f]* - heron

flaming *[m]* - flamingo

gołąb *[m]* - dove

gęś *[f]* - goose

indyk *[m]* - turkey

jastrząb *[m]* - hawk

kaczka *[f]* - duck

kogut *[m]* - rooster

kura *[f]* - hen

mewa *[f]* - seagull

orzeł *[m]* - eagle

papuga *[f]* - parrot

pelikan *[m]* - pelican

ptak *[m]* - bird

sowa *[f]* - owl

struś *[m]* - ostrich

sęp *[m]* - vulture

słowik *[m]* - nightingale

wrona *[f]* - crow

wróbel *[m]* - sparrow

łabędź *[m]* - swan

Clothing

bikini *[n]* - bikini

biustonosz *[m]* - bra

bluza *[f]* - sweatshirt

bluzka *[f]* - blouse

buty trekkingowe *[mp]* - hiking boots

chusteczka *[f]* - handkerchief

czapka *[f]* - cap

dżinsy *[fp]* - jeans

garnitur *[m]* - suit

gorset *[m]* - corset

kamizelka *[f]* - waistcoat

kapcie *[mp]* - slippers

kapelusz *[m]* - hat

kardigan *[m]* - cardigan

kombinezon *[m]* - jumpsuit

koszula *[f]* - shirt

krawat *[m]* - necktie

kurtka *[f]* - anorak

majtki *[mp]* - briefs

muszka *[f]* - bow tie

ogrodniczki *[mp]* - overalls

parasol *[m]* - umbrella

pasek *[m]* - belt

piżama *[f]* - pyjamas

pończochy *[fp]* - stockings

płaszcz *[m]* - coat

płaszcz przeciwdeszczowy *[m]* - mackintosh

rajstopy *[fp]* - tights

rozmiar *[m]* - size

rękawice *[fp]* - gloves

rękawiczka *[f]* - glove

sandały *[mp]* - sandals

skarpetki *[fp]* - socks

spodnie *[fp]* - trousers

spódnica *[f]* - skirt

strój kąpielowy *[m]* - bathing suit

sukienka *[f]* - dress

sweter *[m]* - jumper

szalik *[m]* - scarf

szelki *[fp]* - braces/suspenders

szlafrok *[m]* - dressing gown

T-shirt *[f]* - T-shirt

tenisówki *[fp]* - running shoes

ubranie *[n]* - clothes

zamek błyskawiczny *[m]* - zip

Family

babcia *[f]* - grandmother
brat *[m]* - brother
ciocia *[f]* - aunt
córka *[f]* - daughter
dziadek *[m]* - grandfather
krewni *[mp]* - relatives
krewny *[m]* - relative
kuzyn *[m]* - cousin
macocha *[f]* - stepmother
mama *[f]* - mum
matka *[f]* - mother
mąż *[m]* - husband
ojciec *[m]* - father
ojczym *[m]* - stepfather
panna młoda *[f]* - bride

pasierb *[m]* - stepson
pasierbica *[f]* - stepdaughter
przyrodni brat *[m]* - stepbrother
przyrodnia siostra *[f]* - stepsister
rodzic *[m]* - parent
rodzice *[mp]* - parents
rodzina *[f]* - family
siostra *[f]* - sister
siostrzenica *[f]* - niece
siostrzeniec *[m]* - nephew
syn *[m]* - son
tata *[m]* - dad
wnuk *[m]* - grandchild
wuj *[m]* - uncle
żona *[f]* - wife

Food

bułka *[f]* - bun
chleb *[m]* - bread
ciastko *[n]* - cake
cukier *[m]* - sugar
herbatnik *[m]* - biscuit
jajko *[n]* - egg
jedzenie *[n]* - food
jogurt *[m]* - yoghurt
krakers *[m]* - cracker
lody *[m]* - ice-cream

masło *[n]* - butter
mleko *[n]* - milk
musztarda *[f]* - mustard
ocet *[m]* - vinegar
oliwa z oliwek *[f]* - olive oil
sałatka *[f]* - salad
ser *[m]* - cheese
sól *[m]* - salt
tabliczka czekolady *[f]* - chocolate bar
zupa jarzynowa *[f]* - vegetable soup

Fruit

ananas *[m]* - pineapple
arbuz *[m]* - watermelon
banan *[m]* - banana
brzoskwinia *[f]* - peach
cytryna *[f]* - lemon
daktyl *[m]* - date
figa *[f]* - fig
grejpfrut *[m]* - grapefruit
gruszka *[f]* - pear
jabłko *[n]* - apple
jagoda *[f]* - blueberry
jeżyna *[f]* - blackberry
kasztan *[m]* - chestnut
kokos *[m]* - coconut
limonka *[f]* - lime
malina *[f]* - raspberry

mandarynka *[f]* - tangerine
melon *[m]* - melon
migdał *[m]* - almond
morela *[f]* - apricot
orzech laskowy *[m]* - hazelnut
orzech włoski *[m]* - walnut
orzech ziemny *[m]* - peanut
owoc *[m]* - fruit
pomarańcza *[f]* - orange
rabarbar *[m]* - rhubarb
rodzynek *[m]* - raisin
suszona śliwka *[f]* - prune
truskawka *[f]* - strawberry
winogrono *[n]* - grape
wiśnia *[f]* - cherry
śliwka *[f]* - plum

Hotel

apartament *[m]* - suite
balkon *[m]* - balcony
cena *[f]* - price
chłopiec hotelowy *[m]* - bellboy
duży pokój *[m]* - living room
garaż *[m]* - garage
hol *[m]* - lobby
hotel *[m]* - hotel
internet *[m]* - internet
kierownik *[m]* - manager
klimatyzacja *[f]* - air conditioning
komunikat *[m]* - message
kwit *[m]* - receipt
lód *[m]* - ice
obsługa hotelowa *[f]* - room service
parter *[m]* - ground floor
pokojówka *[f]* - maid
pokój *[m]* - room

pokój jadalny *[m]* - dining room
portier *[m]* - doorman
powództwo *[n]* - complaint
płacić *[v]* - to pay
pływalnia *[f]* - swimming pool
rachunek *[m]* - bill
recepcja *[f]* - reception desk
recepcjonista *[m]* - receptionist
rekreacja *[f]* - recreation
rezerwacja *[f]* - booking
schody *[fp]* - stairs
taksówka *[f]* - taxi
wejście *[n]* - entrance
widok *[m]* - view
winda *[m]* - lift
wymeldowanie *[n]* - check-out
śniadanie *[n]* - breakfast

Parts of the Body

bark *[m]* - shoulder

biodro *[n]* - hip

brew *[f]* - eyebrow

broda *[f]* - beard

brzuch *[m]* - belly

ciało *[n]* - body

czoło *[n]* - forehead

części ciała *[fp]* - parts of the body

gardło *[n]* - throat

gruczoł *[m]* - gland

głowa *[f]* - head

język *[m]* - tongue

kciuk *[m]* - thumb

klatka piersiowa *[f]* - thorax

kolano *[n]* - knee

kostka *[f]* - ankle

kość *[f]* - bone

krew *[f]* - blood

kręgosłup *[m]* - backbone

migdały *[fp]* - tonsils

mięsień *[m]* - muscle

mózg *[m]* - brain

nerka *[f]* - kidney

nerw *[m]* - nerve

noga *[f]* - leg

nos *[m]* - nose

oko *[n]* - eye

palec *[m]* - finger

palec u nogi *[m]* - toe

paznokieć *[m]* - fingernail

piegi *[mp]* - freckles

pierś *[f]* - breast

pięść *[f]* - fist

plecy *[fp]* - back

policzek *[m]* - cheek

powieka *[f]* - eyelid

przegub *[m]* - wrist

pęcherz *[m]* - bladder

płuco *[n]* - lung

ramię *[n]* - arm

rzęsa *[f]* - eyelash

ręka *[f]* - hand

serce *[n]* - heart

skóra *[f]* - skin

staw *[m]* - joint

stopa *[f]* - foot

stopy *[fp]* - feet

szczęka *[f]* - jaw

szyja *[f]* - neck

talia *[f]* - waist

twarz *[f]* - face

tęczówka *[f]* - iris

tętnica *[f]* - artery

ucho *[n]* - ear

udo *[n]* - thigh

usta *[f]* - mouth

warga *[f]* - lip

wyrostek robaczkowy *[m]* - appendix

wąsy *[m]* - moustache

wątroba *[f]* - liver

włosy *[fp]* - hair

ząb *[m]* - tooth

zęby *[mp]* - teeth

łokieć *[m]* - elbow

łydka *[f]* - calf

ścięgno *[n]* - tendon

żebro *[n]* - rib

żołądk *[m]* - stomach

żyła *[f]* - vein

Restaurant

danie główne *[n]* - main course
deser *[m]* - dessert
drogi *[adj]* - expensive
głodny *[adj]* - hungry
jadłospis *[m]* - menu
jeść *[v]* - to eat
kelner *[m]* - waiter
kelnerka *[f]* - waitress
kolacja *[f]* - dinner
lista win *[f]* - wine list
miska do zupy *[f]* - soup bowl
napój *[m]* - beverage
obiad *[m]* - lunch

obrus *[m]* - tablecloth
pić *[v]* - to drink
posiłek *[m]* - meal
resturacja *[f]* - restaurant
salaterka *[f]* - salad bowl
sałatka widelec *[m]* - salad fork
spragniony *[adj]* - thirsty
tani *[adj]* - cheap
ustawienie tabeli *[n]* - setting
zachowywać *[v]* - to reserve
zamawiać *[v]* - to order
łyżka do zupy *[f]* - soup spoon

Vegetables

bakłażan *[m]* - aubergine
brokuły *[fp]* - broccoli
burak *[m]* - beet
cebula *[f]* - onion
ciecierzyca *[fp]* - chick-peas
cukinia *[f]* - zucchini
czosnek *[m]* - garlic
dynia *[f]* - pumpkin
fasola *[fp]* - beans
groszek *[mp]* - peas
grzyb *[m]* - mushroom
jarzyna *[f]* - vegetable
kalafior *[m]* - cauliflower
kapusta *[f]* - cabbage
karczoch *[m]* - artichoke

koper *[m]* - fennel
korniszony *[mp]* - gherkins
kukurydza *[f]* - corn
marchewka *[f]* - carrot
ogórek *[m]* - cucumber
pieprz *[m]* - pepper
pietruszka *[f]* - parsley
pomidor *[m]* - tomato
rzodkiewka *[f]* - radish
sałata *[f]* - lettuce
seler *[m]* - celery
szparagi *[m]* - asparagus
szpinak *[m]* - spinach
ziemniak *[m]* - potato

Welcome to the Word Search section!

Find all the Polish words in the puzzles.

Words may be in any direction vertically, horizontally and diagonally.

Parts of speech are given in [].

Polish - Word Search - #1 - Airport

n	p	p	l	n	n	l	a	p	ó	n	w	ć
w	l	b	i	l	e	t	s	ś	n	i	ź	a
o	o	r	ą	j	m	m	e	g	ć	e	l	w
l	t	y	c	w	ą	n	d	j	a	p	ą	o
n	n	ż	ł	u	e	h	r	s	w	a	d	l
o	i	ę	b	l	o	y	a	k	o	l	o	u
c	s	z	t	ć	j	ś	w	r	w	ą	w	n
ł	k	t	r	a	t	s	e	z	r	c	a	a
o	o	c	h	g	n	ć	t	y	e	y	ć	f
w	ć	p	m	r	ą	ą	s	d	z	z	w	ś
y	t	p	b	w	r	i	ź	ł	e	g	g	j
ł	e	i	c	ś	j	y	w	o	r	j	s	ć
ę	ę	g	p	b	a	g	a	ż	ą	ż	k	s

Polish	English
rezerwować [v]	to book
tlen [m]	oxygen
start [m]	take off
stewardesa [f]	stewardess
skrzydło [n]	wing
lotnisko [n]	airport
bilet [m]	ticket
bagaż [m]	luggage
anulować [v]	to cancel
niepalący [adj]	non-smoking
lądować [v]	to land
wolnocłowy [adj]	duty-free
wyjście [m]	exit

Find all the Polish words in the puzzle.

Polish - Word Search - #2 - Airport

u	m	ą	ś	m	i	g	ł	o	w	i	e	c
y	a	w	u	o	s	h	k	e	h	c	e	i
w	ć	j	b	o	t	r	a	t	s	j	i	ź
a	o	ś	c	r	j	o	i	g	a	k	n	e
g	d	k	o	a	a	ą	ć	ó	ę	o	e	u
a	d	o	s	k	m	m	u	t	t	ł	z	s
ś	c	j	m	i	o	r	a	w	t	o	c	d
o	ę	f	j	o	n	s	o	k	a	t	ą	s
f	p	u	ć	j	w	t	y	f	a	ó	ł	ć
n	ó	s	j	ż	ę	y	o	w	n	p	o	l
b	ł	e	i	n	a	t	a	l	ł	i	p	o
a	ź	ą	w	b	ł	ś	l	z	l	ó	ł	t
t	w	g	z	h	ó	a	ć	ś	e	i	n	p

Polish	English
wysokość [f]	altitude
koło [n]	wheel
śmigłowiec [m]	helicopter
waga [f]	weight
lotnisko [n]	airport
bramaka [f]	gate
informacja [f]	information
nieść [v]	to carry
start [m]	take off
latanie [n]	flying
lot [m]	flight
domowy [adj]	domestic
połączenie [n]	connection

Find all the Polish words in the puzzle.

Polish - Word Search - #3 - Airport

t	e	l	i	b	e	z	s	i	ć	w	ż	ł
j	g	j	ć	i	t	z	t	ć	a	k	j	ć
m	y	c	ą	l	a	p	e	i	n	e	ć	i
a	o	n	u	f	z	f	w	p	k	d	a	ł
m	g	ż	j	i	o	b	a	p	i	a	w	ś
r	r	ę	e	w	a	k	r	r	n	p	y	k
o	z	m	a	g	f	d	d	z	d	y	t	p
n	i	g	a	j	a	z	e	y	ę	w	a	l
a	a	ż	j	n	s	j	s	j	z	y	l	e
l	m	s	i	k	f	ć	a	a	r	ł	d	c
r	ę	b	e	ż	s	b	l	z	u	g	o	a
h	a	j	e	ż	g	j	ę	d	ł	a	ś	k
k	k	a	w	a	r	p	d	o	ś	n	z	j

Polish	English
ziemia [f]	land
nagły wypadek [m]	emergency
waga [f]	weight
przyjazd [m]	arrival
stewardesa [f]	stewardess
bagaż [m]	luggage
plecak [f]	rucksack
kabina [f]	cabin
niepalący [adj]	non-smoking
urzędnik [m]	officer
odlatywać [v]	to take off
bilet [m]	ticket
odprawa [f]	check-in

Find all the Polish words in the puzzle.

Polish - Word Search - #4 - Airport

ł	ć	a	w	y	t	a	l	d	o	ą	ć	t
u	s	ś	k	z	b	l	r	r	ł	a	ę	ę
g	r	ó	e	i	m	ą	ł	c	w	ź	y	a
ł	e	l	d	i	n	ą	w	o	p	c	ć	c
ę	z	e	ó	r	n	d	r	r	ą	t	t	a
ę	e	c	w	e	u	a	ę	l	j	ś	e	t
t	r	n	y	o	l	g	a	z	h	m	l	ó
ę	w	u	g	k	c	p	i	c	r	f	i	ć
e	o	ę	e	i	e	m	s	p	d	u	b	k
h	w	d	g	i	s	f	ł	ę	i	k	r	b
ę	a	i	n	z	a	ł	o	g	a	l	r	ź
z	ć	o	d	l	o	t	p	a	y	t	o	t
ś	l	o	t	m	h	d	n	o	l	g	ć	t

Polish	English
taca [f]	tray
drugi pilot [m]	copilot
zadeklarować [v]	to declare
cel [n]	destination
nieść [v]	to carry
rezerwować [v]	to book
załoga [f]	crew
bilet [m]	ticket
niepalący [adj]	non-smoking
odlatywać [v]	to take off
urzędnik [m]	officer
lot [m]	flight
odlot [m]	departure

Find all the Polish words in the puzzle.

Polish - Word Search - #5 - Airport

s	m	l	l	n	ć	a	d	a	i	s	a	c
r	ł	t	t	l	ż	w	ę	t	j	u	j	e
e	b	e	o	h	ó	c	y	f	ż	ć	c	i
g	e	i	l	i	ś	l	ł	j	t	ó	n	w
e	z	n	i	p	a	s	a	ż	e	r	e	o
i	p	a	p	l	z	i	e	m	i	a	l	ł
c	o	t	i	k	c	g	a	c	g	o	u	g
ś	ś	a	g	y	w	o	m	o	d	u	b	i
j	r	l	u	p	l	p	s	ą	g	z	r	m
y	e	ó	r	b	ś	p	i	l	o	t	u	ś
w	d	o	d	h	h	h	b	u	b	ź	t	m
b	n	p	f	o	w	c	z	e	ś	n	i	e
i	i	ć	t	o	l	o	m	a	s	ł	o

Polish	English
śmigłowiec [m]	helicopter
pasażer [m]	passenger
wcześnie [adv]	early
domowy [adj]	domestic
bezpośredni [adj]	direct
turbulencja [f]	turbulence
pilot [m]	pilot
wyjście [m]	exit
latanie [n]	flying
samolot [m]	airplane
siadać [v]	to sit down
drugi pilot [m]	copilot
ziemia [f]	land

Find all the Polish words in the puzzle.

Polish - Word Search - #6 - Airport

ś	e	o	i	o	k	s	i	n	t	o	l	ó
d	k	i	n	ę	z	r	u	y	ć	z	t	
t	i	k	w	a	h	c	u	ł	s	d	y	u
ł	e	k	y	ź	l	l	l	i	f	r	ą	r
p	b	h	j	m	e	e	s	n	a	u	h	b
i	h	b	ś	p	c	c	i	c	g	g	i	u
m	c	ź	c	d	i	ś	a	w	o	i	i	l
o	b	u	i	ś	e	ł	d	o	ł	p	j	e
ó	i	s	e	n	ć	u	a	n	a	i	ź	n
ż	l	ą	p	e	ł	h	ć	k	z	l	f	c
o	e	o	p	l	ą	o	ę	o	t	o	s	j
k	t	y	i	t	d	t	j	t	t	t	d	a
w	y	s	o	k	o	ś	ć	m	l	ć	d	u

Polish	English
załoga [f]	crew
lotnisko [n]	airport
lecieć [v]	to fly
bilet [m]	ticket
wyjście [m]	exit
wysokość [f]	altitude
turbulencja [f]	turbulence
słuchawki [fp]	headphones
cel [n]	destination
urzędnik [m]	officer
drugi pilot [m]	copilot
siadać [v]	to sit down
okno [n]	window
tlen [m]	oxygen

Find all the Polish words in the puzzle.

Polish - Word Search - #7 - Airport

ł	b	b	e	z	p	o	ś	r	e	d	n	i
w	i	b	w	g	g	a	s	w	a	g	a	ę
y	u	t	ś	ć	a	c	ó	l	r	e	b	f
j	r	e	o	m	g	a	p	ć	t	i	i	l
ś	o	i	g	l	i	t	k	ż	e	n	b	o
c	p	n	c	h	i	g	t	ź	l	a	g	t
i	o	ś	u	k	j	p	ł	k	i	t	w	n
e	d	e	k	ę	a	u	i	o	b	a	ż	i
l	r	z	o	t	b	b	h	g	w	l	a	s
t	ó	c	ł	ą	ł	ó	i	g	u	i	f	k
ó	ż	w	o	c	i	s	ó	n	j	r	e	o
j	y	z	s	a	c	ę	ź	ó	a	n	d	c
k	s	ł	u	c	h	a	w	k	i	j	u	d

Polish	English
śmigłowiec [m]	helicopter
drugi pilot [m]	copilot
biuro podróży [n]	travel agency
taca [f]	tray
koło [n]	wheel
słuchawki [fp]	headphones
kabina [f]	cabin
waga [f]	weight
latanie [n]	flying
bezpośredni [adj]	nonstop
bilet [m]	ticket
wcześnie [adv]	early
lotnisko [n]	airport
wyjście [m]	exit

Find all the Polish words in the puzzle.

Polish - Word Search - #8 - Airport

ć	e	k	p	ó	ć	a	d	a	i	s	w	p
a	ś	i	k	i	n	d	ę	z	r	u	u	i
c	s	ł	u	c	h	a	w	k	i	ę	y	n
a	s	t	e	w	a	r	d	e	s	a	p	d
t	ć	a	k	r	p	i	j	i	ź	n	l	e
ć	ć	k	k	b	a	g	a	ż	s	e	e	r
a	i	r	ć	l	ż	ż	s	r	ć	l	c	ś
w	ą	e	ę	n	ą	ł	a	t	o	t	a	o
o	ć	t	r	w	a	g	m	o	n	u	k	p
d	a	e	s	z	n	ć	o	l	t	o	a	z
ą	ę	l	ż	a	y	m	l	d	r	ż	r	e
l	e	i	h	w	ź	ź	o	l	g	c	i	b
m	m	b	b	n	g	f	t	l	e	a	o	o

Polish	English
stewardesa [f]	stewardess
bileterka [m]	ticket agent
hangar [m]	hangar
samolot [m]	airplane
bezpośredni [adj]	nonstop
urzędnik [m]	officer
tlen [m]	oxygen
taca [f]	tray
wsiadać [v]	to board
bagaż [m]	luggage
plecak [f]	rucksack
lądować [v]	to land
słuchawki [fp]	headphones

Find all the Polish words in the puzzle.

Polish - Word Search - #9 - Airport

ę	a	ł	i	m	w	n	d	o	c	f	ś	z
p	n	s	ł	w	ć	w	d	w	o	n	k	o
o	a	n	e	w	a	l	ł	u	k	o	y	ą
o	g	n	n	d	o	m	t	i	f	d	h	a
k	ł	o	u	t	r	f	g	k	n	p	a	ę
s	y	a	i	l	y	a	ź	l	j	r	n	l
i	w	ć	g	k	o	g	w	g	r	a	g	ą
n	y	h	a	a	e	w	f	e	k	w	a	d
t	p	e	n	ą	w	t	a	ę	t	a	r	o
o	a	o	i	e	m	ś	s	ć	z	s	n	w
l	d	m	b	l	k	a	c	e	l	p	c	a
a	e	y	a	e	ś	ć	t	n	i	f	ś	ć
n	k	l	k	c	ó	y	ź	z	r	a	m	r

Polish	English
okno [n]	window
stewardesa [f]	stewardess
cel [n]	destination
plecak [f]	rucksack
hangar [m]	hangar
odlot [m]	departure
nagły wypadek [m]	emergency
waga [f]	weight
odprawa [f]	check-in
kabina [f]	cabin
lądować [v]	to land
anulować [v]	to cancel
lotnisko [n]	airport

Find all the Polish words in the puzzle.

Polish - Word Search - #10 - Airport

n	p	a	l	e	n	i	e	ć	j	d	e	d
e	j	i	i	k	w	a	h	c	u	ł	s	n
l	w	s	c	m	d	ę	k	s	k	o	ł	o
t	g	b	e	z	p	o	ś	r	e	d	n	i
d	u	w	y	s	t	s	e	ł	ę	z	ć	w
ś	r	i	h	r	l	ź	l	t	ą	b	ś	y
t	z	r	ź	k	l	r	o	ź	k	l	m	o
m	ę	d	o	o	d	l	a	t	y	w	a	ć
s	d	z	a	ł	o	g	a	y	k	ć	g	w
ć	n	p	o	ł	ą	c	z	e	n	i	e	ś
w	i	z	u	o	u	w	y	j	ś	c	i	e
ł	k	y	z	r	p	a	s	a	ż	e	r	y
i	u	ś	ź	ę	ę	z	i	e	m	i	a	h

Polish	English
odlatywać [v]	to take off
połączenie [n]	connection
tlen [m]	oxygen
bezpośredni [adj]	nonstop
urzędnik [m]	officer
załoga [f]	crew
słuchawki [fp]	headphones
koło [n]	wheel
lot [m]	flight
wyjście [m]	exit
ziemia [f]	land
palenie [n]	smoking
pasażer [m]	passenger

Find all the Polish words in the puzzle.

Polish - Word Search - #11 - Airport

p	n	j	p	y	c	p	h	w	f	t	a	d
i	k	b	t	f	s	a	m	o	l	o	t	t
e	t	r	a	t	s	ś	c	l	ó	t	ą	r
r	j	y	ł	z	t	r	ę	n	y	o	w	o
w	i	a	m	w	y	b	ć	o	c	a	l	p
s	j	u	a	ć	r	n	e	c	ć	l	z	z
z	r	g	j	a	ę	f	i	ł	ś	e	ł	s
a	a	z	m	o	l	e	c	o	e	t	j	a
k	y	a	ł	d	ź	l	e	w	i	a	ś	p
l	k	ę	p	l	e	i	l	y	n	c	b	i
a	y	ż	ó	r	d	o	p	o	r	u	i	b
s	ż	ź	c	s	i	e	d	z	e	n	i	e
a	c	c	ą	k	a	c	e	l	p	ę	e	h

Polish	English
waga [f]	weight
wolnocłowy [adj]	duty-free
samolot [m]	airplane
pierwsza klasa [f]	first class
biuro podróży [n]	travel agency
plecak [f]	rucksack
lecieć [v]	to fly
bramaka [f]	gate
toaleta [f]	toilet
paszport [m]	passport
nieść [v]	to carry
siedzenie [n]	seat
start [m]	take off

Find all the Polish words in the puzzle.

Polish - Word Search - #12 - Airport

ś	t	t	ć	n	c	e	l	ą	j	ę	a	j
i	k	w	a	h	c	u	ł	s	c	h	s	g
a	s	e	d	r	a	w	e	t	s	ś	a	a
d	f	ę	a	g	ż	ć	i	ć	r	c	l	ó
ć	i	ó	i	p	z	a	g	b	h	s	k	z
ć	e	e	s	a	a	d	t	o	e	a	a	ć
n	ż	a	ł	n	b	a	ł	f	b	m	z	y
h	ą	o	i	b	ł	i	ą	s	g	o	s	t
ź	g	b	a	i	ę	s	c	ł	ł	l	w	l
a	a	g	ą	c	n	w	y	f	ż	o	r	e
k	a	ą	w	m	ó	p	w	n	ą	t	e	n
ż	p	e	e	i	n	a	t	a	l	m	i	s
ę	ę	i	s	ó	h	t	a	c	a	c	p	ę

Polish	English
stewardesa [f]	stewardess
wsiadać [v]	to board
latanie [n]	flying
bagaż [m]	luggage
cel [n]	destination
kabina [f]	cabin
pierwsza klasa [f]	first class
samolot [m]	airplane
załoga [f]	crew
słuchawki [fp]	headphones
taca [f]	tray
tlen [m]	oxygen
siadać [v]	to sit down

Find all the Polish words in the puzzle.

Polish - Word Search - #13 - Animals

t	b	g	f	g	a	t	o	z	h	b	z	r
z	ó	r	y	a	ą	n	h	ż	a	b	a	a
i	b	l	ń	e	i	a	ł	i	m	m	ó	u
y	r	j	k	e	ó	b	g	ż	e	b	f	g
c	i	n	k	l	l	y	a	p	s	n	ą	u
ź	j	a	l	ł	i	e	ą	l	ź	f	a	k
t	t	m	ó	p	y	w	j	u	a	m	s	o
n	w	w	ś	l	l	j	b	t	y	w	ł	l
b	a	e	a	s	ż	d	o	s	c	h	o	s
b	j	m	l	y	w	l	z	s	p	r	i	g
m	a	m	g	ś	e	w	ś	a	ś	l	t	ę
w	s	n	r	c	y	e	h	t	a	j	ł	z
p	k	c	o	ź	w	a	r	e	t	n	a	p

Polish	English
ocelot [m]	ocelot
bawół [m]	buffalo
walabia [f]	wallaby
lis [m]	fox
wilk [m]	wolf
jeleń [m]	deer
hiena [f]	hyena
pantera [f]	panther
żaba [f]	frog
kuguar [m]	cougar
bóbr [m]	beaver
lew [m]	lion
lama [f]	llama
mysz [f]	mouse

Find all the Polish words in the puzzle.

Polish - Word Search - #14 - Animals

f	z	m	r	i	h	r	ł	ó	p	ą	z	r
y	u	ż	l	ó	a	ł	ę	j	ł	r	a	o
j	k	ł	i	ę	l	r	r	a	m	a	l	p
ź	u	j	ę	m	a	s	e	l	u	ę	u	u
u	k	k	l	ę	a	ł	ę	t	i	a	a	c
s	a	i	y	i	i	j	k	f	n	s	u	h
p	a	n	d	n	n	a	l	g	p	a	ś	a
a	f	r	o	g	i	ę	z	c	m	a	p	j
n	a	e	k	a	w	d	i	o	z	u	a	j
d	r	c	o	j	ś	j	r	ę	k	g	j	t
a	y	n	r	k	r	o	w	a	u	ą	p	c
j	ż	a	k	d	f	ą	ą	a	j	ę	z	s
u	r	p	g	e	p	a	r	d	a	d	z	z

Polish	English
pantera [f]	panther
koza [f]	goat
panda [f]	panda
lis [m]	fox
jagnię [n]	lamb
świnia [f]	pig
ropucha [f]	toad
krokodyl [m]	crocodile
gepard [m]	cheetah
pancernik [m]	armadillo
krowa [f]	cow
żyrafa [f]	giraffe
jaguar [m]	jaguar
lama [f]	llama

Find all the Polish words in the puzzle.

Polish - Word Search - #15 - Animals

t	e	e	p	y	e	l	m	n	ę	ó	r	r
z	ł	w	l	a	ą	j	o	ń	r	c	y	u
w	ł	w	i	k	w	s	z	d	j	ś	g	l
i	o	d	s	g	o	i	r	m	r	d	ś	k
e	i	ł	n	r	k	ł	a	u	y	ó	r	i
r	s	p	o	ł	f	ż	d	n	ś	c	k	n
z	o	ż	p	f	ń	y	l	k	l	o	p	r
ę	e	a	ę	k	f	k	y	a	a	ń	ę	e
c	z	ż	o	ł	a	ą	o	l	ó	y	ń	c
a	s	z	y	ę	h	ź	a	ń	l	g	o	n
ó	a	s	y	ę	h	c	ż	s	e	i	p	a
n	l	a	d	k	r	o	w	a	s	ł	i	p
u	d	ą	ł	b	l	e	i	w	m	c	g	y

Polish	English
koza [f]	goat
lis [m]	fox
koala [f]	koala
pies [m]	dog
krowa [f]	cow
nosorożec [m]	rhinoceros
pawian [m]	baboon
pancernik [m]	armadillo
osioł [m]	donkey
ryś [m]	lynx
koń [m]	horse
wielbłąd [m]	camel
zwierzę [n]	animal
ryś rudy [m]	bobcat

Find all the Polish words in the puzzle.

Polish - Word Search - #16 - Animals

a	ó	r	p	ą	f	g	j	c	h	p	ą	ł
p	m	ś	u	o	ę	r	f	ż	h	y	f	l
ł	r	f	ł	ę	o	ń	ą	a	ą	l	ś	p
a	ó	n	u	a	m	w	l	n	t	n	c	j
m	w	a	s	a	t	ż	g	e	m	ś	k	l
ź	n	d	l	i	m	ź	k	i	k	w	y	p
i	i	a	ż	a	c	a	y	h	w	d	b	l
ł	k	p	r	e	o	z	l	a	c	w	o	ł
e	r	r	a	e	m	k	r	a	u	g	u	k
s	ł	o	ń	i	t	s	n	ł	s	e	i	p
a	j	e	l	e	ń	n	y	w	g	o	m	y
a	f	a	r	y	ż	n	a	u	ń	d	d	u
n	h	y	l	r	c	u	ż	p	t	j	d	ą

Polish	English
wąż [m]	snake
pantera [f]	panther
hiena [f]	hyena
jeleń [m]	deer
mrównik [m]	aardvark
pies [m]	dog
lama [f]	llama
słoń [m]	elephant
owca [f]	sheep
kuguar [m]	cougar
małpa [f]	monkey
żyrafa [f]	giraffe
byk [m]	bull
koala [f]	koala

Find all the Polish words in the puzzle.

Polish - Word Search - #17 - Animals

k	i	l	ó	r	k	p	l	k	j	o	g	k
y	l	l	f	ś	ą	z	a	w	m	ę	n	i
ą	m	y	s	a	ł	ź	ą	n	e	b	ś	n
i	h	l	w	ż	w	a	a	o	d	l	z	w
g	ż	o	ł	ł	y	y	ę	b	p	a	r	ó
ę	r	ż	u	h	e	i	a	p	a	ę	e	r
k	n	a	m	m	ł	w	ś	a	n	d	i	m
n	y	i	b	ś	ó	ó	ę	a	t	o	w	ł
h	y	n	y	ł	d	t	b	k	e	s	z	n
ę	ń	i	k	ę	h	a	r	g	r	i	o	ź
n	r	w	ż	o	ż	z	h	g	a	o	ż	m
ł	o	ś	ą	b	h	ż	f	i	c	ł	e	r
ń	y	s	g	w	a	f	a	r	y	ż	j	w

Polish	English
bawół [m]	buffalo
osioł [m]	donkey
krowa [f]	cow
świnia [f]	pig
panda [f]	panda
jeżozwierz [m]	porcupine
mrównik [m]	aardvark
muł [m]	mule
królik [m]	rabbit
żyrafa [f]	giraffe
żaba [f]	frog
byk [m]	bull
pantera [f]	panther
lew [m]	lion

Find all the Polish words in the puzzle.

Polish - Word Search - #18 - Animals

ź	j	d	k	r	y	ś	r	u	d	y	n	r
ź	n	k	ł	i	ó	u	j	m	g	k	ą	h
ę	ą	u	o	c	s	z	c	z	u	r	g	r
r	d	f	i	ł	f	w	p	a	n	d	a	c
p	u	h	s	m	n	ą	j	t	n	t	i	ę
n	a	g	o	o	r	b	e	k	o	ń	b	s
b	ó	n	n	h	r	w	ż	l	e	w	m	z
e	t	ż	t	a	y	ś	ż	ń	e	m	c	c
o	w	c	a	e	k	ś	o	ę	l	m	e	z
r	ż	r	t	u	r	ł	c	s	p	y	a	e
r	ę	y	t	ź	s	a	b	t	n	s	d	n
ą	j	u	j	t	o	l	e	c	o	z	z	i
ę	z	u	u	ą	r	ś	h	ń	d	l	ż	ę

Polish	English
słoń [m]	elephant
panda [f]	panda
szczur [f]	rat
ryś rudy [m]	bobcat
owca [f]	sheep
koń [m]	horse
kangur [m]	kangaroo
osioł [m]	donkey
ocelot [m]	ocelot
szczenię [m]	pup
lew [m]	lion
pantera [f]	panther
mysz [f]	mouse

Find all the Polish words in the puzzle.

Polish - Word Search - #19 - Animals

ż	w	ź	ą	o	y	d	u	r	ś	y	r	y
k	i	u	l	y	d	o	k	o	r	k	i	d
l	e	s	s	j	d	ł	ó	w	a	b	g	ź
i	l	ż	u	e	ń	ł	f	ą	i	i	ą	ó
w	b	ń	r	ż	d	a	l	e	w	c	a	w
ł	ł	g	u	o	ś	w	ę	d	s	ś	g	ą
ź	ą	a	g	z	w	w	ó	o	w	c	a	ż
j	d	f	n	w	i	ł	z	ż	p	g	l	l
b	a	a	a	i	n	ó	d	d	ś	g	l	s
ń	ś	r	k	e	i	ż	w	o	p	r	ó	k
ą	ś	y	ń	r	a	k	ł	ł	u	t	b	w
n	ź	ż	e	z	k	f	ó	ż	ó	u	m	ó
w	ł	c	c	e	i	w	o	g	ę	r	p	i

Polish	English
jeżozwierz [m]	porcupine
wąż [m]	snake
bawół [m]	buffalo
owca [f]	sheep
wielbłąd [m]	camel
krokodyl [m]	crocodile
pręgowiec [m]	chipmunk
żółw [m]	tortoise
kangur [m]	kangaroo
świnia [f]	pig
żyrafa [f]	giraffe
wilk [m]	wolf
lew [m]	lion
ryś rudy [m]	bobcat

Find all the Polish words in the puzzle.

Polish - Word Search - #20 - Animals

y	g	ó	b	ł	ź	a	p	ę	h	m	j	ó
a	ź	a	m	s	b	d	n	c	s	a	e	k
d	z	r	n	t	a	l	e	z	a	g	l	o
k	l	o	r	u	g	n	a	k	n	ą	e	t
m	a	w	k	h	ł	ó	z	b	ż	l	ń	l
b	m	ń	o	k	t	ł	ś	g	a	j	a	s
o	p	o	l	y	r	o	g	r	s	m	ź	o
r	a	c	h	t	f	r	b	e	a	ó	s	w
s	r	ż	i	m	z	e	d	l	s	i	ą	ą
u	t	p	e	j	z	r	ź	ł	o	ź	w	w
k	a	m	n	y	g	g	c	ł	e	i	o	r
m	ę	g	a	t	ę	l	ę	ł	z	j	o	ó
ą	f	ą	ź	k	i	n	r	e	c	n	a	p

Polish	English
lama [f]	llama
hiena [f]	hyena
osioł [m]	donkey
jeleń [m]	deer
koza [f]	goat
zebra [f]	zebra
lampart [m]	leopard
pancernik [m]	armadillo
kangur [m]	kangaroo
borsuk [m]	badger
goryl [m]	gorilla
kot [m]	cat
koń [m]	horse
gazela [f]	gazelle

Find all the Polish words in the puzzle.

Polish - Word Search - #21 - Animals

d	ń	c	ę	k	ż	g	r	t	w	e	b	a
w	p	g	o	ą	g	b	p	y	ź	ł	ó	i
ś	a	ń	w	ń	ó	c	l	g	i	o	y	n
k	n	a	ż	b	e	b	k	r	l	ź	y	i
l	c	l	d	ś	d	u	k	y	w	o	m	w
i	e	b	c	ż	s	c	ę	s	a	w	r	ś
w	r	k	a	r	n	ę	g	n	d	ń	a	l
w	n	l	o	w	f	w	e	i	ś	j	u	e
ń	i	b	z	a	ó	i	o	r	ę	h	g	w
ł	k	b	h	a	h	ł	e	ż	i	t	u	e
m	m	r	ó	w	k	o	j	a	d	ą	k	f
e	m	w	i	o	y	ż	f	r	w	n	ł	ż
s	z	r	e	i	w	z	o	ż	e	j	ń	ł

Polish	English
wąż [m]	snake
tygrys [m]	tiger
bóbr [m]	beaver
jeżozwierz [m]	porcupine
wilk [m]	wolf
hiena [f]	hyena
borsuk [m]	badger
mrówkojad [m]	anteater
świnia [f]	pig
pancernik [m]	armadillo
bawół [m]	buffalo
koń [m]	horse
kuguar [m]	cougar
lew [m]	lion

Find all the Polish words in the puzzle.

Polish - Word Search - #22 - Animals

a	ł	y	s	f	w	e	e	k	n	p	o	ż
t	m	ź	e	m	z	e	o	n	o	a	w	f
o	m	a	m	l	o	z	ą	t	s	n	c	ń
t	l	r	l	t	a	u	c	ź	o	c	a	w
f	d	ż	ó	s	ł	r	y	ś	r	e	y	w
j	ż	ó	ź	w	e	m	w	t	o	r	i	p
a	o	r	d	k	n	k	ł	j	ż	n	r	n
g	k	o	ń	r	k	i	ś	ą	e	i	u	l
u	ń	p	ł	w	ę	t	k	f	c	k	z	h
a	ś	u	a	i	b	a	l	a	w	h	c	z
r	i	c	t	r	ą	y	g	i	ż	d	z	o
ź	ą	h	ł	d	w	ń	e	l	e	j	s	ą
g	a	a	ż	p	a	f	a	r	y	ż	ą	b

Polish	English
mrównik [m]	aardvark
lama [f]	llama
nosorożec [m]	rhinoceros
walabia [f]	wallaby
ryś [m]	lynx
koza [f]	goat
pancernik [m]	armadillo
szczur [f]	rat
żyrafa [f]	giraffe
jaguar [m]	jaguar
jeleń [m]	deer
ropucha [f]	toad
owca [f]	sheep
koń [m]	horse

Find all the Polish words in the puzzle.

Polish - Word Search - #23 - Animals

m	r	ó	w	k	o	j	a	d	n	o	t	g
o	n	a	g	z	a	m	ń	ż	p	i	e	s
r	z	u	z	ń	e	n	p	r	ź	y	p	ń
o	e	i	k	o	ż	n	e	d	s	r	ś	z
p	b	ż	u	i	k	s	ó	i	ę	p	p	s
u	r	ł	g	c	z	g	u	z	h	ą	ó	c
c	a	a	u	e	w	a	l	a	b	i	a	u
h	ó	m	a	e	r	r	b	y	y	l	i	s
a	j	ł	r	ś	r	e	h	b	ś	g	ź	ł
a	a	c	w	o	b	i	e	r	k	c	ź	a
n	ę	w	w	b	ó	ó	s	y	l	ź	y	o
t	ń	y	f	p	b	z	b	d	z	f	y	m
z	o	ę	i	n	e	z	c	z	s	ł	o	a

Polish	English
hiena [f]	hyena
walabia [f]	wallaby
koza [f]	goat
bóbr [m]	beaver
pies [m]	dog
kuguar [m]	cougar
mrówkojad [m]	anteater
owca [f]	sheep
zebra [f]	zebra
lis [m]	fox
szczenię [m]	pup
byk [m]	bull
ropucha [f]	toad

Find all the Polish words in the puzzle.

Polish - Word Search - #24 - Animals

ń	c	d	w	u	e	l	a	m	p	a	r	t
y	e	g	m	a	t	o	t	o	p	i	h	j
ę	i	n	g	a	j	i	m	f	m	a	ż	e
ą	w	u	l	l	w	ą	ż	u	ź	d	k	ż
b	o	a	l	ó	m	y	ł	d	e	n	k	o
p	g	r	ź	c	ł	ę	n	f	h	a	e	z
h	ę	e	p	e	b	c	l	k	ż	p	s	w
h	r	t	a	l	i	g	a	t	o	r	i	i
r	p	n	ę	e	ź	r	ż	ś	f	ó	l	e
d	l	a	a	m	i	ń	ł	d	b	ź	w	r
j	s	p	r	r	u	g	n	a	k	y	ł	z
ó	o	c	e	l	o	t	p	t	s	t	ó	p
h	p	g	h	u	b	z	ó	ń	z	k	ż	u

Polish	English
żółw [m]	tortoise
jagnię [n]	lamb
jeżozwierz [m]	porcupine
kangur [m]	kangaroo
hipototam [m]	hippopotamus
muł [m]	mule
pręgowiec [m]	chipmunk
aligator [m]	alligator
lis [m]	fox
panda [f]	panda
lampart [m]	leopard
ocelot [m]	ocelot
pantera [f]	panther
wąż [m]	snake

Find all the Polish words in the puzzle.

Polish - Word Search - #25 - Around the House

t	ą	k	u	c	h	n	i	a	ł	k	g	c
o	ó	n	u	p	o	d	u	s	z	k	a	o
r	ż	ł	z	ą	a	n	a	i	c	ś	n	k
b	p	f	ó	ż	t	o	a	l	t	e	t	a
a	m	a	w	i	ś	h	k	a	i	t	a	m
n	i	i	t	z	ó	h	r	k	r	d	k	l
a	a	a	m	l	d	r	a	ł	m	g	n	a
ś	ą	t	k	e	t	t	z	ó	y	y	a	k
m	ą	c	ś	w	c	w	s	p	d	f	l	b
i	i	l	t	h	ó	w	u	z	ł	s	k	e
e	s	ż	e	ż	r	d	s	g	o	a	z	r
c	p	w	r	l	ó	ó	o	ą	e	ś	s	o
i	e	ł	m	m	ś	i	z	l	z	k	g	t

Polish	English
toaleta [f]	loo
suszarka [f]	drier
torba na śmieci [f]	rubbish bag
lodówka [f]	refrigerator
kuchnia [f]	kitchen
ściana [f]	wall
koc [m]	blanket
półka [f]	shelf
mydło [n]	soap
zlew [m]	kitchen sink
torebka [f]	handbag
szklanka [f]	glass
poduszka [f]	pillow

Find all the Polish words in the puzzle.

Polish - Word Search - #26 - Around the House

z	m	y	w	a	r	k	a	z	p	b	h	u
m	s	ś	m	z	r	s	m	a	ó	u	k	j
n	m	c	m	e	b	l	e	k	ł	a	s	t
ś	f	p	o	r	t	m	o	n	e	t	k	a
b	m	r	w	s	u	s	z	a	r	k	a	k
i	o	r	d	a	i	w	f	l	c	i	ó	p
s	ł	p	u	z	b	i	p	k	w	ś	h	m
e	ó	k	p	i	g	u	t	z	ś	k	ś	z
n	d	h	j	g	ż	r	a	s	d	a	m	a
z	a	m	r	a	ż	a	r	k	a	n	a	r
f	c	a	k	r	a	t	a	l	z	a	ł	b
w	h	e	ś	p	i	w	ó	r	h	p	a	o
p	o	d	ł	o	g	a	y	l	e	a	m	y

Polish	English
śpiwór [m]	sleeping bag
szklanka [f]	glass
portmonetka [f]	purse
zamrażarka [f]	freezer
wiadro [n]	pail
zmywarka [f]	dishwasher
suszarka [f]	drier
obraz [m]	image
latarka [f]	torch
meble [fp]	furniture
dach [m]	roof
kanapa [f]	couch
podłoga [f]	floor

Find all the Polish words in the puzzle.

Polish - Word Search - #27 - Around the House

y	ś	b	m	a	m	e	b	l	e	m	ó	m
c	e	l	ą	p	r	y	s	z	n	i	c	n
z	f	d	s	z	k	l	a	n	k	a	p	p
c	ó	b	ś	f	y	r	c	h	r	z	a	r
a	l	i	u	y	i	ó	g	w	h	c	i	z
z	h	a	w	d	r	f	b	e	k	u	t	e
r	e	y	b	y	z	t	p	l	m	l	d	ł
u	ś	d	y	r	w	i	o	z	j	k	ż	ą
k	d	l	e	s	o	a	k	s	n	k	d	c
d	u	g	i	d	o	t	n	z	t	h	ś	z
o	g	e	ą	ż	ż	m	i	n	i	e	l	n
ł	a	s	z	a	f	a	b	ś	a	c	r	i
k	r	b	k	r	e	s	k	i	m	o	r	k

Polish	English
zlew [m]	kitchen sink
budzik [m]	alarm clock
klucz [m]	key
torba [f]	bag
wanna [f]	bath (tub)
prysznic [m]	shower
meble [fp]	furniture
toster [m]	toaster
szklanka [f]	glass
szafa [f]	wardrobe
odkurzacz [m]	hoover
przełącznik [m]	switch
mikser [m]	mixer

Find all the Polish words in the puzzle.

Polish - Word Search - #28 - Around the House

t	ł	s	z	a	f	a	y	c	ż	t	k	g
e	w	e	w	ś	o	p	o	e	p	y	a	a
o	ą	l	ż	t	w	k	k	l	t	f	ó	k
b	ł	z	b	e	i	g	g	e	s	ó	u	ł
r	p	o	d	ł	o	g	a	d	z	s	o	ó
a	f	a	y	z	o	ś	j	i	ą	b	p	p
z	ą	n	b	h	z	p	ż	w	u	t	t	k
i	m	h	d	ł	h	r	u	y	o	ó	s	ż
t	h	i	d	r	z	w	i	s	j	w	ś	z
o	e	n	t	i	f	u	s	ó	z	o	m	z
r	k	a	n	a	p	a	p	c	ó	k	k	e
b	o	r	t	s	u	l	ś	t	r	y	a	ó
a	h	a	k	r	a	z	s	u	s	n	ó	ł

Polish	English
widelec [m]	fork
sufit [m]	ceiling
kanapa [f]	couch
półka [f]	shelf
obraz [m]	image
puszka [f]	tin
lustro [n]	mirror
drzwi [fp]	door
podłoga [f]	floor
szafa [f]	wardrobe
suszarka [f]	drier
torba [f]	bag
koc [m]	blanket

Find all the Polish words in the puzzle.

Polish - Word Search - #29 - Around the House

a	k	z	s	u	p	t	o	r	e	b	k	a
i	y	w	ą	u	e	t	ś	a	y	i	ż	n
r	e	s	k	i	m	l	i	f	l	d	u	o
j	i	i	a	ś	c	d	b	f	a	ż	s	d
p	o	r	t	f	e	l	f	e	u	o	l	k
k	i	n	r	a	k	e	i	p	m	s	j	u
a	k	z	c	e	t	o	i	l	b	i	b	r
r	e	ł	g	ó	w	ś	r	l	a	ż	k	z
e	ą	s	t	ó	ł	z	t	s	ś	u	r	a
t	e	g	e	r	d	m	l	e	r	r	ś	c
s	o	ó	r	o	w	k	r	e	m	n	n	z
o	ł	w	p	ż	ś	m	k	w	d	r	g	y
t	l	ą	d	e	c	z	a	j	n	i	k	ł

Polish	English
mikser [m]	blender
meble [fp]	furniture
portfel [m]	wallet
sufit [m]	ceiling
czajnik [m]	kettle
biblioteczka [f]	bookcase
stół [m]	table
kurek [m]	tap
torebka [f]	handbag
odkurzacz [m]	hoover
piekarnik [m]	stove
toster [m]	toaster
puszka [f]	tin

Find all the Polish words in the puzzle.

Polish - Word Search - #30 - Around the House

a	a	e	ł	m	j	ż	ż	e	d	ł	a	e
e	a	p	t	i	e	r	ó	t	y	i	t	e
g	k	s	m	p	f	b	n	w	d	w	i	u
w	f	m	n	s	o	g	l	h	e	n	y	l
c	a	l	n	o	t	l	ż	e	a	l	k	o
k	z	e	j	o	z	o	h	d	b	o	z	d
d	s	a	j	m	f	a	a	k	w	m	t	ó
ó	ś	i	a	o	t	e	w	l	l	n	b	w
w	j	n	p	b	o	s	l	n	t	ł	t	k
o	ż	h	a	r	u	k	s	e	t	e	h	a
ą	k	c	n	a	p	c	ż	d	t	c	t	i
k	ł	u	a	z	ż	p	ą	ó	ł	y	ą	a
j	ś	k	k	ó	h	b	p	a	ł	g	m	c

Polish	English
lodówka [f]	refrigerator
nóż [m]	knife
telefon [m]	telephone
meble [fp]	furniture
łóżko [n]	bed
kanapa [f]	couch
szafka [f]	cabinet
obraz [m]	image
wazon [m]	vase
danie [m]	dish
kuchnia [f]	kitchen
zlew [m]	kitchen sink
toalteta [f]	loo

Find all the Polish words in the puzzle.

Polish - Word Search - #31 - Around the House

d	y	h	w	t	s	p	o	r	t	f	e	l
e	d	l	l	g	z	o	r	k	o	ż	r	ł
f	ż	c	u	y	k	w	k	ż	r	s	c	u
r	s	p	k	b	l	z	i	g	b	g	s	a
d	m	y	e	h	a	t	n	o	a	i	o	k
ą	i	ł	r	f	n	l	z	ł	n	m	ą	l
r	k	b	u	w	k	s	c	d	a	i	n	e
g	s	g	k	f	a	d	ą	y	ś	s	s	t
d	e	z	c	ł	e	y	ł	m	m	k	e	u
a	r	h	a	ó	k	w	e	s	i	a	w	b
c	w	l	w	f	s	a	z	p	e	w	t	a
h	o	w	b	a	k	n	r	i	c	ó	ł	l
a	i	n	l	e	t	a	p	y	i	i	d	ł

Polish	English
przełącznik [m]	switch
szafka [f]	cabinet
mydło [n]	soap
portfel [m]	wallet
dywan [m]	carpet
patelnia [f]	frying pan
torba na śmieci [f]	rubbish bag
mikser [m]	blender
kurek [m]	tap
szklanka [f]	glass
miska [f]	bowl
dach [m]	roof
butelka [f]	bottle

Find all the Polish words in the puzzle.

Polish - Word Search - #32 - Around the House

j	d	g	u	h	ż	t	ł	m	w	ś	y	t
r	p	s	m	ł	p	z	e	f	n	e	s	r
a	u	e	a	e	ą	r	w	l	n	b	l	j
s	d	s	p	ą	b	ś	y	ł	e	r	f	z
b	e	d	a	m	h	l	z	s	o	f	ż	p
t	ł	k	n	ó	s	a	e	i	z	e	o	d
h	k	ś	a	a	r	o	m	l	ś	n	g	n
m	o	t	k	b	d	c	z	a	j	n	i	k
k	ś	p	o	d	u	s	z	k	a	ż	ó	c
n	n	w	d	ó	g	ą	r	ó	w	i	p	ś
ó	f	ł	a	t	e	l	a	o	t	ś	j	u
d	c	p	r	l	c	o	k	k	l	ą	y	ł
f	i	l	i	ż	a	n	k	a	ś	ż	p	o

Polish	English
obraz [n]	picture
telefon [m]	telephone
śpiwór [m]	sleeping bag
prysznic [m]	shower
poduszka [f]	pillow
pudełko [n]	box
filiżanka [f]	cup
meble [fp]	furniture
kanapa [f]	couch
koc [m]	blanket
toaleta [f]	toilet
zlew [m]	kitchen sink
czajnik [m]	kettle

Find all the Polish words in the puzzle.

Polish - Word Search - #33 - Around the House

ś	p	ł	ż	s	o	j	b	z	s	z	u	s
m	ą	ś	ł	i	s	w	d	s	c	d	b	o
ż	r	e	t	s	o	t	m	e	t	u	p	ą
k	a	n	a	p	a	a	l	e	u	y	l	l
w	o	t	z	m	t	b	l	w	a	i	r	k
ł	p	a	ś	e	e	e	ą	d	w	l	u	c
t	s	b	l	m	w	ś	a	z	e	g	l	ł
ó	k	a	t	i	c	l	a	f	s	h	k	o
y	o	h	z	i	f	r	t	ś	ą	ś	b	i
t	h	o	a	u	b	r	n	ł	k	z	s	c
o	r	n	z	o	o	ś	p	i	w	ó	r	o
z	a	s	u	p	i	a	j	z	l	m	z	k
w	ś	p	o	r	t	m	o	n	e	t	k	a

Polish	English
meble [fp]	furniture
szuflada [f]	drawer
portmonetka [f]	purse
ściana [f]	wall
kanapa [f]	couch
kocioł [m]	pot
portfel [m]	wallet
toster [m]	toaster
śpiwór [m]	sleeping bag
telewizor [m]	television
obraz [n]	picture
toaleta [f]	toilet
klucz [m]	key

Find all the Polish words in the puzzle.

Polish - Word Search - #34 - Around the House

c	ł	c	y	g	m	ą	ł	a	ą	s	n	ż
e	y	s	z	a	f	a	o	b	r	a	z	r
l	a	h	ł	p	a	p	u	w	ą	n	l	t
e	k	o	i	ó	k	k	m	o	m	ł	m	a
d	n	k	z	c	a	z	r	u	k	d	o	l
i	a	u	ą	g	ś	a	s	a	c	b	ą	e
w	l	r	s	t	ó	ł	t	m	w	ł	c	r
r	k	e	j	k	ł	h	u	e	n	y	t	z
e	z	k	l	o	o	o	ł	k	l	m	m	o
s	s	b	f	c	a	o	d	d	r	a	c	z
k	w	e	g	i	n	p	y	n	c	ł	o	f
i	ł	g	n	o	y	d	c	c	l	ż	g	t
m	ł	l	f	ł	b	w	a	n	n	a	u	j

Polish	English
szklanka [f]	glass
obraz [n]	painting
kocioł [m]	pot
widelec [m]	fork
kurek [m]	tap
stół [m]	table
wanna [f]	bath (tub)
talerz [m]	plate
zmywarka [f]	dishwasher
szafa [f]	wardrobe
odkurzacz [m]	hoover
toaleta [f]	toilet
mikser [m]	mixer

Find all the Polish words in the puzzle.

Polish - Word Search - #35 - Around the House

w	h	d	j	o	g	o	e	w	o	l	h	g
r	ż	c	a	w	ż	f	r	ł	z	ó	a	ó
a	k	w	ó	d	o	l	r	n	c	a	d	t
a	ó	n	k	m	d	j	p	a	a	k	o	m
g	z	a	r	b	o	l	h	ł	z	b	w	e
ł	r	u	s	z	l	i	m	g	r	e	r	b
ó	c	c	l	ś	d	w	h	t	u	r	m	l
t	ó	b	u	a	a	e	s	o	k	o	o	e
s	f	d	h	z	m	u	ą	a	d	t	d	y
e	k	c	o	ą	f	p	j	l	o	f	ą	e
e	a	n	p	i	m	c	a	e	p	ł	l	a
d	u	j	t	a	z	ł	p	t	j	n	z	y
l	f	o	r	t	s	u	l	a	ó	ż	o	p

Polish	English
woda [f]	water
torebka [f]	handbag
lampa [f]	lamp
lustro [n]	mirror
odkurzacz [m]	hoover
sufit [m]	ceiling
toaleta [f]	toilet
dach [m]	roof
meble [fp]	furniture
wazon [m]	vase
lodówka [f]	refrigerator
obraz [m]	image
stół [m]	table
dom [m]	house

Find all the Polish words in the puzzle.

Polish - Word Search - #36 - Around the House

a	ś	i	j	g	ś	w	w	ł	a	f	k	i
m	ż	l	i	s	i	f	a	k	ś	k	e	c
ó	o	m	w	t	e	o	r	ó	y	a	m	e
a	ó	e	z	ó	d	a	t	z	l	n	ą	i
n	e	b	r	ł	z	t	e	a	a	a	w	m
a	s	l	d	s	l	i	l	r	p	p	ł	ś
i	l	e	u	u	y	f	e	b	y	a	m	a
c	h	s	s	ł	e	u	w	o	i	z	d	n
ś	o	t	u	a	h	s	i	h	z	w	u	z
k	r	p	ó	ł	k	a	z	c	h	a	e	s
o	r	g	d	t	t	j	o	f	t	n	m	o
ó	j	t	o	r	b	a	r	ś	k	n	ż	k
ą	u	z	h	m	w	m	ó	t	s	a	o	z

Polish	English
telewizor [m]	television
kosz na śmieci [m]	rubbish can
lustro [n]	mirror
torba [f]	bag
ściana [f]	wall
meble [fp]	furniture
półka [f]	shelf
obraz [n]	painting
kanapa [f]	couch
drzwi [fp]	door
suszarka [f]	drier
stół [m]	table
wanna [f]	bath (tub)
sufit [m]	ceiling

Find all the Polish words in the puzzle.

Polish - Word Search - #37 - Birds

k	r	k	k	s	g	i	b	f	m	e	w	a
y	a	u	y	z	u	o	o	l	i	ź	m	m
d	f	d	ą	k	ś	r	c	w	f	k	u	e
n	ą	t	i	ż	g	z	i	y	b	a	a	c
i	ó	j	ś	ę	g	e	a	j	a	c	a	u
ę	ą	d	z	o	f	ł	n	k	ż	z	l	p
e	u	w	ł	p	ś	e	b	d	a	k	e	y
z	a	ą	r	e	c	a	f	f	n	a	b	ą
ż	b	s	ł	o	w	i	k	m	t	ś	ó	r
ł	ł	d	r	j	n	f	r	t	k	w	r	y
e	p	z	ź	ą	ą	a	f	b	p	z	w	k
l	ś	ę	ź	c	z	a	p	l	a	c	d	ł
f	p	g	n	i	m	a	l	f	ż	s	ę	p

Polish	English
słowik [m]	nightingale
sęp [m]	vulture
gołąb [m]	pigeon
indyk [m]	turkey
flaming [m]	flamingo
bażant [m]	pheasant
gęś [f]	goose
bocian [m]	stork
wróbel [m]	sparrow
mewa [f]	seagull
wrona [f]	crow
orzeł [m]	eagle
czapla [f]	heron
kaczka [f]	duck

Find all the Polish words in the puzzle.

Polish - Word Search - #38 - Birds

n	u	w	c	b	ł	k	m	a	ź	j	a	ó
p	u	l	r	a	t	d	ź	k	p	a	s	a
y	b	p	d	ż	f	w	ź	z	p	s	ł	n
ą	p	z	d	a	j	ł	ę	c	c	t	o	o
r	e	ę	ę	n	z	ł	y	a	z	r	r	r
j	l	w	a	t	i	ą	s	k	a	z	z	w
k	i	r	ł	a	ż	o	t	n	p	ą	e	m
ł	k	ó	ź	y	w	o	u	a	l	b	ł	g
a	a	b	m	a	i	n	g	i	a	a	p	o
b	n	e	a	o	o	ę	o	c	ę	l	ź	o
ę	c	l	p	n	ś	p	k	o	ą	ż	i	n
d	k	ł	b	ą	ł	o	g	b	a	d	ą	w
ź	k	o	ż	ś	ż	ł	s	j	r	o	g	ó

Polish	English
łabędź [m]	swan
kaczka [f]	duck
gęś [f]	goose
czapla [f]	heron
jastrząb [m]	hawk
bażant [m]	pheasant
gołąb [m]	dove
bocian [m]	stork
wrona [f]	crow
sowa [f]	owl
wróbel [m]	sparrow
orzeł [m]	eagle
pelikan [m]	pelican
kogut [m]	rooster

Find all the Polish words in the puzzle.

Polish - Word Search - #39 - Birds

s	g	t	u	l	t	r	t	m	m	s	ł	y
w	o	u	ą	z	s	g	ó	y	t	k	ź	z
r	ż	w	g	j	b	y	e	r	c	y	ź	t
ó	k	k	a	a	b	u	u	t	u	c	b	m
b	u	i	g	g	k	ś	ó	ą	z	o	j	z
e	r	w	u	n	ą	z	i	t	c	u	a	a
l	a	o	ż	i	ó	ą	c	i	o	t	s	ź
i	u	ł	j	m	y	s	a	a	p	ł	t	k
ł	f	s	d	a	ę	n	c	u	k	t	r	y
n	a	k	i	l	e	p	p	j	j	u	z	d
m	c	ś	k	f	ż	m	f	z	o	g	ą	n
e	r	ę	ó	j	u	ś	g	w	u	o	b	i
l	m	g	ó	c	z	a	p	l	a	k	j	f

Polish	English
flaming [m]	flamingo
czapla [f]	heron
sowa [f]	owl
jastrząb [m]	hawk
kaczka [f]	duck
kura [f]	hen
kogut [m]	rooster
gęś [f]	goose
struś [m]	ostrich
pelikan [m]	pelican
indyk [m]	turkey
wróbel [m]	sparrow
bocian [m]	stork
słowik [m]	nightingale

Find all the Polish words in the puzzle.

Polish - Word Search - #40 - Birds

g	e	f	l	r	t	ę	s	o	g	b	ś	ó
ś	n	a	k	i	l	e	p	n	u	ż	z	w
t	ś	o	a	l	k	a	c	z	k	a	t	e
b	ę	s	s	ł	o	w	i	k	y	d	n	i
a	g	r	z	t	ź	t	e	ś	s	n	g	w
m	w	e	u	ó	k	d	b	o	c	i	a	n
l	e	b	ó	r	w	e	ę	ś	e	f	ś	s
a	j	a	s	t	r	z	ą	b	ł	ę	t	w
ś	l	j	c	r	ó	s	ę	p	a	r	ó	r
m	y	p	s	f	k	ż	b	j	u	ł	t	o
z	a	y	a	ź	u	l	ż	ś	j	ź	r	n
a	ś	r	e	z	ś	n	ź	d	ą	r	g	a
ę	ż	n	z	ó	c	ż	o	r	z	e	ł	ó

Polish	English
łabędź [m]	swan
struś [m]	ostrich
wróbel [m]	sparrow
bocian [m]	stork
pelikan [m]	pelican
czapla [f]	heron
wrona [f]	crow
sęp [m]	vulture
jastrząb [m]	hawk
indyk [m]	turkey
orzeł [m]	eagle
kaczka [f]	duck
gęś [f]	goose
słowik [m]	nightingale

Find all the Polish words in the puzzle.

Polish - Word Search - #41 - Birds

ą	p	c	a	n	ó	r	y	ś	j	k	ą	t
y	n	z	w	j	ź	y	w	c	g	i	u	c
c	u	a	e	s	ł	n	ę	a	n	w	w	e
r	u	p	m	p	w	k	i	g	i	o	ź	p
p	k	l	a	k	a	l	c	u	m	ł	ę	b
e	g	a	p	c	j	ó	l	p	a	s	c	ą
l	a	p	z	t	k	g	y	a	l	l	s	z
i	j	k	i	s	a	ź	t	p	f	o	ż	r
k	a	ł	n	g	d	k	ś	u	w	ż	n	t
a	r	ś	d	ę	o	d	ł	a	g	w	c	s
n	b	ś	b	z	n	ł	j	f	b	o	p	a
k	ó	a	ł	g	t	l	ą	w	k	u	k	j
e	ł	n	n	a	i	c	o	b	t	d	d	w

Polish	English
flaming [m]	flamingo
ptak [m]	bird
gołąb [m]	dove
pelikan [m]	pelican
kogut [m]	rooster
papuga [f]	parrot
bocian [m]	stork
czapla [f]	heron
kaczka [f]	duck
jastrząb [m]	hawk
łabędź [m]	swan
mewa [f]	seagull
słowik [m]	nightingale
sowa [f]	owl

Find all the Polish words in the puzzle.

Polish - Word Search - #42 - Birds

ź	m	b	o	z	a	s	z	n	c	w	t	w
ą	a	ą	u	a	o	g	g	k	k	j	n	r
f	s	ł	ę	w	k	l	a	ę	e	b	k	ó
y	z	o	a	e	u	t	ż	ł	ś	ą	o	b
t	y	g	m	m	p	o	r	a	l	z	u	e
ź	a	g	u	p	a	p	i	a	d	r	ó	l
ś	d	w	k	ą	ś	s	f	ó	o	t	o	l
m	d	ę	n	a	i	c	o	b	p	s	a	f
n	u	ę	b	f	z	f	r	l	ą	a	o	s
i	d	y	u	a	z	w	l	c	e	j	g	t
ł	ś	ź	l	f	ł	l	j	s	m	ż	w	r
ę	m	b	a	ż	a	n	t	ę	m	m	k	u
f	l	a	m	i	n	g	y	p	g	m	ó	ś

Polish	English
wróbel [m]	sparrow
papuga [f]	parrot
łabędź [m]	swan
flaming [m]	flamingo
mewa [f]	seagull
jastrząb [m]	hawk
bażant [m]	pheasant
struś [m]	ostrich
gołąb [m]	pigeon
bocian [m]	stork
sęp [m]	vulture
sowa [f]	owl
gęś [f]	goose
ptak [m]	bird

Find all the Polish words in the puzzle.

Polish - Word Search - #43 - Birds

t	ł	l	r	f	ł	ś	ą	l	w	o	a	g
p	f	u	ż	s	ę	p	g	ś	i	k	t	b
ł	a	b	ę	d	ź	s	j	n	z	ś	ź	g
p	z	n	ż	b	ź	f	d	c	ą	y	n	b
a	j	a	t	o	u	y	a	o	g	i	ą	ł
p	j	k	m	c	k	k	o	o	m	z	j	e
u	p	i	c	i	ł	n	ł	a	r	p	e	f
g	p	l	d	a	ź	ą	l	t	t	l	i	a
a	d	e	b	n	b	f	s	p	t	e	e	w
d	k	p	z	ż	ś	a	w	i	u	b	t	e
b	j	p	ź	r	j	l	s	f	g	ó	d	m
l	t	k	g	t	z	f	u	ó	o	r	a	k
f	a	j	ż	ś	u	r	t	s	k	w	m	ł

Polish	English
sęp [m]	vulture
wróbel [m]	sparrow
bocian [m]	stork
flaming [m]	flamingo
mewa [f]	seagull
jastrząb [m]	hawk
gołąb [m]	dove
kaczka [f]	duck
łabędź [m]	swan
papuga [f]	parrot
kogut [m]	rooster
indyk [m]	turkey
pelikan [m]	pelican
struś [m]	ostrich

Find all the Polish words in the puzzle.

Polish - Word Search - #44 - Birds

p	w	b	u	ą	u	ę	b	ś	a	e	d	g
t	k	o	d	w	ź	z	ą	ś	n	m	k	b
a	i	c	ź	w	ż	u	z	b	o	n	ó	w
k	w	i	y	ó	y	ź	r	ą	r	z	ż	ł
e	o	a	c	p	s	ł	t	ł	w	c	c	y
ż	ł	n	o	j	d	ą	s	o	p	o	n	t
l	s	w	a	w	o	s	a	g	m	ł	p	f
ź	u	j	g	u	g	j	j	f	d	b	ę	s
p	t	ę	c	z	a	p	l	a	r	p	s	k
o	ś	g	b	a	ż	a	n	t	s	n	o	ó
y	ł	ó	ł	t	a	r	u	k	u	g	m	s
d	g	f	l	a	m	i	n	g	u	ę	ś	n
ó	j	l	d	ź	t	n	ł	t	o	a	m	e

Polish	English
gołąb [m]	dove
bocian [m]	stork
kogut [m]	rooster
czapla [f]	heron
słowik [m]	nightingale
sowa [f]	owl
jastrząb [m]	hawk
wrona [f]	crow
sęp [m]	vulture
kura [f]	hen
ptak [m]	bird
bażant [m]	pheasant
gęś [f]	goose
flaming [m]	flamingo

Find all the Polish words in the puzzle.

Polish - Word Search - #45 - Birds

a	ó	f	w	y	c	m	i	a	l	b	s	e
ł	p	b	k	i	w	o	ł	s	a	ę	b	ó
i	a	ó	ą	j	y	ź	z	ż	b	n	p	a
p	t	a	k	a	z	p	a	s	d	e	g	ś
s	f	w	z	s	m	n	ź	ą	l	u	y	ę
u	o	d	n	t	t	e	p	i	p	ę	n	g
d	w	w	z	r	ó	k	k	a	n	o	r	w
a	d	ę	a	z	z	a	p	k	o	g	u	t
t	ś	g	s	ą	n	ź	d	a	t	w	ą	i
j	u	ż	ó	b	ę	w	r	t	r	ą	p	g
p	r	e	g	p	b	b	e	k	a	u	r	o
k	t	t	ę	ł	m	s	ś	u	g	m	k	ś
w	s	s	ę	a	w	e	m	p	ę	ł	l	b

Polish	English
ptak [m]	bird
jastrząb [m]	hawk
pelikan [m]	pelican
mewa [f]	seagull
kogut [m]	rooster
papuga [f]	parrot
sęp [m]	vulture
kura [f]	hen
struś [m]	ostrich
bażant [m]	pheasant
wrona [f]	crow
sowa [f]	owl
słowik [m]	nightingale
gęś [f]	goose

Find all the Polish words in the puzzle.

Polish - Word Search - #46 - Birds

m	d	b	ą	ł	o	g	c	b	p	j	d	f
o	ś	ż	o	ż	b	b	a	r	t	y	b	ó
f	f	p	r	ó	o	ś	y	o	a	z	g	a
ł	u	w	z	y	c	z	ę	d	k	z	a	b
ó	ż	w	e	i	i	n	t	g	s	f	e	n
w	y	a	ł	n	a	w	m	n	ó	ę	f	n
r	ś	n	ę	d	n	a	n	ź	a	ź	p	m
o	j	w	k	y	e	o	t	ó	k	ż	t	r
n	i	w	ź	k	c	z	a	p	l	a	a	r
a	y	ą	b	ą	z	r	t	s	a	j	ź	b
ę	u	e	o	j	l	y	ż	t	e	p	m	e
e	ą	j	z	l	ł	a	b	ę	d	ź	p	o
k	i	w	o	ł	s	f	l	a	m	i	n	g

Polish	English
ptak [m]	bird
indyk [m]	turkey
sęp [m]	vulture
bażant [m]	pheasant
łabędź [m]	swan
wrona [f]	crow
jastrząb [m]	hawk
gęś [f]	goose
bocian [m]	stork
orzeł [m]	eagle
słowik [m]	nightingale
gołąb [m]	dove
flaming [m]	flamingo
czapla [f]	heron

Find all the Polish words in the puzzle.

Polish - Word Search - #47 - Birds

t	b	j	t	f	j	k	i	w	o	ł	s	t
ę	u	ę	s	ó	e	s	e	a	ż	k	p	j
m	k	g	g	o	ź	s	e	n	w	ę	ó	ł
r	b	u	o	d	d	ł	a	a	p	o	m	b
a	m	p	i	k	ę	l	k	k	t	a	s	ł
l	k	e	ź	p	b	s	z	i	a	l	p	k
g	z	d	w	m	a	o	c	l	k	p	e	i
d	c	i	ą	a	ł	r	a	e	j	a	ę	f
k	ś	n	o	t	p	ż	k	p	o	z	e	y
r	p	d	n	z	i	p	y	p	w	c	f	i
n	y	y	g	b	ą	ł	o	g	ę	ę	c	p
f	ó	k	ą	t	s	t	r	u	ś	s	y	e
s	n	m	c	g	n	i	m	a	l	f	l	m

Polish	English
gołąb [m]	dove
pelikan [m]	pelican
kaczka [f]	duck
kogut [m]	rooster
czapla [f]	heron
flaming [m]	flamingo
indyk [m]	turkey
sowa [f]	owl
mewa [f]	seagull
struś [m]	ostrich
ptak [m]	bird
sęp [m]	vulture
łabędź [m]	swan
słowik [m]	nightingale

Find all the Polish words in the puzzle.

Polish - Word Search - #48 - Birds

s	i	ś	r	ł	a	s	ł	o	w	i	k	r
j	c	s	ę	j	k	l	p	s	b	p	e	ś
o	f	ł	o	ż	z	e	ę	d	ą	a	a	f
e	g	z	f	k	c	b	d	i	ł	p	ó	ź
s	ł	ś	m	ą	a	ó	t	a	o	u	a	i
ś	a	ó	e	n	k	r	i	n	g	g	l	r
u	b	ź	n	o	ą	w	ź	ą	w	a	d	b
r	ę	p	a	r	f	f	o	d	t	l	s	a
t	d	a	i	z	b	c	z	a	p	l	a	ż
s	ź	c	c	e	t	p	k	u	r	a	z	a
o	k	p	o	ł	g	l	ł	b	ą	s	ź	n
w	ó	ź	b	ę	ś	z	w	j	e	l	b	t
a	s	t	ł	i	k	o	g	u	t	ó	b	t

Polish	English
bocian [m]	stork
kura [f]	hen
czapla [f]	heron
wróbel [m]	sparrow
struś [m]	ostrich
bażant [m]	pheasant
kaczka [f]	duck
gołąb [m]	pigeon
łabędź [m]	swan
papuga [f]	parrot
słowik [m]	nightingale
sowa [f]	owl
orzeł [m]	eagle
kogut [m]	rooster

Find all the Polish words in the puzzle.

Polish - Word Search - #49 - Clothing

k	a	p	c	i	e	c	r	y	a	u	f	p
i	f	t	i	t	s	h	i	r	t	p	d	n
ą	c	h	u	s	t	e	c	z	k	a	a	r
y	z	f	z	k	ó	o	h	w	l	g	o	k
ń	j	a	ł	i	z	w	l	e	i	z	o	i
s	s	g	o	l	m	m	ó	d	m	m	f	p
u	w	a	h	a	s	i	r	i	b	ż	ł	j
k	e	r	u	z	o	a	a	i	t	a	j	ń
i	t	n	h	s	k	r	n	a	s	ó	t	w
e	e	i	d	w	a	e	w	z	u	a	k	ń
n	r	t	b	j	z	a	c	p	h	f	a	w
k	m	u	ń	o	r	z	b	l	u	z	a	a
a	t	r	n	k	ń	e	y	r	o	f	l	e

Polish	English
T-shirt [f]	T-shirt
szalik [m]	scarf
bluza [f]	sweatshirt
kombinezon [m]	jumpsuit
krawat [m]	necktie
chusteczka [f]	handkerchief
garnitur [m]	suit
rozmiar [m]	size
kapcie [mp]	slippers
sukienka [f]	dress
sweter [m]	jumper
kardigan [m]	cardigan
płaszcz [m]	overcoat

Find all the Polish words in the puzzle.

Polish - Word Search - #50 - Clothing

a	n	k	a	p	e	l	u	s	z	j	n	c
ó	s	r	ę	k	a	w	i	c	z	k	a	ż
ń	b	o	g	r	o	d	n	i	c	z	k	i
g	a	k	p	a	z	c	n	a	d	s	t	ł
n	o	z	e	n	i	b	m	o	k	n	l	s
f	m	u	s	z	k	a	w	o	d	k	s	e
s	l	e	a	l	u	z	s	o	k	d	u	c
i	a	i	b	r	o	z	m	i	a	r	k	i
b	ż	n	o	i	h	i	z	a	b	c	i	w
f	ę	d	d	ę	k	c	s	t	g	i	e	a
d	u	o	a	a	z	i	y	ł	t	j	n	k
h	l	p	ń	p	ł	ż	n	n	s	ó	k	ę
g	t	s	g	y	y	y	t	i	s	ó	a	r

Polish	English
sandały [mp]	sandals
kombinezon [m]	jumpsuit
rozmiar [m]	size
ogrodniczki [mp]	overalls
czapka [f]	cap
spodnie [fp]	trousers
muszka [f]	bow tie
sukienka [f]	dress
koszula [f]	shirt
rękawiczka [f]	glove
bikini [n]	bikini
rękawice [fp]	gloves
kapelusz [m]	hat

Find all the Polish words in the puzzle.

Polish - Word Search - #51 - Clothing

a	l	o	s	a	r	a	p	h	w	p	n	k
m	ń	d	r	e	c	i	w	a	k	ę	r	p
r	r	a	j	s	t	o	p	y	b	i	m	p
ę	k	t	r	n	ą	ę	ó	z	ó	w	s	i
k	u	r	ł	e	a	l	u	z	s	o	k	t
a	r	i	z	ę	i	i	n	i	k	i	b	e
w	t	h	a	h	i	c	s	p	f	ó	y	n
i	k	s	ń	c	e	f	p	e	u	h	y	i
c	a	t	s	j	ń	s	ę	a	m	ń	ń	s
z	ł	ó	d	a	p	u	a	m	k	l	ż	ó
k	d	a	c	i	n	d	ó	p	s	s	y	w
a	y	t	s	k	a	r	p	e	t	k	i	k
i	k	z	c	i	n	d	o	r	g	o	s	i

Polish	English
skarpetki [fp]	socks
rękawiczka [f]	glove
T-shirt [f]	T-shirt
rękawice [fp]	gloves
tenisówki [fp]	running shoes
koszula [f]	shirt
rajstopy [fp]	tights
parasol [m]	umbrella
spódnica [f]	skirt
kurtka [f]	jacket
ogrodniczki [mp]	overalls
bikini [n]	bikini
kapcie [mp]	slippers

Find all the Polish words in the puzzle.

Polish - Word Search - #52 - Clothing

ó	t	y	r	ę	k	a	w	i	c	z	k	a
p	w	k	i	l	a	z	s	j	h	z	n	ż
d	b	c	i	k	t	e	p	r	a	k	s	u
l	m	y	s	n	i	ż	d	t	z	d	ę	l
o	a	y	h	c	o	z	c	ń	o	p	z	a
s	j	e	c	i	w	a	k	ę	r	c	z	p
a	t	m	w	g	d	w	p	i	z	u	ę	ż
r	k	y	b	k	c	n	s	s	l	h	ż	h
a	i	t	m	ł	o	z	a	b	r	l	ą	d
p	p	u	r	n	w	ł	a	u	m	s	p	n
z	r	g	ł	u	p	c	l	p	i	m	l	ż
n	g	w	w	a	k	ą	ż	b	k	d	w	ł
ę	k	a	k	n	e	i	k	u	s	a	i	b

Polish	English
rękawice [fp]	gloves
bluza [f]	sweatshirt
płaszcz [m]	coat
szalik [m]	scarf
pończochy [fp]	stockings
czapka [f]	cap
skarpetki [fp]	socks
majtki [mp]	knickers
parasol [m]	umbrella
sukienka [f]	dress
rękawiczka [f]	glove
dżinsy [fp]	jeans
kurtka [f]	anorak

Find all the Polish words in the puzzle.

Polish - Word Search - #53 - Clothing

m	ą	z	s	u	l	e	p	a	k	b	g	e
l	f	ł	b	g	i	u	n	y	b	o	l	g
o	i	y	ą	n	k	ł	ą	j	r	ę	s	k
s	k	c	ł	a	z	u	d	s	n	z	k	f
a	t	t	i	a	c	y	e	m	e	f	a	s
r	j	u	n	k	i	t	m	d	h	k	r	z
a	a	k	i	n	n	ó	t	a	p	u	p	e
p	m	n	k	e	d	j	k	n	u	ó	e	l
h	p	c	i	i	o	t	ó	r	b	b	t	k
y	z	ó	b	k	r	m	ą	d	y	r	k	i
o	m	u	t	u	g	g	a	m	a	ż	i	p
ó	w	ę	k	s	o	b	b	l	u	z	k	a
r	k	a	m	i	z	e	l	k	a	l	ę	j

Polish	English
piżama [f]	pyjamas
ogrodniczki [mp]	overalls
gorset [m]	corset
majtki [mp]	briefs
kamizelka [f]	waistcoat
szelki [fp]	braces/suspenders
skarpetki [fp]	socks
parasol [m]	umbrella
bikini [n]	bikini
sukienka [f]	dress
kapelusz [m]	hat
bluzka [f]	blouse
kurtka [f]	jacket

Find all the Polish words in the puzzle.

Polish - Word Search - #54 - Clothing

p	g	p	ł	a	s	z	c	z	n	b	ń	b
ó	e	ę	a	ę	r	p	f	l	j	l	f	ł
a	d	j	u	o	ę	r	ó	ą	h	u	j	j
k	g	ó	ą	k	k	a	ą	d	u	z	j	h
l	o	ż	ą	ą	a	k	w	ł	n	a	e	k
e	r	k	o	t	w	z	l	ł	ż	i	u	e
z	s	r	i	z	i	s	f	ó	i	r	c	a
i	e	a	k	u	c	u	s	m	t	p	ę	a
m	t	w	l	f	z	m	o	k	ą	h	r	ę
a	b	a	e	n	k	m	a	ń	e	ń	w	y
k	d	t	z	s	a	n	d	a	ł	y	ą	k
ł	i	ę	s	e	a	k	n	e	i	k	u	s
e	i	n	d	o	p	s	p	j	ł	m	o	t

Polish	English
sandały [mp]	sandals
spódnica [f]	skirt
gorset [m]	corset
muszka [f]	bow tie
kurtka [f]	anorak
rękawiczka [f]	glove
kamizelka [f]	waistcoat
płaszcz [m]	overcoat
spodnie [fp]	trousers
szelki [fp]	braces/suspenders
sukienka [f]	dress
bluza [f]	sweatshirt
krawat [m]	necktie

Find all the Polish words in the puzzle.

Polish - Word Search - #55 - Clothing

r	ń	ę	f	e	k	k	r	y	m	h	r	a
e	c	i	w	a	k	ę	r	ł	c	e	u	k
ł	b	n	c	m	a	j	t	k	i	n	t	p
j	ł	e	f	b	l	u	z	a	r	n	i	a
l	o	s	a	r	a	p	f	ł	ą	w	n	z
r	ę	k	a	w	i	c	z	k	a	k	r	c
p	a	s	e	k	ł	s	o	k	ż	r	a	k
e	w	t	i	w	ł	c	ó	b	z	a	g	o
i	s	k	o	r	f	a	l	z	s	w	p	s
c	w	i	b	i	k	i	n	i	z	a	ń	z
p	s	p	ó	d	n	i	c	a	b	t	ę	u
a	z	f	r	e	ó	r	o	o	ę	h	u	l
k	t	e	m	r	f	h	f	ń	l	e	ó	a

Polish	English
krawat [m]	necktie
majtki [mp]	briefs
spódnica [f]	skirt
rękawiczka [f]	glove
garnitur [m]	suit
bikini [n]	bikini
parasol [m]	umbrella
rękawice [fp]	gloves
kapcie [mp]	slippers
bluza [f]	sweatshirt
koszula [f]	shirt
czapka [f]	cap
pasek [m]	belt
szlafrok [m]	dressing gown

Find all the Polish words in the puzzle.

Polish - Word Search - #56 - Clothing

s	ę	s	u	k	i	e	n	k	a	i	r	y
l	a	k	z	c	e	t	s	u	h	c	h	k
o	r	o	z	m	i	a	r	f	ą	b	n	e
e	j	d	ą	p	a	s	e	k	r	i	n	i
i	o	k	a	k	z	u	l	b	ę	u	l	n
c	g	ą	d	m	t	i	s	z	k	s	p	a
p	c	ż	ł	o	j	u	ł	g	a	t	o	r
a	l	u	z	s	o	k	n	y	w	o	m	b
k	w	t	k	b	a	g	ę	h	i	n	a	u
g	o	g	f	y	g	b	j	z	c	o	j	m
h	e	c	t	s	h	i	r	t	z	s	t	z
ń	y	ł	a	d	n	a	s	ó	k	z	k	b
a	k	t	r	u	k	ą	ó	ó	a	z	i	c

Polish	English
rozmiar [m]	size
rękawiczka [f]	glove
koszula [f]	shirt
chusteczka [f]	handkerchief
majtki [mp]	knickers
ubranie [n]	clothes
sandały [mp]	sandals
T-shirt [f]	T-shirt
bluzka [f]	blouse
biustonosz [m]	bra
kapcie [mp]	slippers
pasek [m]	belt
sukienka [f]	dress
kurtka [f]	jacket

Find all the Polish words in the puzzle.

Polish - Word Search - #57 - Clothing

a	j	ż	i	o	e	m	u	s	z	k	a	ó
l	c	s	p	ó	d	n	i	c	a	n	u	u
e	o	w	z	s	u	l	e	p	a	k	y	r
i	y	s	l	i	a	k	p	a	z	c	b	j
z	h	i	a	a	k	ł	k	a	p	c	i	e
r	c	f	n	r	r	t	l	n	e	g	a	o
a	o	ń	i	a	a	p	e	t	y	f	z	o
i	z	ż	t	k	g	p	a	p	f	b	p	ą
m	c	m	e	ę	a	i	ą	k	r	g	ę	ż
z	ń	k	s	u	u	z	d	ą	z	a	m	f
o	o	ń	r	a	ą	t	u	r	j	u	k	m
r	p	ń	o	ń	c	d	u	l	a	g	l	s
b	e	ż	g	g	r	b	ą	n	b	k	t	b

Polish	English
czapka [f]	cap
muszka [f]	bow tie
bluza [f]	sweatshirt
parasol [m]	umbrella
rozmiar [m]	size
kapelusz [m]	hat
bluzka [f]	blouse
skarpetki [fp]	socks
spódnica [f]	skirt
kardigan [m]	cardigan
gorset [m]	corset
kapcie [mp]	slippers
pończochy [fp]	stockings

Find all the Polish words in the puzzle.

Polish - Word Search - #58 - Clothing

r	j	u	n	s	y	p	i	ż	a	m	a	y
k	a	m	z	c	z	s	a	ł	p	b	p	m
p	k	d	f	k	p	r	b	a	l	w	p	a
o	z	ń	c	ą	l	ń	m	u	e	h	n	k
ń	c	s	r	s	ę	p	z	k	i	a	o	z
c	i	u	ę	o	e	k	y	ę	n	k	k	c
z	w	a	b	m	a	b	g	i	d	n	i	e
o	a	k	d	r	b	t	k	p	o	e	l	t
c	k	p	r	l	a	l	g	g	p	i	a	s
h	ę	a	j	z	e	n	u	w	s	k	z	u
y	r	z	z	z	k	z	i	ń	ą	u	s	h
d	p	c	s	j	m	m	ą	e	ń	s	m	c
w	z	s	o	n	o	t	s	u	i	b	ł	s

Polish	English
spodnie [fp]	trousers
bluzka [f]	blouse
biustonosz [m]	bra
pończochy [fp]	stockings
piżama [f]	pyjamas
szalik [m]	scarf
sukienka [f]	dress
czapka [f]	cap
rękawiczka [f]	glove
ubranie [n]	clothes
szelki [fp]	braces/suspenders
chusteczka [f]	handkerchief
płaszcz [m]	coat

Find all the Polish words in the puzzle.

Polish - Word Search - #59 - Clothing

l	ż	y	b	e	t	a	w	a	r	k	a	i
t	c	o	ż	ó	g	ę	b	ó	d	m	s	o
l	f	u	w	ż	o	l	e	k	a	k	s	g
p	r	ż	o	i	r	i	a	ż	a	j	f	r
r	o	k	ó	r	s	p	i	r	ą	s	z	o
a	h	ń	c	y	e	p	p	t	p	k	m	d
i	a	ę	c	l	t	e	ą	ó	ę	a	i	n
m	m	k	u	z	t	p	d	ł	j	d	a	i
z	p	s	t	k	o	n	t	t	n	k	p	c
o	z	h	i	r	i	c	k	ł	z	y	a	z
r	ę	u	u	c	u	i	h	u	i	s	s	k
s	i	c	a	k	t	k	l	y	h	ó	e	i
t	p	l	f	ń	c	b	r	ó	g	ę	k	ł

Polish	English
gorset [m]	corset
pończochy [fp]	stockings
skarpetki [fp]	socks
kurtka [f]	jacket
ogrodniczki [mp]	overalls
majtki [mp]	briefs
bluzka [f]	blouse
krawat [m]	necktie
spódnica [f]	skirt
rozmiar [m]	size
pasek [m]	belt
kapelusz [m]	hat
piżama [f]	pyjamas

Find all the Polish words in the puzzle.

Polish - Word Search - #60 - Clothing

z	f	a	g	z	e	c	i	w	a	k	ę	r
n	s	k	e	i	c	p	a	k	i	ó	o	i
t	a	o	b	z	s	p	ó	d	n	i	c	a
i	i	g	n	g	a	r	n	i	t	u	r	z
k	f	p	i	o	a	h	c	j	t	ż	n	c
t	ń	a	ó	d	t	n	g	g	g	m	ł	z
e	z	s	p	ż	r	s	n	g	p	m	i	s
p	e	e	ó	b	p	a	u	y	t	r	b	a
r	ę	k	n	n	f	ż	k	i	w	ó	u	ł
a	y	ł	a	d	n	a	s	m	b	ó	a	p
k	r	ę	k	a	w	i	c	z	k	a	g	f
s	j	u	m	a	j	t	k	i	k	u	ł	r
g	f	d	l	o	s	a	r	a	p	j	t	g

Polish	English
majtki [mp]	briefs
kardigan [m]	cardigan
garnitur [m]	suit
kapcie [mp]	slippers
biustonosz [m]	bra
skarpetki [fp]	socks
rękawiczka [f]	glove
parasol [m]	umbrella
płaszcz [m]	coat
pasek [m]	belt
sandały [mp]	sandals
spódnica [f]	skirt
rękawice [fp]	gloves

Find all the Polish words in the puzzle.

Polish - Word Search - #61 - Family

a	m	a	m	a	c	o	c	h	a	ż	r	a
r	s	a	r	t	s	o	i	s	n	ł	t	e
c	e	d	o	z	m	z	c	y	r	ą	a	z
ó	c	p	t	a	r	b	ą	i	ł	t	t	k
h	w	c	e	i	c	j	o	a	o	c	a	a
w	u	ą	ł	u	m	a	t	k	a	c	ż	z
r	o	d	z	i	c	k	t	b	ó	ł	i	y
c	k	ą	u	u	p	a	s	i	e	r	b	a
z	ą	w	ą	m	y	z	c	j	o	s	h	y
j	u	a	u	ą	z	ó	t	h	u	ł	ą	p
j	d	c	ó	r	k	a	ł	d	c	i	m	y
c	e	i	n	e	z	r	t	s	o	i	s	d
m	w	ż	c	u	j	s	m	p	a	o	t	r

Polish	English
pasierb [m]	stepson
rodzic [m]	parent
siostrzeniec [m]	nephew
brat [m]	brother
matka [f]	mother
wuj [m]	uncle
ojciec [m]	father
ojczym [m]	stepfather
tata [m]	dad
macocha [f]	stepmother
ciocia [f]	aunt
siostra [f]	sister
mama [f]	mum
córka [f]	daughter

Find all the Polish words in the puzzle.

Polish - Word Search - #62 - Family

ą	d	c	n	ł	h	ó	k	t	k	t	b	ł
s	i	o	s	t	r	a	t	k	ą	h	r	w
k	o	c	u	b	r	a	t	e	c	i	e	ł
h	u	z	r	t	n	z	ó	d	i	h	i	ż
c	b	n	n	a	b	b	b	a	z	m	s	d
ł	e	j	w	t	a	z	c	i	d	c	a	p
ż	ż	i	c	a	ł	n	s	z	o	r	p	k
ą	u	n	c	ó	d	m	i	d	r	d	a	y
t	a	ż	r	j	r	e	y	z	d	ł	j	ż
t	r	e	ż	d	o	k	t	ó	d	t	u	n
r	m	n	d	m	o	b	a	e	h	o	w	m
ą	b	i	k	o	j	c	z	y	m	a	r	ł
k	a	i	n	w	e	r	k	k	h	ą	j	w

Polish	English
brat [m]	brother
wnuk [m]	grandchild
rodzina [f]	family
ojczym [m]	stepfather
ojciec [m]	father
pasierb [m]	stepson
wuj [m]	uncle
krewni [mp]	relatives
dziadek [m]	grandfather
tata [m]	dad
rodzic [m]	parent
siostra [f]	sister
córka [f]	daughter

Find all the Polish words in the puzzle.

Polish - Word Search - #63 - Family

e	ż	c	y	h	r	m	k	z	e	a	ł	e
e	ż	ą	a	k	r	ó	c	c	ż	i	n	y
r	o	d	z	i	c	e	d	z	o	c	j	ą
h	m	y	z	c	j	o	ą	y	w	o	s	ó
z	i	m	u	n	m	a	m	a	t	i	s	ó
a	h	c	o	c	a	m	m	ó	n	c	c	y
p	a	s	i	e	r	b	i	c	a	o	o	c
n	e	t	y	n	w	e	r	k	ą	ą	e	n
m	n	a	k	ą	e	u	t	k	a	i	a	s
p	y	t	t	m	m	p	j	a	c	e	b	b
r	z	a	p	r	m	c	n	j	y	p	j	t
n	u	ż	m	y	d	o	o	o	n	m	h	k
n	k	n	m	z	ż	t	u	ó	m	c	o	j

Polish	English
ojciec [m]	father
ciocia [f]	aunt
tata [m]	dad
żona [f]	wife
pasierbica [f]	stepdaughter
ojczym [m]	stepfather
rodzice [mp]	parents
krewny [m]	relative
mama [f]	mum
pasierb [m]	stepson
córka [f]	daughter
kuzyn [m]	cousin
macocha [f]	stepmother

Find all the Polish words in the puzzle.

Polish - Word Search - #64 - Family

u	ą	a	z	t	m	a	c	o	c	h	a	c
b	a	c	u	t	a	r	k	t	n	n	z	p
a	o	i	o	u	p	t	i	t	b	s	y	ł
b	z	n	c	y	w	r	a	k	a	ą	w	s
c	r	e	d	o	n	ó	ó	n	n	m	r	s
i	t	z	a	j	i	w	m	d	o	w	w	i
a	ł	r	ł	ł	w	c	e	ą	ż	p	i	o
u	i	t	c	u	m	n	a	r	a	ą	a	s
ł	d	s	e	c	h	y	y	k	k	ą	j	t
h	a	o	i	o	w	r	r	z	h	o	r	r
ą	y	i	c	r	s	ó	s	c	u	b	o	a
c	h	s	j	c	c	o	w	z	r	k	n	u
t	m	ó	o	s	m	c	e	z	ż	ą	k	b

Polish	English
żona [f]	wife
siostrzenica [f]	niece
kuzyn [m]	cousin
macocha [f]	stepmother
córka [f]	daughter
siostra [f]	sister
tata [m]	dad
krewny [m]	relative
ciocia [f]	aunt
syn [m]	son
matka [f]	mother
babcia [f]	grandmother
ojciec [m]	father

Find all the Polish words in the puzzle.

Polish - Word Search - #65 - Family

z	t	ó	m	b	t	h	ż	c	b	y	ł	a
ą	a	d	w	ó	e	w	c	c	m	s	m	b
n	r	ż	i	ż	b	j	ł	s	h	a	e	m
a	b	o	o	m	i	u	d	s	m	w	d	k
ż	i	ó	n	n	ł	w	e	ó	o	e	z	r
s	n	m	n	p	a	s	i	e	r	b	i	t
b	d	j	b	u	a	e	o	e	y	r	a	ó
ł	o	y	y	m	u	k	u	h	z	t	d	m
ł	r	w	b	w	n	d	t	n	a	r	e	ą
d	y	n	w	e	r	k	m	a	r	y	k	ż
s	z	z	u	o	z	d	t	t	m	p	z	ą
m	r	c	a	c	i	b	r	e	i	s	a	p
ó	p	s	y	n	h	i	n	y	z	u	k	s

Polish	English
przyrodni brat [m]	stepbrother
krewny [m]	relative
mama [f]	mum
syn [m]	son
tata [m]	dad
pasierbica [f]	stepdaughter
matka [f]	mother
wuj [m]	uncle
mąż [m]	husband
kuzyn [m]	cousin
żona [f]	wife
dziadek [m]	grandfather
pasierb [m]	stepson

Find all the Polish words in the puzzle.

Polish - Word Search - #66 - Family

i	j	w	ż	w	b	p	p	b	m	ą	ż	a
b	k	o	n	m	u	a	n	y	r	ł	c	ą
p	w	ą	a	u	p	j	o	o	p	i	t	a
p	a	s	n	h	k	c	d	z	b	a	p	r
p	i	n	ą	y	c	z	k	r	r	d	ą	t
ó	c	t	w	y	i	o	e	b	p	k	k	s
m	b	a	i	c	n	i	c	p	w	ż	ó	o
e	a	n	e	k	s	w	a	a	ż	u	z	i
a	b	o	r	a	u	a	e	i	m	ż	h	s
k	s	ż	p	n	y	z	e	r	c	t	e	o
i	z	ą	c	e	ó	m	y	b	k	o	b	h
n	w	s	k	ł	b	d	s	n	e	c	i	e
d	a	d	o	ł	m	a	n	n	a	p	i	c

Polish	English
krewny [m]	relative
panna młoda [f]	bride
brat [m]	brother
kuzyn [m]	cousin
siostra [f]	sister
pasierbica [f]	stepdaughter
macocha [f]	stepmother
babcia [f]	grandmother
żona [f]	wife
rodzice [mp]	parents
mąż [m]	husband
wuj [m]	uncle
wnuk [m]	grandchild
ciocia [f]	aunt

Find all the Polish words in the puzzle.

Polish - Word Search - #67 - Family

i	m	y	s	j	k	r	y	o	t	a	d	ą
k	t	w	k	e	d	a	i	z	d	ł	t	e
j	s	i	o	s	t	r	z	e	n	i	c	a
p	r	z	y	r	o	d	n	i	b	r	a	t
c	a	d	ą	u	s	w	y	h	n	ą	b	z
a	n	e	c	i	z	d	o	r	k	ą	r	w
u	y	ó	d	j	a	p	h	n	d	m	e	e
i	p	ż	y	k	o	j	c	z	y	m	i	r
a	ż	r	t	c	n	ł	h	ó	h	s	s	o
m	ą	a	k	c	ą	c	a	d	z	o	a	d
w	m	a	c	i	b	r	e	i	s	a	p	z
h	c	i	o	c	i	a	e	ż	w	ó	d	i
r	j	u	w	r	c	b	r	a	t	j	t	c

Polish	English
pasierb [m]	stepson
pasierbica [f]	stepdaughter
matka [f]	mother
siostrzenica [f]	niece
ciocia [f]	aunt
przyrodni brat [m]	stepbrother
rodzice [mp]	parents
mąż [m]	husband
dziadek [m]	grandfather
ojczym [m]	stepfather
brat [m]	brother
rodzic [m]	parent
wuj [m]	uncle
syn [m]	son

Find all the Polish words in the puzzle.

Polish - Word Search - #68 - Family

b	s	j	ż	r	k	r	o	ł	t	a	r	b
ł	c	ż	ą	r	u	o	a	ó	m	ż	j	b
s	b	i	m	c	z	d	a	k	t	a	m	ł
i	p	t	d	a	y	z	w	t	ż	w	r	b
o	a	b	t	c	n	i	t	a	t	a	e	ą
s	n	s	o	i	m	c	y	h	o	ł	o	ż
t	n	c	n	b	ó	a	i	c	b	a	b	z
r	a	u	t	r	n	u	o	j	ż	u	b	p
a	m	w	y	e	c	i	o	c	i	a	w	ą
t	ł	m	z	i	j	p	i	j	t	o	p	ż
ó	o	j	k	s	z	d	z	i	a	d	e	k
m	d	m	b	a	a	n	i	z	d	o	r	d
y	a	t	u	p	h	b	m	b	o	z	a	c

Polish	English
matka [f]	mother
tata [m]	dad
dziadek [m]	grandfather
rodzina [f]	family
mąż [m]	husband
pasierbica [f]	stepdaughter
ciocia [f]	aunt
kuzyn [m]	cousin
rodzic [m]	parent
babcia [f]	grandmother
panna młoda [f]	bride
siostra [f]	sister
brat [m]	brother

Find all the Polish words in the puzzle.

Polish - Word Search - #69 - Family

i	e	a	a	i	d	c	m	r	ó	ó	r	j
t	n	h	c	d	o	z	u	ó	b	t	o	w
ą	y	w	n	i	o	ż	i	c	ó	t	d	o
r	m	ł	e	z	b	ł	a	a	ą	z	z	ó
s	n	z	z	r	w	r	m	m	d	u	i	a
ł	h	p	ż	r	k	c	e	a	a	e	c	i
m	ą	o	m	a	z	u	n	i	n	m	k	j
ą	ą	t	ó	t	n	s	h	y	s	n	h	h
ż	z	o	j	a	b	i	ł	s	s	a	a	b
j	a	a	m	t	o	ł	z	o	y	ó	p	p
p	r	n	y	t	z	u	z	d	ó	b	d	y
p	r	o	d	z	i	c	e	r	o	t	ł	r
ż	z	ż	m	y	z	c	j	o	p	r	ł	b

Polish	English
dziadek [m]	grandfather
mama [f]	mum
rodzice [mp]	parents
żona [f]	wife
tata [m]	dad
mąż [m]	husband
rodzina [f]	family
panna młoda [f]	bride
syn [m]	son
krewni [mp]	relatives
ojczym [m]	stepfather
pasierbica [f]	stepdaughter
rodzic [m]	parent

Find all the Polish words in the puzzle.

Polish - Word Search - #70 - Family

w	w	p	o	e	n	t	r	r	r	ą	a	o
e	j	t	ó	e	d	w	ó	o	t	d	h	e
i	i	b	r	t	y	h	d	t	o	r	o	t
h	p	c	r	ó	h	z	o	ł	c	o	a	e
y	r	ó	m	e	i	y	m	u	j	k	m	n
r	i	r	c	c	i	a	j	c	e	a	s	w
ż	w	k	e	m	n	s	i	d	t	n	u	k
u	h	a	w	n	c	e	a	k	m	j	ó	a
t	a	m	a	m	c	i	a	p	o	b	e	w
z	z	p	z	o	z	t	ó	ż	h	h	m	d
ą	j	n	t	d	h	ł	ł	ą	e	k	j	u
o	b	a	i	c	o	i	c	m	d	ł	w	i
ż	o	n	a	ą	h	r	k	u	z	y	n	i

Polish	English
dziadek [m]	grandfather
żona [f]	wife
ciocia [f]	aunt
mama [f]	mum
mąż [m]	husband
panna młoda [f]	bride
matka [f]	mother
pasierb [m]	stepson
wuj [m]	uncle
kuzyn [m]	cousin
rodzice [mp]	parents
córka [f]	daughter
ojciec [m]	father

Find all the Polish words in the puzzle.

Polish - Word Search - #71 - Family

ó	a	h	o	n	c	ó	r	k	a	j	s	m
b	i	a	n	i	z	d	o	r	h	i	p	p
e	c	z	b	d	z	w	k	u	o	p	a	z
m	o	d	ł	z	r	z	k	s	r	ż	n	s
a	i	ł	e	i	p	ż	t	e	ą	t	n	k
n	c	t	h	a	p	r	n	m	n	k	a	u
d	w	p	n	d	z	j	k	p	y	ą	m	z
e	d	h	z	e	w	z	w	p	s	a	ł	y
ó	b	s	n	k	b	u	t	e	m	p	o	n
e	p	i	n	r	j	r	a	a	j	ó	d	ą
p	c	t	a	r	b	ą	ż	k	h	j	a	ł
a	m	o	ł	k	u	n	w	t	i	o	e	ą
i	s	p	m	a	c	o	c	h	a	w	s	ł

Polish	English
dziadek [m]	grandfather
wuj [m]	uncle
syn [m]	son
siostrzenica [f]	niece
mąż [m]	husband
brat [m]	brother
wnuk [m]	grandchild
mama [f]	mum
rodzina [f]	family
panna młoda [f]	bride
kuzyn [m]	cousin
macocha [f]	stepmother
córka [f]	daughter
ciocia [f]	aunt

Find all the Polish words in the puzzle.

Polish - Word Search - #72 - Family

a	s	t	s	s	h	i	a	h	o	z	e	y
n	i	ł	z	i	r	e	k	k	y	n	j	c
o	o	ł	c	o	s	s	j	b	r	a	t	e
ż	s	j	w	s	k	a	m	o	j	ó	u	i
e	t	e	a	t	w	a	h	o	d	d	c	c
b	r	ó	o	r	m	z	d	c	u	w	u	j
a	z	s	z	a	b	d	j	i	o	d	b	o
b	e	m	y	z	c	j	o	k	c	c	j	p
c	n	c	i	k	u	n	w	w	s	p	a	m
i	i	h	b	i	r	ż	r	u	o	i	t	m
a	c	r	e	a	r	o	d	z	i	c	ł	a
ż	a	b	ł	r	n	z	ż	j	c	h	w	d
k	e	w	r	o	d	z	i	c	e	t	k	b

Polish	English
córka [f]	daughter
macocha [f]	stepmother
ojciec [m]	father
babcia [f]	grandmother
siostra [f]	sister
ojczym [m]	stepfather
siostrzenica [f]	niece
mama [f]	mum
wuj [m]	uncle
rodzic [m]	parent
żona [f]	wife
rodzice [mp]	parents
brat [m]	brother
wnuk [m]	grandchild

Find all the Polish words in the puzzle.

Polish - Word Search - #73 - Food

k	e	w	i	l	o	z	a	w	i	l	o	s
h	s	b	l	s	r	c	h	u	m	ł	t	k
j	m	b	j	l	l	i	z	k	h	d	r	b
ó	h	i	r	g	o	a	l	c	u	c	u	j
ł	e	j	j	n	d	s	y	s	a	j	g	b
a	r	i	y	a	y	t	m	p	ł	a	o	y
k	b	c	k	a	a	k	u	h	u	m	j	b
t	a	j	a	j	k	o	l	r	o	l	u	s
a	t	c	o	z	o	ó	z	c	m	ł	e	ł
ł	n	h	d	m	s	z	e	a	k	i	u	a
a	i	l	d	e	g	t	s	a	m	b	j	d
s	k	e	r	a	e	ł	s	ó	e	n	l	h
j	ł	b	t	j	o	b	t	t	a	a	d	j

Polish	English
ciastko [n]	pastry
jajko [n]	egg
chleb [m]	bread
jogurt [m]	yoghurt
oliwa z oliwek [f]	olive oil
masło [n]	butter
bułka [f]	roll
ocet [m]	vinegar
sól [m]	salt
lody [m]	ice-cream
sałatka [f]	salad
herbatnik [m]	biscuit
ser [m]	cheese

Find all the Polish words in the puzzle.

Polish - Word Search - #74 - Food

c	d	o	u	n	ł	n	s	e	r	y	w	p
w	u	l	m	u	s	o	b	h	ł	s	j	o
a	t	i	ł	k	i	n	t	a	b	r	e	h
d	r	w	c	k	b	t	e	c	o	w	m	u
r	u	a	m	h	n	c	h	ó	c	n	u	u
a	g	z	z	s	l	s	a	ł	a	t	k	a
t	o	o	e	w	ó	e	k	m	j	p	o	o
z	j	l	k	p	ó	l	b	o	m	k	k	w
s	l	i	b	o	g	w	m	a	e	t	l	o
u	z	w	w	h	l	ó	s	l	s	o	k	ó
m	u	e	r	k	d	ł	m	a	d	j	l	c
c	a	k	y	u	o	u	i	s	a	z	c	l
z	n	ó	y	o	w	c	e	j	z	c	z	ł

Polish	English
sól [m]	salt
jajko [n]	egg
chleb [m]	bread
jogurt [m]	yoghurt
ciastko [n]	cookie
herbatnik [m]	biscuit
oliwa z oliwek [f]	olive oil
masło [n]	butter
ocet [m]	vinegar
mleko [n]	milk
musztarda [f]	mustard
sałatka [f]	salad
ser [m]	cheese

Find all the Polish words in the puzzle.

Polish - Word Search - #75 - Food

m	u	s	z	t	a	r	d	a	g	l	r	ł
k	i	n	t	a	b	r	e	h	c	g	a	m
o	l	i	w	a	z	o	l	i	w	e	k	s
p	p	p	y	r	o	z	c	h	l	e	b	y
k	a	r	c	g	b	l	i	r	n	y	k	y
l	k	ó	m	r	ó	o	a	p	d	w	z	d
i	t	l	m	s	t	d	s	c	b	o	a	k
n	a	ł	a	r	r	y	t	u	m	k	ł	u
y	ł	ó	s	y	u	j	k	k	y	ł	ó	a
z	a	i	ł	ł	g	ó	o	i	l	z	k	m
g	s	i	o	l	o	y	s	e	m	ł	m	n
r	e	s	i	ó	j	g	r	r	u	b	s	m
ł	h	d	g	s	p	n	e	b	d	l	n	i

Polish	English
cukier [m]	sugar
ciastko [n]	pastry
oliwa z oliwek [f]	olive oil
bułka [f]	roll
chleb [m]	bread
herbatnik [m]	biscuit
sałatka [f]	salad
jogurt [m]	yoghurt
masło [n]	butter
musztarda [f]	mustard
sól [m]	salt
ser [m]	cheese
lody [m]	ice-cream

Find all the Polish words in the puzzle.

Polish - Word Search - #76 - Food

c	o	ó	r	w	t	m	i	ł	b	u	c	d
ł	d	o	a	d	d	t	r	u	g	o	j	s
u	j	s	c	k	h	y	a	u	e	m	l	r
w	j	z	r	e	ł	d	g	r	c	l	m	e
h	a	p	l	p	t	u	o	l	h	e	l	k
n	j	p	r	z	z	k	b	o	e	k	ó	a
p	k	l	i	e	t	t	s	ł	r	o	n	r
k	o	n	k	s	s	a	c	s	b	i	y	k
z	y	e	a	r	ł	h	c	a	a	t	r	r
h	t	i	y	a	l	p	s	m	t	g	n	a
ł	c	d	t	e	ó	e	l	o	n	t	b	s
s	o	k	b	w	b	b	o	u	i	d	e	u
l	a	c	e	u	n	k	i	t	k	o	o	g

Polish	English
ciastko [n]	cake
herbatnik [m]	biscuit
jajko [n]	egg
mleko [n]	milk
masło [n]	butter
bułka [f]	bun
ser [m]	cheese
jogurt [m]	yoghurt
chleb [m]	bread
ocet [m]	vinegar
sałatka [f]	salad
krakers [m]	cracker
lody [m]	ice-cream

Find all the Polish words in the puzzle.

Polish - Word Search - #77 - Food

i	b	ł	i	z	j	t	b	p	b	u	i	a
z	s	l	a	h	o	n	o	w	c	o	a	s
z	l	r	e	j	g	n	l	b	r	ł	d	e
o	s	c	a	j	u	k	i	e	b	s	r	s
k	a	i	l	h	r	r	w	k	l	a	a	r
e	ł	a	h	ó	t	e	a	i	e	m	t	e
l	a	s	d	g	s	i	z	n	i	b	z	k
m	t	t	o	l	k	k	o	t	n	b	s	a
k	k	k	k	u	h	u	l	a	e	u	u	r
w	a	o	h	s	w	c	i	b	z	ł	m	k
j	g	m	j	z	y	l	w	r	d	k	d	i
g	l	p	d	u	p	t	e	e	e	a	h	l
l	b	u	c	h	y	l	k	h	j	z	y	j

Polish	English
jedzenie [n]	food
bułka [f]	roll
sałatka [f]	salad
mleko [n]	milk
oliwa z oliwek [f]	olive oil
jogurt [m]	yoghurt
sól [m]	salt
herbatnik [m]	biscuit
cukier [m]	sugar
masło [n]	butter
krakers [m]	cracker
musztarda [f]	mustard
ciastko [n]	cookie

Find all the Polish words in the puzzle.

Polish - Word Search - #78 - Food

w	w	c	z	a	y	z	e	b	j	w	ł	y
h	o	l	i	w	a	z	o	l	i	w	e	k
e	k	y	e	o	o	h	z	c	e	i	a	o
r	a	k	s	n	k	s	ł	n	n	m	k	r
b	d	r	k	y	e	y	ó	e	ó	t	e	j
a	r	a	i	z	l	a	z	b	s	s	a	b
t	a	k	y	r	m	d	s	a	e	h	k	l
n	t	e	d	a	e	u	i	o	n	a	t	i
i	z	r	o	j	s	c	i	ł	b	k	a	s
k	s	s	l	a	r	h	b	s	n	ł	ł	t
t	u	u	d	p	e	u	ó	a	k	u	a	c
i	m	l	g	u	z	p	h	m	d	b	s	o
b	n	t	e	z	k	d	e	l	j	t	k	y

Polish	English
herbatnik [m]	biscuit
zupa jarzynowa [f]	vegetable soup
ser [m]	cheese
ciastko [n]	cake
bułka [f]	roll
krakers [m]	cracker
mleko [n]	milk
oliwa z oliwek [f]	olive oil
jedzenie [n]	food
musztarda [f]	mustard
masło [n]	butter
sałatka [f]	salad
lody [m]	ice-cream

Find all the Polish words in the puzzle.

Polish - Word Search - #79 - Food

c	y	m	m	i	n	s	j	l	a	u	o	d
k	h	i	u	l	m	z	w	k	k	p	l	e
j	d	l	s	k	e	w	e	e	j	j	i	i
ó	r	j	e	t	y	k	w	w	w	s	w	n
s	s	w	h	b	g	b	o	i	t	a	a	e
j	a	e	t	g	o	u	ó	c	c	ł	z	z
s	s	e	s	c	j	a	j	k	o	a	o	d
n	c	k	r	a	k	e	r	s	e	t	l	e
o	u	h	t	n	z	j	b	s	u	k	i	j
n	k	m	l	a	k	ł	u	b	ó	a	w	ó
ł	z	c	i	a	s	t	k	o	n	l	e	ł
m	u	s	z	t	a	r	d	a	ó	r	k	s
a	w	o	n	y	z	r	a	j	a	p	u	z

Polish	English
jedzenie [n]	food
ocet [m]	vinegar
bułka [f]	roll
krakers [m]	cracker
jajko [n]	egg
musztarda [f]	mustard
mleko [n]	milk
chleb [m]	bread
sałatka [f]	salad
oliwa z oliwek [f]	olive oil
zupa jarzynowa [f]	vegetable soup
sól [m]	salt
ciastko [n]	pastry

Find all the Polish words in the puzzle.

Polish - Word Search - #80 - Food

ł	c	h	l	e	b	b	ł	o	ł	s	a	m
p	k	s	c	u	k	i	e	r	n	i	t	c
z	u	p	a	j	a	r	z	y	n	o	w	a
p	y	o	k	t	s	a	i	c	l	ł	n	n
a	k	ł	u	b	y	l	r	z	r	o	a	j
k	i	n	t	a	b	r	e	h	g	k	d	r
s	r	e	k	a	r	k	p	g	t	k	ó	y
m	k	s	m	w	i	s	g	a	j	s	y	r
k	y	y	t	z	k	y	ł	o	k	e	l	m
o	p	d	r	w	h	a	j	w	k	ó	a	j
w	t	e	c	o	s	b	m	w	y	t	c	z
r	s	h	k	h	g	i	y	a	h	e	z	z
o	b	j	u	o	t	r	u	g	o	j	b	a

Polish	English
zupa jarzynowa [f]	vegetable soup
krakers [m]	cracker
herbatnik [m]	biscuit
ocet [m]	vinegar
masło [n]	butter
cukier [m]	sugar
chleb [m]	bread
sałatka [f]	salad
ciastko [n]	cookie
mleko [n]	milk
jogurt [m]	yoghurt
bułka [f]	roll
lody [m]	ice-cream

Find all the Polish words in the puzzle.

Polish - Word Search - #81 - Food

h	a	z	o	j	j	b	k	b	u	ł	k	a
m	u	s	z	t	a	r	d	a	c	n	o	ł
b	ł	ó	o	k	e	l	m	r	k	i	l	j
k	p	p	l	k	u	o	k	t	s	a	i	c
z	u	p	a	j	a	r	z	y	n	o	w	a
o	n	m	m	k	e	i	n	e	z	d	e	j
k	e	w	i	l	o	z	a	w	i	l	o	ó
t	e	c	o	t	o	k	j	a	j	i	g	c
g	k	n	c	r	w	m	l	o	d	y	y	ł
k	y	c	w	u	ł	a	y	t	p	s	n	t
w	u	p	j	g	l	s	a	ł	a	t	k	a
g	h	m	j	o	e	s	ó	l	k	p	j	l
d	z	h	u	j	z	b	e	l	h	c	h	y

Polish	English
mleko [n]	milk
bułka [f]	roll
jogurt [m]	yoghurt
jajko [n]	egg
zupa jarzynowa [f]	vegetable soup
ocet [m]	vinegar
oliwa z oliwek [f]	olive oil
sałatka [f]	salad
ciastko [n]	cookie
chleb [m]	bread
musztarda [f]	mustard
lody [m]	ice-cream
sól [m]	salt
jedzenie [n]	food

Find all the Polish words in the puzzle.

Polish - Word Search - #82 - Food

o	d	z	s	r	n	l	o	ł	b	m	ł	i
k	m	i	p	z	o	k	t	s	a	i	c	b
j	u	y	y	h	n	k	e	u	o	c	e	t
a	s	p	k	j	e	y	e	z	d	j	i	s
j	z	ó	t	m	e	r	m	g	b	r	o	r
m	t	e	ó	r	j	d	b	p	m	h	m	e
b	a	t	ó	m	u	u	z	a	z	c	p	k
b	r	l	u	j	ł	g	s	e	t	z	t	a
w	d	o	l	k	g	ł	o	h	n	n	r	r
g	a	s	a	m	o	i	k	j	h	i	i	k
y	ó	m	r	c	z	g	e	m	l	k	e	k
l	ł	e	k	e	ó	l	l	u	z	k	e	e
e	s	k	b	o	e	n	m	r	h	s	a	y

Polish	English
jogurt [m]	yoghurt
musztarda [f]	mustard
ocet [m]	vinegar
ser [m]	cheese
jedzenie [n]	food
herbatnik [m]	biscuit
ciastko [n]	cake
jajko [n]	egg
mleko [n]	milk
krakers [m]	cracker
bułka [f]	bun
sól [m]	salt
masło [n]	butter

Find all the Polish words in the puzzle.

Polish - Word Search - #83 - Food

s	a	p	i	ó	m	i	c	g	m	y	b	z
ó	w	u	m	c	h	l	e	b	a	p	o	k
n	o	ó	ó	t	p	l	e	o	s	j	s	e
a	n	o	c	s	i	o	o	k	ł	c	l	w
k	y	g	l	u	j	i	t	p	o	d	ó	i
t	z	j	h	c	s	j	t	e	c	o	s	l
a	r	g	i	i	z	e	b	i	r	ł	ó	o
ł	a	l	t	a	ł	d	u	n	e	z	c	z
a	j	p	n	s	ł	z	ł	z	i	e	n	a
s	a	y	l	t	p	e	k	d	k	r	d	w
u	p	g	o	k	ł	n	a	ł	u	y	n	i
m	u	g	d	o	ł	i	i	w	c	j	n	l
o	z	j	y	r	p	e	ł	s	g	c	ó	o

Polish	English
oliwa z oliwek [f]	olive oil
ciastko [n]	cake
zupa jarzynowa [f]	vegetable soup
bułka [f]	roll
mleko [n]	milk
jedzenie [n]	food
ocet [m]	vinegar
cukier [m]	sugar
lody [m]	ice-cream
chleb [m]	bread
sałatka [f]	salad
sól [m]	salt
masło [n]	butter

Find all the Polish words in the puzzle.

Polish - Word Search - #84 - Food

ł	h	a	e	g	s	r	o	t	b	i	o	i
o	j	a	d	r	a	t	z	s	u	m	k	t
ł	ł	m	ł	c	ł	o	k	j	a	j	t	r
s	k	ó	k	o	a	b	t	m	p	n	s	u
a	o	r	n	t	t	k	u	l	l	r	a	g
m	u	m	a	e	k	s	o	ł	ó	r	i	o
k	d	ó	c	k	a	a	o	r	k	w	c	j
o	n	j	o	ł	e	m	w	s	s	a	z	ó
ó	e	p	w	s	d	r	c	h	l	e	b	j
t	e	m	l	e	k	o	s	k	t	e	c	g
k	e	w	i	l	o	z	a	w	i	l	o	m
l	e	r	e	i	k	u	c	b	w	a	z	ó
ó	j	h	e	r	b	a	t	n	i	k	l	a

Polish	English
krakers [m]	cracker
bułka [f]	roll
oliwa z oliwek [f]	olive oil
cukier [m]	sugar
sałatka [f]	salad
musztarda [f]	mustard
mleko [n]	milk
ciastko [n]	pastry
jajko [n]	egg
masło [n]	butter
chleb [m]	bread
jogurt [m]	yoghurt
herbatnik [m]	biscuit

Find all the Polish words in the puzzle.

Polish - Word Search - #85 - Fruit

a	s	j	a	z	c	ń	a	r	a	m	o	p
d	w	s	j	p	p	z	ś	z	u	b	r	a
o	f	ś	j	l	j	m	l	s	ś	b	z	p
g	c	e	f	d	i	i	ś	r	m	r	e	p
a	n	ł	c	g	m	c	y	a	ś	z	c	ł
j	m	r	d	o	i	r	n	d	e	o	h	r
e	f	a	n	k	g	d	o	s	ń	s	z	a
z	ł	k	f	a	a	a	w	a	ś	k	i	b
ń	a	ż	u	r	b	g	e	n	l	w	e	a
h	ł	d	y	ł	w	i	m	a	i	i	m	r
ż	o	n	n	d	n	f	p	n	w	n	n	b
n	k	b	ż	j	m	d	b	a	k	i	y	a
a	u	o	k	ł	b	a	j	d	a	a	h	r

Polish	English
figa [f]	fig
mandarynka [f]	tangerine
limonka [f]	lime
ananas [m]	pineapple
jagoda [f]	blueberry
orzech ziemny [m]	peanut
jabłko [n]	apple
brzoskwinia [f]	peach
arbuz [m]	watermelon
rabarbar [m]	rhubarb
migdał [m]	almond
śliwka [f]	plum
pomarańcza [f]	orange

Find all the Polish words in the puzzle.

Polish - Word Search - #86 - Fruit

i	k	s	o	ł	w	h	c	e	z	r	o	l
ż	ś	l	i	w	k	a	k	n	o	m	i	l
a	t	r	u	s	k	a	w	k	a	s	n	k
f	b	h	ż	p	i	j	ń	ś	g	a	p	e
ś	b	ł	m	m	b	h	b	k	n	p	t	n
n	s	u	ń	d	o	t	s	a	y	a	o	y
o	c	o	n	t	m	r	b	k	ł	g	s	z
g	o	d	b	ś	e	z	e	y	w	i	o	d
w	w	k	n	h	l	ś	d	l	u	f	k	o
ś	o	l	y	j	o	e	f	o	a	r	o	r
t	ś	k	l	ś	n	s	a	t	c	k	k	ś
o	r	z	e	c	h	z	i	e	m	n	y	i
a	z	c	ń	a	r	a	m	o	p	w	ś	a

Polish	English
owoc [m]	fruit
orzech ziemny [m]	peanut
śliwka [f]	plum
morela [f]	apricot
banan [m]	banana
limonka [f]	lime
pomarańcza [f]	orange
kokos [m]	coconut
rodzynek [m]	raisin
orzech włoski [m]	walnut
melon [m]	melon
figa [f]	fig
truskawka [f]	strawberry

Find all the Polish words in the puzzle.

Polish - Word Search - #87 - Fruit

a	i	n	i	w	k	s	o	z	r	b	s	o
f	p	e	z	u	b	r	a	ż	a	ż	y	r
t	t	j	l	y	t	k	a	d	b	a	n	z
i	u	o	g	a	u	o	h	n	r	a	m	e
s	r	r	o	l	k	t	u	a	a	k	e	c
e	j	c	f	o	ś	c	i	t	b	n	i	h
d	a	a	z	p	c	h	o	z	a	y	z	l
h	g	i	o	b	j	y	ż	s	r	r	h	a
l	o	n	k	o	m	e	b	a	k	a	c	s
ś	d	ś	ł	w	i	u	r	k	a	d	e	k
s	a	i	b	o	ł	k	w	g	e	n	z	o
b	u	w	a	c	c	n	j	b	m	a	r	w
h	d	ś	j	f	s	m	ś	w	b	m	o	y

Polish	English
grejpfrut [m]	grapefruit
orzech laskowy [m]	hazelnut
orzech ziemny [m]	peanut
rabarbar [m]	rhubarb
brzoskwinia [f]	peach
daktyl [m]	date
owoc [m]	fruit
jagoda [f]	blueberry
wiśnia [f]	cherry
arbuz [m]	watermelon
mandarynka [f]	tangerine
kasztan [m]	chestnut
jabłko [n]	apple

Find all the Polish words in the puzzle.

Polish - Word Search - #88 - Fruit

e	j	g	r	u	s	z	k	a	z	l	w	ż
a	n	a	n	a	b	o	l	s	f	o	o	o
l	o	m	e	l	o	n	n	ś	u	r	ł	g
ś	m	n	a	ś	m	m	i	y	z	z	w	f
l	o	b	o	ś	s	s	ś	e	a	e	y	g
i	r	ń	y	r	a	d	c	c	ś	c	j	h
w	e	i	ł	n	g	h	h	j	y	h	a	a
k	l	b	a	c	w	o	l	ł	l	z	b	n
a	a	n	o	ł	p	f	n	y	a	i	ł	y
f	a	w	o	l	e	s	t	i	f	e	k	ż
n	o	s	r	z	f	k	k	y	w	m	o	e
h	k	b	r	s	a	i	d	m	p	n	r	j
i	t	s	j	d	s	i	g	w	m	y	z	l

Polish	English
ananas [m]	pineapple
owoc [m]	fruit
orzech ziemny [m]	peanut
winogrono [n]	grape
gruszka [f]	pear
śliwka [f]	plum
orzech włoski [m]	walnut
jeżyna [f]	blackberry
morela [f]	apricot
daktyl [m]	date
melon [m]	melon
jabłko [n]	apple
banan [m]	banana

Find all the Polish words in the puzzle.

Polish - Word Search - #89 - Fruit

f	s	b	b	o	o	f	g	a	t	a	f	m
j	l	w	a	o	w	o	c	k	r	z	i	a
ł	c	r	t	n	ń	s	h	w	u	c	g	n
a	n	k	ń	ń	a	w	o	i	s	ń	a	d
u	n	d	g	b	t	n	n	l	k	a	f	a
t	c	a	i	k	u	ł	r	ś	a	r	d	r
s	u	y	n	e	e	a	z	a	w	a	p	y
u	t	o	t	a	b	n	o	n	k	m	ł	n
k	g	w	ł	r	s	i	y	o	a	o	m	k
e	h	ś	a	r	y	a	z	z	p	p	o	a
r	h	b	c	u	t	n	u	s	d	k	c	c
e	a	s	h	d	o	ł	a	u	o	o	ł	p
r	a	n	y	ż	e	j	ł	s	f	j	r	d

Polish	English
rabarbar [m]	rhubarb
ananas [m]	pineapple
truskawka [f]	strawberry
pomarańcza [f]	orange
banan [m]	banana
mandarynka [f]	tangerine
suszona śliwka [f]	prune
kokos [m]	coconut
figa [f]	fig
rodzynek [m]	raisin
jeżyna [f]	blackberry
cytryna [f]	lemon
owoc [m]	fruit

Find all the Polish words in the puzzle.

Polish - Word Search - #90 - Fruit

n	e	g	n	t	r	u	s	k	a	w	k	a
m	o	a	a	o	y	o	p	w	c	o	m	l
a	m	l	g	g	k	m	p	ż	n	k	r	y
n	o	h	e	o	n	o	c	o	t	a	o	y
d	r	e	k	m	w	b	r	l	h	s	d	p
a	e	n	ż	w	r	g	p	y	o	z	z	e
r	l	z	o	w	o	c	n	t	k	t	y	e
y	a	o	z	n	i	j	ś	k	s	a	n	ń
n	n	ś	i	u	l	a	r	a	y	n	e	b
k	ń	w	ń	ż	r	ł	p	d	ń	m	k	c
a	r	r	a	b	r	a	b	a	r	m	a	ś
n	j	n	u	z	o	j	u	u	z	ł	ł	f
o	r	z	e	c	h	l	a	s	k	o	w	y

Polish	English
winogrono [n]	grape
rabarbar [m]	rhubarb
daktyl [m]	date
mandarynka [f]	tangerine
orzech laskowy [m]	hazelnut
kasztan [m]	chestnut
rodzynek [m]	raisin
arbuz [m]	watermelon
kokos [m]	coconut
melon [m]	melon
truskawka [f]	strawberry
morela [f]	apricot
owoc [m]	fruit

Find all the Polish words in the puzzle.

Polish - Word Search - #91 - Fruit

h	m	i	g	d	a	ł	s	a	n	a	n	a
i	ś	ń	a	ł	a	n	i	l	a	m	w	s
p	t	g	j	k	a	r	w	m	ł	k	r	j
a	n	u	u	e	n	k	ń	w	t	o	t	a
t	a	w	r	k	ż	y	n	y	p	ł	ł	g
u	n	i	u	f	e	y	r	o	a	u	c	o
i	a	ś	a	w	p	a	n	a	m	ż	p	d
o	b	n	f	ł	n	j	d	a	d	i	ł	a
i	ż	i	j	s	a	ś	e	w	c	n	l	k
f	o	a	o	s	a	a	w	r	ł	ż	a	ń
j	r	k	m	e	l	o	n	h	g	i	ł	m
b	o	b	r	z	o	s	k	w	i	n	i	a
k	u	h	h	ń	e	ż	k	l	ł	m	u	j

Polish	English
mandarynka [f]	tangerine
jagoda [f]	blueberry
grejpfrut [m]	grapefruit
limonka [f]	lime
wiśnia [f]	cherry
malina [f]	raspberry
ananas [m]	pineapple
brzoskwinia [f]	peach
kokos [m]	coconut
banan [m]	banana
jeżyna [f]	blackberry
melon [m]	melon
migdał [m]	almond

Find all the Polish words in the puzzle.

Polish - Word Search - #92 - Fruit

o	r	z	e	c	h	l	a	s	k	o	w	y
m	z	k	j	r	h	a	j	e	y	j	t	a
a	r	b	e	e	a	ż	d	ń	b	s	u	n
l	o	r	a	b	y	b	g	o	i	k	r	a
i	d	z	k	w	e	c	a	n	g	d	f	n
n	z	o	z	i	b	p	g	r	o	a	p	a
a	y	s	s	n	c	s	i	d	b	r	j	s
c	n	k	u	o	p	t	f	a	r	a	e	n
ś	e	w	r	g	o	w	o	c	o	g	r	h
f	k	i	g	r	ń	s	c	s	ń	h	g	g
s	t	n	z	o	y	o	k	ł	b	a	j	w
e	a	i	ł	n	a	r	y	s	m	u	ł	u
ż	p	a	i	o	j	a	c	y	ł	e	m	z

Polish	English
grejpfrut [m]	grapefruit
orzech laskowy [m]	hazelnut
winogrono [n]	grape
malina [f]	raspberry
rodzynek [m]	raisin
jagoda [f]	blueberry
figa [f]	fig
owoc [m]	fruit
gruszka [f]	pear
ananas [m]	pineapple
brzoskwinia [f]	peach
rabarbar [m]	rhubarb
jabłko [n]	apple

Find all the Polish words in the puzzle.

Polish - Word Search - #93 - Fruit

a	i	n	i	w	k	s	o	z	r	b	e	w
z	a	l	e	r	o	m	n	u	s	t	ś	i
k	h	y	g	s	w	s	y	r	t	i	n	n
o	m	t	b	a	j	a	b	ł	k	o	o	o
k	y	k	a	n	h	l	a	n	t	b	j	g
o	k	a	n	a	z	j	f	d	z	j	c	r
s	e	d	y	n	a	u	e	a	o	e	b	o
h	n	h	ż	a	k	k	b	d	s	g	d	n
j	y	o	e	i	k	m	n	r	g	l	a	o
k	z	ś	j	r	h	ż	ś	o	a	h	l	j
w	d	p	ł	a	d	g	i	m	m	o	h	z
i	o	d	t	z	n	e	l	w	g	i	l	ń
w	r	u	r	j	ń	g	b	k	ś	s	l	ń

Polish	English
daktyl [m]	date
rodzynek [m]	raisin
morela [f]	apricot
jagoda [f]	blueberry
ananas [m]	pineapple
jabłko [n]	apple
arbuz [m]	watermelon
limonka [f]	lime
brzoskwinia [f]	peach
jeżyna [f]	blackberry
winogrono [n]	grape
migdał [m]	almond
kokos [m]	coconut

Find all the Polish words in the puzzle.

Polish - Word Search - #94 - Fruit

a	a	n	a	ś	y	i	d	f	a	r	i	c
e	n	ż	a	c	p	o	o	k	ł	b	a	j
ł	ż	a	z	n	b	k	w	p	m	s	ś	b
ń	d	e	n	y	a	i	s	o	k	o	k	f
m	g	j	s	a	l	b	h	m	n	j	n	ń
i	d	ń	y	ś	s	j	d	i	r	y	n	a
g	f	w	i	ś	n	i	a	f	t	m	w	d
d	y	n	m	e	i	z	h	c	e	z	r	o
a	n	ś	w	i	a	n	y	r	t	y	c	g
ł	ń	a	k	n	y	r	a	d	n	a	m	a
s	t	u	r	f	p	j	e	r	g	ń	f	j
ń	b	m	o	r	e	l	a	f	y	l	t	e
e	u	ż	g	k	i	a	ż	z	ś	l	ń	ń

Polish	English
cytryna [f]	lemon
grejpfrut [m]	grapefruit
orzech ziemny [m]	peanut
banan [m]	banana
kokos [m]	coconut
wiśnia [f]	cherry
morela [f]	apricot
mandarynka [f]	tangerine
migdał [m]	almond
jabłko [n]	apple
jagoda [f]	blueberry
śliwka [f]	plum
ananas [m]	pineapple

Find all the Polish words in the puzzle.

56

Polish - Word Search - #95 - Fruit

ś	o	t	j	a	g	o	d	a	l	h	o	z
s	r	a	w	ż	c	y	t	r	y	n	a	m
a	z	n	c	m	r	p	f	t	n	p	i	ł
k	e	y	ń	d	m	i	e	a	y	g	z	ń
n	c	ż	k	ś	z	y	n	y	d	u	g	s
y	h	e	c	m	k	a	j	a	b	k	d	c
r	l	j	o	c	b	ż	ł	r	g	l	a	y
a	a	j	w	n	r	n	a	w	ł	ł	k	t
d	s	a	o	o	i	k	z	a	h	w	t	b
n	k	b	i	l	t	y	c	m	t	g	y	z
a	o	ł	c	e	ł	y	e	i	d	s	l	ń
m	w	k	ł	m	ż	b	a	n	a	n	a	s
k	y	o	u	e	h	w	ń	w	f	m	e	k

Polish	English
orzech laskowy [m]	hazelnut
migdał [m]	almond
melon [m]	melon
jeżyna [f]	blackberry
jagoda [f]	blueberry
cytryna [f]	lemon
owoc [m]	fruit
daktyl [m]	date
banan [m]	banana
mandarynka [f]	tangerine
arbuz [m]	watermelon
ananas [m]	pineapple
jabłko [n]	apple

Find all the Polish words in the puzzle.

Polish - Word Search - #96 - Fruit

p	o	m	a	r	a	ń	c	z	a	j	r	w
w	i	ś	n	i	a	p	l	ń	i	a	a	ł
a	ń	p	w	s	b	y	c	j	t	g	n	a
j	t	a	p	i	o	a	d	d	ł	o	y	i
g	u	t	k	r	n	k	n	y	o	d	ż	l
b	r	o	p	n	ł	o	o	a	y	a	e	y
u	f	y	m	m	y	i	g	k	n	ż	j	t
n	p	d	i	z	f	r	m	r	t	e	l	k
a	j	e	g	u	b	a	a	ż	o	ż	ż	a
n	e	e	d	b	ż	l	n	d	m	n	s	d
e	r	i	a	r	a	s	g	s	n	p	o	l
n	g	n	ł	a	h	o	k	ł	b	a	j	b
r	k	e	n	y	z	d	o	r	ń	r	m	s

Polish	English
kokos [m]	coconut
grejpfrut [m]	grapefruit
banan [m]	banana
rodzynek [m]	raisin
winogrono [n]	grape
arbuz [m]	watermelon
jagoda [f]	blueberry
mandarynka [f]	tangerine
jabłko [n]	apple
wiśnia [f]	cherry
jeżyna [f]	blackberry
daktyl [m]	date
pomarańcza [f]	orange
migdał [m]	almond

Find all the Polish words in the puzzle.

Polish - Word Search - #97 - Hotel

d	a	i	n	l	a	w	y	ł	p	a	k	ż
u	t	s	s	g	ż	r	z	ł	k	l	ż	p
ż	m	z	t	k	s	h	ó	w	u	a	o	a
y	ó	j	p	k	w	t	ó	c	g	w	o	m
p	i	a	d	i	s	j	z	a	ó	u	w	ś
o	ł	w	d	m	o	s	b	d	k	e	c	ż
k	b	o	s	k	n	w	z	o	a	u	y	ł
ó	k	r	o	a	i	t	c	l	p	n	t	j
j	k	p	ś	m	w	d	y	w	a	n	e	b
w	w	ł	a	o	e	i	c	ś	j	y	w	c
a	t	s	i	n	o	j	c	p	e	c	e	r
e	b	ó	y	y	c	a	g	o	ł	d	o	p
o	t	a	k	i	n	u	m	o	k	ż	ć	i

Polish	English
recepcjonista [m]	receptionist
pływalnia [f]	swimming pool
pokojówka [f]	maid
duży pokój [m]	living room
dywan [m]	carpet
klucz [m]	key
bagaż [m]	luggage
powództwo [n]	complaint
podłoga [f]	floor
wyjście [m]	exit
widok [m]	view
stół [m]	table
cena [f]	price
komunikat [m]	message

Find all the Polish words in the puzzle.

Polish - Word Search - #98 - Hotel

u	ó	ł	a	u	ó	j	ć	n	ż	p	o	l
ó	t	w	s	ż	w	n	ó	r	r	o	k	d
j	r	e	u	t	j	n	o	d	a	j	i	p
w	o	j	b	t	l	ó	d	k	ś	l	h	j
ć	w	ś	ż	z	ó	g	a	p	l	l	d	j
r	t	c	w	i	d	o	k	k	j	a	ż	b
e	z	i	i	u	c	z	o	d	h	ó	b	r
i	d	e	m	ś	g	c	ć	a	d	n	i	w
t	ó	o	ł	s	e	z	r	k	n	ł	ć	t
r	w	ó	h	h	j	h	o	t	e	l	i	i
o	o	ć	ł	a	t	j	y	a	d	w	l	w
p	p	b	a	ó	i	h	h	o	l	k	r	k
y	n	l	a	d	a	j	j	ó	k	o	p	a

Polish	English
kwit [m]	receipt
pokój jadalny [m]	dining room
winda [m]	lift
balkon [m]	balcony
koc [m]	blanket
widok [m]	view
krzesło [n]	chair
lód [m]	ice
hotel [m]	hotel
portier [m]	doorman
powództwo [n]	complaint
wejście [n]	entrance
hol [m]	lobby

Find all the Polish words in the puzzle.

Polish - Word Search - #99 - Hotel

p	g	s	p	ł	a	c	i	ć	t	ć	m	ś
ć	u	o	o	ł	s	e	z	r	k	ł	y	r
ś	y	a	e	p	e	k	w	i	t	m	m	m
a	j	c	a	z	y	t	a	m	i	l	k	g
r	p	o	w	t	z	d	ó	w	o	p	m	u
l	e	t	o	h	a	ó	ć	z	c	u	l	k
ł	i	z	k	ć	t	o	h	n	ł	a	w	k
ć	z	n	y	u	t	r	o	p	z	s	a	p
k	ż	t	ć	m	y	s	g	n	ó	b	c	w
o	ó	k	s	ć	p	k	y	g	a	ć	ż	r
c	ł	ó	ż	k	o	m	u	n	i	k	a	t
ż	k	j	a	p	o	k	o	j	ó	w	k	a
ć	g	o	u	z	a	t	e	t	l	a	o	t

Polish	English
klucz [m]	key
paszport [m]	passport
komunikat [m]	message
klimatyzacja [f]	air conditioning
koc [m]	blanket
toalteta [f]	loo
hotel [m]	hotel
płacić [v]	to pay
kwit [m]	receipt
pokojówka [f]	maid
krzesło [n]	chair
łóżko [n]	bed
powództwo [n]	complaint

Find all the Polish words in the puzzle.

Polish - Word Search - #100 - Hotel

z	k	n	ś	i	m	y	w	i	d	o	k	b
o	p	o	k	ó	j	ł	z	b	z	b	i	p
w	n	a	j	ł	p	t	r	ż	t	i	n	o
t	a	n	h	p	ł	a	c	i	ć	ż	t	k
z	ł	e	w	e	j	ś	c	i	e	k	e	ó
d	t	c	a	ó	a	s	j	t	n	g	r	j
ó	w	p	u	j	z	y	m	ś	o	s	n	j
w	n	d	u	ż	y	p	o	k	ó	j	e	a
o	s	u	r	e	i	t	r	o	p	ó	t	d
p	r	e	c	e	p	c	j	a	ż	j	e	a
i	ś	j	z	ł	j	s	t	ó	ł	m	z	l
h	p	c	z	c	d	p	a	r	t	e	r	n
w	w	ż	m	ł	y	d	m	ć	m	h	ć	y

Polish	English
portier [m]	doorman
płacić [v]	to pay
duży pokój [m]	living room
wejście [n]	entrance
recepcja [f]	reception desk
pokój jadalny [m]	dining room
cena [f]	price
widok [m]	view
internet [m]	internet
pokój [m]	room
stół [m]	table
powództwo [n]	complaint
parter [m]	ground floor

Find all the Polish words in the puzzle.

Polish - Word Search - #101 - Hotel

r	e	t	r	a	p	a	ł	ó	n	a	h	u
p	e	w	o	l	o	p	o	k	ż	ó	ł	i
e	o	u	t	n	e	m	a	t	r	a	p	a
ł	k	w	t	ś	y	n	e	k	t	o	m	i
r	u	r	ó	o	o	m	c	l	g	m	m	r
e	o	e	z	d	a	ć	ś	a	j	ł	c	e
i	p	c	t	c	z	l	ć	d	ó	l	e	k
t	p	e	g	e	u	t	t	t	k	ł	i	r
r	p	p	t	p	n	l	w	e	m	ż	s	e
o	n	c	c	o	k	b	k	o	t	n	ó	a
p	n	j	e	s	p	c	b	ć	c	a	s	c
n	ś	a	j	c	a	w	r	e	z	e	r	j
h	b	a	l	k	o	n	ż	c	g	e	l	a

Polish	English
łóżko polowe [n]	cot
toalteta [f]	loo
recepcja [f]	reception desk
powództwo [n]	complaint
balkon [m]	balcony
apartament [m]	suite
rezerwacja [f]	booking
parter [m]	ground floor
lód [m]	ice
rekreacja [f]	recreation
portier [m]	doorman
koc [m]	blanket
klucz [m]	key

Find all the Polish words in the puzzle.

Polish - Word Search - #102 - Hotel

c	e	n	a	e	k	t	ł	w	d	g	ł	ć
p	t	p	p	u	y	a	d	m	y	a	s	k
a	i	l	j	ó	m	k	u	l	w	w	k	t
s	w	w	z	ó	y	s	s	y	a	y	r	i
z	k	ś	c	ś	ć	ó	u	a	n	m	z	y
p	ó	ł	y	b	z	w	g	a	o	ś	e	j
o	c	l	o	a	u	k	z	k	l	y	s	r
r	l	u	l	l	s	a	h	ć	y	h	ł	e
t	l	o	h	k	t	p	i	o	y	u	o	i
n	n	a	n	o	ć	ć	ć	ć	t	ć	w	t
g	e	k	e	n	u	h	c	a	r	e	k	r
h	b	r	e	c	e	p	c	j	a	d	l	o
g	ć	s	o	w	y	j	ś	c	i	e	a	p

Polish	English
kwit [m]	receipt
taksówka [f]	taxi
balkon [m]	balcony
hotel [m]	hotel
hol [m]	lobby
dywan [m]	carpet
krzesło [n]	chair
paszport [m]	passport
wyjście [m]	exit
portier [m]	doorman
recepcja [f]	reception desk
rachunek [m]	bill
cena [f]	price

Find all the Polish words in the puzzle.

Polish - Word Search - #103 - Hotel

t	y	ł	a	j	c	a	w	r	e	z	e	r
z	e	u	z	c	u	l	k	j	ó	n	ś	n
b	j	ó	k	o	p	y	ż	u	d	d	n	h
h	i	z	c	h	u	ś	ś	l	ż	r	o	a
a	p	a	r	t	a	m	e	n	t	t	ć	a
a	i	n	l	a	w	y	ł	p	e	i	e	w
l	ó	d	ć	l	e	b	u	l	c	c	z	a
p	b	b	w	i	d	o	k	a	ł	s	s	r
g	z	g	d	a	b	c	ł	j	ó	k	o	p
o	c	i	r	o	y	p	a	y	ć	ć	m	d
n	s	ł	r	a	c	h	u	n	e	k	m	o
g	t	a	u	d	l	y	s	ć	h	w	j	g
h	p	o	k	o	j	ó	w	k	a	h	ó	s

Polish	English
widok [m]	view
płacić [v]	to pay
duży pokój [m]	living room
rachunek [m]	bill
hotel [m]	hotel
klucz [m]	key
apartament [m]	suite
rezerwacja [f]	booking
lód [m]	ice
pokój [m]	room
pokojówka [f]	maid
odprawa [f]	check-in
pływalnia [f]	swimming pool

Find all the Polish words in the puzzle.

Polish - Word Search - #104 - Hotel

i	b	b	d	a	j	c	a	e	r	k	e	r
w	a	b	a	y	h	z	s	o	a	s	k	k
y	r	s	e	z	w	h	t	d	z	w	i	l
m	o	d	o	r	s	a	n	h	a	i	n	i
e	w	w	j	r	g	i	n	d	a	d	w	m
l	t	r	w	c	w	a	t	ć	c	o	o	a
d	z	m	b	a	l	k	o	n	w	k	r	t
o	d	ć	p	o	d	ł	o	g	a	ł	e	y
w	ó	d	d	k	r	z	e	s	ł	o	i	z
a	w	ó	k	k	u	a	i	l	o	w	k	a
n	o	s	p	ł	a	c	i	ć	y	w	j	c
i	p	e	ż	e	i	c	ś	j	e	w	k	j
e	c	b	t	a	k	s	ó	w	k	a	s	a

Polish	English
wymeldowanie [n]	check-out
widok [m]	view
rekreacja [f]	recreation
powództwo [n]	complaint
balkon [m]	balcony
krzesło [n]	chair
wejście [n]	entrance
płacić [v]	to pay
kierownik [m]	manager
winda [m]	lift
klimatyzacja [f]	air conditioning
podłoga [f]	floor
taksówka [f]	taxi
dywan [m]	carpet

Find all the Polish words in the puzzle.

Polish - Word Search - #105 - Hotel

ł	o	d	p	r	a	w	a	t	r	o	e	c
c	ł	n	o	z	ó	u	s	b	n	p	s	t
m	p	o	k	ó	j	ż	a	n	a	o	ć	a
k	l	u	c	z	t	j	ł	l	j	d	r	k
p	h	m	i	n	a	w	y	d	t	ł	c	z
c	a	t	e	t	l	a	o	t	h	o	i	s
t	g	a	r	a	ż	t	j	j	g	g	t	u
h	ó	a	b	a	k	w	ó	s	k	a	t	d
i	o	r	e	t	r	a	p	ó	i	p	b	o
p	g	t	t	ó	e	m	l	z	l	z	p	p
u	d	t	e	j	e	a	i	ó	d	l	p	e
d	ł	s	k	l	y	ć	a	s	d	h	ó	k
a	j	c	a	w	r	e	z	e	r	ó	k	p

Polish	English
garaż [m]	garage
parter [m]	ground floor
podłoga [f]	floor
lód [m]	ice
hotel [m]	hotel
taksówka [f]	taxi
rezerwacja [f]	booking
pokój [m]	room
toalteta [f]	loo
klucz [m]	key
poduszka [f]	pillow
dywan [m]	carpet
odprawa [f]	check-in

Find all the Polish words in the puzzle.

Polish - Word Search - #106 - Hotel

r	e	z	e	r	w	a	c	j	a	h	w	a
m	p	w	w	e	j	ś	c	i	e	u	k	a
s	t	ó	ł	u	r	y	m	e	d	s	s	l
a	g	ł	ó	b	r	ż	a	g	a	b	j	u
a	z	w	i	n	d	a	s	w	i	d	o	k
j	w	d	p	k	i	n	w	o	r	e	i	k
c	e	i	n	a	w	o	d	l	e	m	y	w
p	n	o	b	j	p	a	s	z	p	o	r	t
e	ś	n	i	a	d	a	n	i	e	k	p	r
c	h	k	ł	ó	b	k	i	z	ś	i	n	u
e	ś	c	u	a	i	n	l	a	w	y	ł	p
r	c	r	n	w	a	k	z	s	u	d	o	p
e	ł	h	p	a	w	a	r	p	d	o	a	n

Polish	English
widok [m]	view
wymeldowanie [n]	check-out
recepcja [f]	reception desk
śniadanie [n]	breakfast
rezerwacja [f]	booking
paszport [m]	passport
poduszka [f]	pillow
odprawa [f]	check-in
wejście [n]	entrance
stół [m]	table
winda [m]	lift
kierownik [m]	manager
bagaż [m]	luggage
pływalnia [f]	swimming pool

Find all the Polish words in the puzzle.

Polish - Word Search - #107 - Hotel

b	r	p	c	d	o	y	w	h	t	g	j	i
s	e	o	j	ó	k	o	p	y	ż	u	d	w
c	z	k	l	ż	ł	ó	t	s	ć	l	k	ż
e	e	ó	e	r	s	p	o	d	ł	o	g	a
o	r	j	i	z	a	h	e	w	ć	t	e	ł
w	w	j	n	y	o	c	d	ć	j	k	z	u
t	a	a	a	l	j	o	h	d	a	g	u	g
z	c	d	d	ś	i	d	n	u	u	c	w	n
d	j	a	a	e	ó	g	n	o	n	i	i	a
ó	a	l	i	ż	a	g	a	b	ż	e	ś	u
w	e	n	n	z	z	k	ś	c	ó	j	k	c
o	d	y	ś	k	l	u	c	z	ś	ć	b	d
p	a	h	o	t	e	l	w	i	d	o	k	g

Polish	English
śniadanie [n]	breakfast
rezerwacja [f]	booking
rachunek [m]	bill
duży pokój [m]	living room
stół [m]	table
hotel [m]	hotel
klucz [m]	key
widok [m]	view
pokój jadalny [m]	dining room
powództwo [n]	complaint
podłoga [f]	floor
hol [m]	lobby
bagaż [m]	luggage

Find all the Polish words in the puzzle.

Polish - Word Search - #108 - Hotel

z	i	w	y	d	o	h	c	s	b	j	ś	ż
s	b	w	y	j	ś	c	i	e	ó	a	a	e
a	p	ś	s	g	m	ó	d	k	p	r	i	c
o	w	t	z	d	ó	w	o	p	a	c	c	ó
ś	p	d	m	c	d	p	p	g	ś	h	w	a
u	e	m	b	a	g	a	ż	j	g	k	l	d
n	ć	p	k	o	c	i	e	j	i	j	t	n
o	ć	y	o	u	a	w	b	ł	o	g	h	i
p	o	r	t	i	e	r	ł	u	u	n	s	w
w	w	y	m	e	l	d	o	w	a	n	i	e
t	n	e	m	a	t	r	a	p	a	g	h	n
u	s	m	e	r	e	k	r	e	a	c	j	a
c	ł	ó	ż	k	o	w	ś	i	l	y	w	d

Polish	English
powództwo [n]	complaint
apartament [m]	suite
bagaż [m]	luggage
garaż [m]	garage
winda [m]	lift
wymeldowanie [n]	check-out
wyjście [m]	exit
pokój [m]	room
wejście [n]	entrance
rekreacja [f]	recreation
portier [m]	doorman
schody [fp]	stairs
łóżko [n]	bed

Find all the Polish words in the puzzle.

Polish - Word Search - #109 - Parts of the Body

t	b	ń	u	z	g	ć	ż	t	y	h	ś	ż
a	k	e	i	w	o	p	ś	d	r	z	d	c
ń	ó	a	t	r	ś	p	k	ę	j	ś	a	a
y	o	b	d	e	ę	m	r	ó	i	e	c	g
l	r	o	c	d	c	ł	e	u	y	p	i	m
i	i	r	i	ć	g	ł	w	ą	ł	i	n	i
b	e	p	c	c	g	y	g	u	a	ł	t	ę
s	ć	u	b	ś	s	ł	c	k	j	a	ę	s
s	ś	a	k	c	e	z	t	e	g	i	t	i
g	o	ł	o	z	c	s	y	r	l	g	e	e
ó	k	ó	ć	g	o	s	a	j	j	p	h	ń
ś	a	ę	ę	k	d	w	ó	o	a	l	r	ą
ó	t	ę	c	z	ó	w	k	a	ś	k	s	h

Polish	English
powieka [f]	eyelid
krew [f]	blood
tęczówka [f]	iris
warga [f]	lip
serce [n]	heart
plecy [fp]	back
tętnica [f]	artery
czoło [n]	forehead
kostka [f]	ankle
pięść [f]	fist
mięsień [m]	muscle
biodro [n]	hip
szyja [f]	neck
kość [f]	bone

Find all the Polish words in the puzzle.

Polish - Word Search - #110 - Parts of the Body

u	p	ł	u	c	o	w	k	w	ò	ę	s	ł
u	ò	ó	ż	o	ł	ą	d	k	a	b	i	ń
i	ą	ò	ò	k	ń	ż	a	k	z	ą	ń	i
ó	b	ć	e	p	e	ł	t	ć	b	h	ę	ż
b	r	o	b	b	y	s	i	y	ę	ć	j	a
y	o	ó	r	ż	o	e	y	o	ł	o	z	c
ś	d	o	m	k	d	t	w	e	r	b	n	b
w	a	a	i	a	n	e	y	ó	j	ł	o	u
ò	ł	ś	g	ó	ś	s	ą	ą	o	i	g	g
j	ó	r	d	a	k	e	i	w	o	p	a	e
c	a	e	a	g	g	y	e	k	ł	c	y	z
l	ó	i	ł	j	n	t	ł	m	ę	g	g	r
g	y	p	y	w	r	n	y	s	ą	w	s	p

Polish	English
żebro [n]	rib
czoło [n]	forehead
wąsy [m]	moustache
żołądk [m]	stomach
kostka [f]	ankle
pierś [f]	breast
przegub [m]	wrist
noga [f]	leg
migdały [fp]	tonsils
płuco [n]	lung
broda [f]	chin
powieka [f]	eyelid
brew [f]	eyebrow
żyła [f]	vein

Find all the Polish words in the puzzle.

Polish - Word Search - #111 - Parts of the Body

ć	ś	n	d	a	s	o	e	ą	u	ò	b	o
u	c	i	m	u	k	p	k	ó	r	k	a	p
o	i	a	j	ò	o	ę	h	o	s	y	k	u
k	ę	b	d	b	z	r	r	s	w	i	ę	ł
ć	g	o	a	ł	i	g	d	y	k	ł	z	s
j	n	r	a	z	n	t	ł	o	b	ń	c	o
ł	o	t	ś	i	e	ń	i	a	i	a	z	g
y	o	ą	o	w	z	a	ć	j	s	b	s	ę
d	b	w	ś	ł	d	g	s	b	y	ę	r	r
k	p	ć	d	o	a	ò	r	h	w	z	k
a	i	t	r	g	a	i	p	e	ć	y	l	r
b	o	b	c	ó	b	k	c	w	ś	ć	l	ę
d	o	ś	t	ę	c	z	ó	w	k	a	k	c

Polish	English
biodro [n]	hip
oko [n]	eye
ciało [n]	body
brew [f]	eyebrow
wątroba [f]	liver
szczęka [f]	jaw
tęczówka [f]	iris
ścięgno [n]	tendon
rzęsa [f]	eyelash
łydka [f]	calf
broda [f]	chin
ręka [f]	hand
mòzg [m]	brain
kręgosłup [m]	backbone

Find all the Polish words in the puzzle.

Polish - Word Search - #112 - Parts of the Body

c	ó	t	ś	z	ł	t	w	h	k	j	ś	p
ć	o	n	a	l	o	k	p	w	r	ę	a	o
n	p	a	l	e	c	h	a	a	h	z	m	t
ś	a	a	ń	o	l	l	z	k	t	y	e	c
l	i	g	z	y	k	i	n	e	a	k	ł	c
y	ę	t	o	b	j	o	o	i	l	ò	i	j
k	p	y	c	n	k	b	k	w	i	e	g	y
l	i	z	ę	c	r	u	i	o	a	l	e	ó
l	e	ò	m	z	a	z	e	p	a	z	i	ń
s	r	j	u	ń	c	ó	ć	ó	j	ą	p	c
a	ś	c	ò	l	b	z	m	j	ó	b	o	c
s	h	ò	c	a	k	d	y	ł	s	ò	ć	t
ż	i	ć	s	ł	k	e	ó	h	n	ś	j	ś

Polish	English
palec [m]	finger
powieka [f]	eyelid
paznokieć [m]	fingernail
brzuch [m]	belly
pierś [f]	breast
kolano [n]	knee
ząb [m]	tooth
łydka [f]	calf
język [m]	tongue
piegi [mp]	freckles
oko [n]	eye
noga [f]	leg
talia [f]	waist

Find all the Polish words in the puzzle.

Polish - Word Search - #113 - Parts of the Body

g	g	j	e	y	o	u	c	h	o	j	s	p
t	p	ł	m	ł	a	p	o	t	s	r	t	o
g	s	a	o	y	ę	ń	l	ò	w	s	a	w
m	b	z	l	ż	ś	a	j	e	r	c	w	i
d	c	a	d	e	ć	g	a	w	o	ł	g	e
m	ń	d	r	j	c	ę	b	p	b	s	t	k
t	ó	y	a	k	h	u	d	o	ć	z	m	a
z	s	ò	ń	n	s	s	n	e	a	y	z	k
ż	l	b	r	o	d	a	ą	o	s	j	ó	t
ł	j	l	j	ń	w	ą	s	y	g	a	z	s
ć	i	o	n	ò	ś	m	r	ę	ę	i	ò	o
b	s	ó	ń	o	d	u	n	o	s	ż	n	k
j	z	s	i	h	ò	h	t	d	y	h	r	k

Polish	English
broda [f]	beard
wąsy [m]	moustache
ucho [n]	ear
palec u nogi [m]	toe
głowa [f]	head
bark [m]	shoulder
staw [m]	joint
powieka [f]	eyelid
czoło [n]	forehead
szyja [f]	neck
udo [n]	thigh
nos [m]	nose
stopa [f]	foot
kostka [f]	knuckle

Find all the Polish words in the puzzle.

Polish - Word Search - #114 - Parts of the Body

b	n	ę	b	z	ò	ś	e	ć	ę	ò	ę	u
n	a	a	g	g	k	r	e	w	ż	ą	o	p
h	ł	k	k	m	s	z	b	u	ś	y	j	y
ś	a	d	j	k	a	e	m	j	h	ż	a	p
g	i	y	y	b	n	u	r	z	l	g	ł	o
ę	c	ł	p	ł	t	o	k	c	o	j	b	t
l	i	n	e	r	k	a	g	n	e	ł	ć	s
ó	c	ż	e	b	r	o	b	a	w	a	ą	b
ł	ś	z	r	u	g	i	l	ą	s	r	a	a
ó	ę	z	ć	ż	y	ò	s	u	a	ę	ś	r
ł	z	d	t	j	h	y	w	ń	m	n	z	k
ś	c	ć	e	i	k	o	ł	a	i	c	r	r
b	ś	l	ń	ć	i	ł	ó	s	g	p	ś	t

Polish	English
żebro [n]	rib
rzęsa [f]	eyelash
łydka [f]	calf
łokieć [m]	elbow
nerka [f]	kidney
serce [n]	heart
noga [f]	leg
krew [f]	blood
części ciała [fp]	parts of the body
stopy [fp]	feet
ciało [n]	body
bark [m]	shoulder
wąsy [m]	moustache

Find all the Polish words in the puzzle.

Polish - Word Search - #115 - Parts of the Body

ń	i	g	o	n	u	c	e	l	a	p	ś	k
w	n	a	c	i	n	t	ę	t	k	l	ą	y
h	a	t	s	u	c	j	a	ł	ę	k	b	r
u	ł	l	w	ą	t	r	o	b	a	ę	e	b
ę	r	ę	k	a	ł	i	n	c	z	t	e	ń
w	n	a	ł	n	s	w	g	m	a	o	k	r
ą	p	s	k	t	i	ę	y	d	ż	r	i	s
m	ń	o	d	e	n	l	o	ś	g	s	w	o
i	n	y	g	h	i	r	d	c	ł	s	e	n
z	ę	m	ż	s	b	w	ń	m	o	g	r	ó
ż	r	b	c	h	k	s	o	y	w	d	k	s
o	r	d	o	i	b	i	ś	p	a	ć	y	l
ą	o	n	g	ę	i	c	ś	t	s	ò	ń	i

Polish	English
wątroba [f]	liver
powieka [f]	eyelid
broda [f]	beard
ręka [f]	hand
głowa [f]	head
usta [f]	mouth
biodro [n]	hip
zęby [mp]	teeth
ścięgno [n]	tendon
krew [f]	blood
tętnica [f]	artery
nos [m]	nose
palec u nogi [m]	toe

Find all the Polish words in the puzzle.

Polish - Word Search - #116 - Parts of the Body

g	ł	k	d	ą	ł	o	ż	ń	b	u	ś	ł
i	k	y	ę	z	ć	ę	ò	n	n	h	g	s
k	ż	h	ò	s	ą	ś	r	m	u	a	o	t
p	i	ę	ś	ć	k	b	i	n	e	r	w	o
ą	e	y	ż	ż	o	c	g	l	e	d	a	p
p	o	ś	ą	ć	s	ą	r	h	y	a	s	a
i	ż	b	e	b	t	t	m	ò	z	g	ę	b
e	w	ę	g	ż	k	c	j	z	a	g	z	u
g	e	c	j	o	a	e	ż	e	g	ę	r	g
i	r	m	n	n	z	k	r	a	b	b	d	e
h	b	y	h	c	u	z	r	b	ò	d	n	z
u	g	ć	ę	z	r	e	h	c	ę	p	u	r
ę	ń	j	u	j	w	p	j	ł	ò	o	o	p

Polish	English
nerw [m]	nerve
bark [m]	shoulder
stopa [f]	foot
brew [f]	eyebrow
przegub [m]	wrist
pięść [f]	fist
brzuch [m]	belly
pęcherz [m]	bladder
żołądk [m]	stomach
rzęsa [f]	eyelash
kostka [f]	knuckle
mòzg [m]	brain
ząb [m]	tooth
piegi [mp]	freckles

Find all the Polish words in the puzzle.

Polish - Word Search - #117 - Parts of the Body

ć	u	ł	ć	s	ó	a	o	r	d	o	i	b
ć	h	ó	j	ś	z	ò	t	ł	h	p	l	ę
c	i	a	ł	o	ę	y	l	i	g	e	i	p
j	ò	b	ż	t	i	i	j	i	d	s	n	t
n	i	p	n	y	l	w	p	a	w	t	c	d
ń	ć	s	a	d	ł	i	a	ś	a	o	ó	ó
n	m	b	ę	k	c	a	h	k	t	p	l	ò
s	m	ż	h	i	i	ś	y	c	s	y	c	ć
ż	ą	ż	a	h	o	r	o	z	c	ś	a	ą
u	ę	k	o	k	h	e	ó	o	p	y	k	p
y	e	b	o	j	ą	i	r	ł	h	z	a	j
e	o	ą	c	n	z	p	ż	o	ł	ą	d	k
ł	c	z	z	s	w	ż	l	ć	l	k	ò	u

Polish	English
czoło [n]	forehead
ciało [n]	body
stopy [fp]	feet
oko [n]	eye
biodro [n]	hip
ząb [m]	tooth
żyła [f]	vein
staw [m]	joint
pierś [f]	breast
żołądk [m]	stomach
pięść [f]	fist
piegi [mp]	freckles
szyja [f]	neck

Find all the Polish words in the puzzle.

Polish - Word Search - #118 - Parts of the Body

a	t	j	o	r	z	s	ż	h	d	h	w	w
j	c	ł	c	l	w	o	h	y	o	l	ł	c
z	s	s	e	s	a	ś	ó	p	ł	w	o	z
o	k	o	l	p	t	s	m	n	ń	a	s	o
z	p	l	a	o	s	t	ę	ł	ż	p	y	ł
r	k	m	p	a	j	p	y	z	r	k	w	o
a	i	i	e	g	p	s	r	k	r	ś	w	z
w	o	ś	y	o	k	ò	u	z	s	h	ą	z
t	i	a	r	n	c	l	ò	ò	e	ń	s	ó
m	e	a	p	e	w	e	r	b	r	g	y	ż
i	y	r	ò	b	i	m	ę	n	c	g	u	n
g	h	w	r	l	n	p	c	o	e	s	c	b
n	i	r	k	w	w	k	b	e	a	s	h	c

Polish	English
brew [f]	eyebrow
palec [m]	finger
staw [m]	joint
przegub [m]	wrist
twarz [f]	face
żyła [f]	vein
pierś [f]	breast
noga [f]	leg
serce [n]	heart
włosy [fp]	hair
czoło [n]	forehead
rzęsa [f]	eyelash
wąsy [m]	moustache
oko [n]	eye

Find all the Polish words in the puzzle.

Polish - Word Search - #119 - Parts of the Body

e	e	g	b	ć	u	s	ś	ż	k	ę	a	o
ś	l	ż	ś	b	w	j	i	d	r	ć	r	k
s	k	ę	o	z	ą	j	ż	o	a	w	ó	o
m	i	s	r	a	u	d	o	t	b	m	k	ś
p	m	z	b	ć	b	p	ę	p	k	e	s	ò
r	r	ć	e	i	k	r	o	j	l	e	ó	p
w	ò	r	ż	t	ż	w	e	n	ò	p	o	l
ł	h	ł	l	t	i	a	u	w	p	l	h	ł
k	w	k	ś	e	n	ł	ą	l	i	ż	l	o
r	k	a	k	e	o	g	e	c	e	ś	u	k
g	ń	a	g	r	u	c	z	o	ł	r	c	i
ó	n	y	l	a	y	e	ń	r	l	i	h	e
k	h	g	ń	ż	k	b	ł	ń	r	h	o	ć

Polish	English
skóra [f]	skin
żebro [n]	rib
gruczoł [m]	gland
udo [n]	thigh
policzek [m]	cheek
pięść [f]	fist
powieka [f]	eyelid
plecy [fp]	back
brew [f]	eyebrow
ucho [n]	ear
oko [n]	eye
bark [m]	shoulder
łokieć [m]	elbow

Find all the Polish words in the puzzle.

Polish - Word Search - #120 - Parts of the Body

g	m	ę	z	ń	z	n	j	ć	ę	ò	ó	ą
ż	o	ł	d	r	a	g	s	t	o	p	y	e
k	ł	a	ć	y	c	g	r	u	c	z	o	ł
o	h	ń	y	e	s	y	ń	ś	r	e	i	p
l	k	a	a	a	i	ł	p	ś	u	j	e	p
a	ż	ń	k	y	s	k	ł	e	k	s	y	u
n	c	w	ę	ł	p	g	o	a	e	k	t	h
o	m	g	z	e	ł	s	r	ł	o	ò	ś	a
o	ò	ł	c	w	u	b	ó	s	y	j	j	u
e	z	p	z	l	c	w	t	ą	g	y	ń	p
ò	g	u	s	m	o	k	z	h	z	l	z	z
w	z	t	r	c	a	ą	z	s	b	c	a	c
ż	ś	o	j	ć	b	r	w	e	ę	r	ć	i

Polish	English
gruczoł [m]	gland
płuco [n]	lung
mòzg [m]	brain
gardło [n]	throat
ząb [m]	tooth
szczęka [f]	jaw
stopy [fp]	feet
usta [f]	mouth
szyja [f]	neck
łokieć [m]	elbow
pierś [f]	breast
kostka [f]	knuckle
kolano [n]	knee

Find all the Polish words in the puzzle.

Polish - Word Search - #121 - Restaurant

f	u	c	z	a	p	p	d	t	o	p	e	ą
s	k	a	a	o	b	r	u	s	b	o	h	b
ś	r	k	c	m	k	y	n	w	i	p	ą	d
n	z	ż	h	z	e	p	i	s	a	i	ś	ć
i	e	y	o	d	n	u	w	p	d	e	n	c
a	s	ł	w	h	u	z	a	r	ą	l	r	p
d	ł	l	y	z	h	o	t	a	z	n	k	f
a	o	z	w	h	c	d	s	g	h	i	o	d
n	t	k	a	g	a	a	i	n	ó	c	l	r
i	z	s	ć	ż	r	k	l	i	e	z	a	o
e	ż	p	ł	z	ż	ż	o	o	ż	k	c	g
y	w	p	ł	d	e	y	f	n	k	a	j	i
ż	k	m	ć	j	n	ł	c	y	i	b	a	h

Polish	English
rachunek [m]	bill
zachowywać [v]	to reserve
kolacja [f]	dinner
łyżka do zupy [f]	soup spoon
łyżka [f]	spoon
lista win [f]	wine list
krzesło [n]	chair
popielniczka [f]	ashtray
obrus [m]	tablecloth
śniadanie [n]	breakfast
obiad [m]	lunch
drogi [adj]	expensive
spragniony [adj]	thirsty

Find all the Polish words in the puzzle.

Polish - Word Search - #122 - Restaurant

ś	ó	s	z	k	l	a	n	k	a	a	t	b
e	n	o	z	b	ó	b	s	ó	k	s	ó	t
b	ć	i	p	y	t	p	z	a	r	e	n	k
e	n	a	a	a	s	k	y	ż	z	r	ó	c
n	t	ó	n	d	z	e	f	b	e	w	e	e
o	b	i	a	d	a	l	k	u	s	e	p	l
s	d	a	n	i	e	n	o	ć	ł	t	a	e
ó	j	k	ś	u	k	e	i	s	o	k	l	d
e	s	o	o	h	m	r	i	e	c	a	e	i
s	u	ć	d	i	ż	k	ł	s	ś	w	n	w
i	r	k	ś	ó	r	a	s	ą	t	y	i	a
b	b	n	n	t	w	k	i	ł	a	ó	e	ć
e	o	d	j	p	ł	l	ą	l	ć	o	ł	ł

Polish	English
krzesło [n]	chair
szklanka [f]	glass
obrus [m]	tablecloth
śniadanie [n]	breakfast
serwetka [f]	napkin
tani [adj]	cheap
kelnerka [f]	waitress
nóż [m]	knife
danie [m]	dish
palenie [n]	smoking
obiad [m]	lunch
stół [m]	table
widelec [m]	fork

Find all the Polish words in the puzzle.

Polish - Word Search - #123 - Restaurant

w	i	ś	f	i	l	i	ż	a	n	k	a	d
y	t	l	p	ć	ś	e	j	m	i	s	k	a
c	p	o	p	i	e	l	n	i	c	z	k	a
ś	ć	u	l	i	r	i	g	o	r	d	z	s
a	s	w	z	p	o	s	i	ł	e	k	a	k
k	y	h	s	o	h	c	m	i	n	a	t	e
ż	p	ó	e	u	d	h	ą	r	j	a	ć	l
y	s	ć	r	a	ć	a	e	k	l	b	ć	n
ł	u	d	w	k	n	j	k	u	ż	u	l	e
h	r	m	e	n	g	e	u	s	z	ó	p	r
m	b	b	t	ą	s	o	c	y	i	u	y	k
e	o	j	k	b	ś	p	ć	b	p	m	a	a
u	ą	f	a	f	g	b	ż	ś	m	o	ó	ó

Polish	English
tani [adj]	cheap
obrus [m]	tablecloth
serwetka [f]	napkin
miska do zupy [f]	soup bowl
jeść [v]	to eat
łyżka [f]	spoon
cena [f]	price
popielniczka [f]	ashtray
posiłek [m]	meal
drogi [adj]	expensive
filiżanka [f]	cup
kelnerka [f]	waitress
miska [f]	bowl

Find all the Polish words in the puzzle.

Polish - Word Search - #124 - Restaurant

ć	i	a	j	c	a	w	r	e	z	e	r	n
a	g	g	g	s	e	r	w	e	t	k	a	n
k	o	ą	k	o	l	a	c	j	a	n	z	p
r	r	ą	f	f	ó	i	n	a	t	a	j	g
e	d	ó	p	u	b	k	z	y	m	ó	p	c
n	r	ł	z	p	r	ż	c	a	p	a	p	t
l	i	w	p	p	c	h	w	a	l	g	ć	h
e	ż	ś	i	n	p	i	n	e	s	ś	ż	i
k	b	m	d	d	a	t	n	o	e	n	a	p
k	g	o	a	ć	e	i	m	j	l	f	ó	y
c	c	p	i	e	e	l	j	r	ć	ś	ł	ż
f	p	n	b	n	b	n	e	p	d	c	k	ć
t	ł	ż	o	m	u	o	ó	c	ś	ś	r	m

Polish	English
widelec [m]	fork
drogi [adj]	expensive
zamawiać [v]	to order
tani [adj]	cheap
rezerwacja [f]	booking
obiad [m]	lunch
kolacja [f]	dinner
nóż [m]	knife
jeść [v]	to eat
kelnerka [f]	waitress
palenie [n]	smoking
serwetka [f]	napkin
napój [m]	beverage

Find all the Polish words in the puzzle.

Polish - Word Search - #125 - Restaurant

d	ś	n	f	j	a	d	ł	o	s	p	i	s
ż	k	n	r	n	y	b	ś	a	n	f	y	d
i	f	g	e	t	p	ł	g	b	c	j	a	n
e	c	n	n	a	u	o	o	s	l	i	j	i
n	o	i	l	b	z	u	ł	m	b	c	a	b
i	ż	e	e	w	o	p	s	o	e	ż	k	ś
w	ż	p	k	i	d	o	e	s	j	u	r	ż
a	u	a	s	d	a	s	z	a	r	t	e	i
t	u	l	n	e	k	i	r	k	h	a	n	g
s	f	ą	c	l	ż	ł	k	ż	o	n	l	o
i	o	c	ó	e	y	e	a	y	w	i	e	r
l	ś	y	ś	c	ł	k	n	ł	s	g	k	d
c	s	z	a	s	e	r	w	e	t	k	a	n

Polish	English
jadłospis [m]	menu
łyżka do zupy [f]	soup spoon
drogi [adj]	expensive
serwetka [f]	napkin
tani [adj]	cheap
posiłek [m]	meal
obiad [m]	lunch
kelner [m]	waiter
lista win [f]	wine list
widelec [m]	fork
niepalący [adj]	non-smoking
kelnerka [f]	waitress
krzesło [n]	chair
łyżka [f]	spoon

Find all the Polish words in the puzzle.

Polish - Word Search - #126 - Restaurant

g	c	e	l	e	d	i	w	ż	e	h	c	c
ó	k	e	e	ć	j	z	k	n	n	m	s	a
k	t	ś	ą	ó	i	m	e	i	p	a	a	k
r	y	w	p	w	d	d	l	e	z	k	j	z
z	c	a	l	w	j	t	n	p	y	n	c	c
e	n	j	h	ł	ś	ł	e	a	h	a	a	i
s	d	a	h	w	l	n	r	l	r	ż	w	n
ł	r	ó	ą	f	a	d	g	ą	b	i	r	l
o	o	l	d	ć	k	h	j	c	i	l	e	e
h	g	l	ś	ó	w	k	y	y	w	i	z	i
l	i	e	c	e	n	a	t	t	w	f	e	p
a	j	c	a	l	o	k	e	i	g	k	r	o
ś	n	i	a	d	a	n	i	e	f	h	m	p

Polish	English
drogi [adj]	expensive
kelner [m]	waiter
śniadanie [n]	breakfast
rezerwacja [f]	booking
filiżanka [f]	cup
cena [f]	price
popielniczka [f]	ashtray
krzesło [n]	chair
napój [m]	beverage
kolacja [f]	dinner
niepalący [adj]	non-smoking
jeść [v]	to eat
widelec [m]	fork

Find all the Polish words in the puzzle.

Polish - Word Search - #127 - Restaurant

s	p	o	p	i	e	l	n	i	c	z	k	a
e	l	i	s	t	a	w	i	n	e	b	s	j
n	i	e	p	a	l	ą	c	y	h	a	s	c
w	y	d	n	h	r	l	j	b	l	ś	c	a
b	i	g	n	n	ą	m	m	a	n	ł	ł	l
l	ż	d	e	s	f	e	t	j	e	ś	ć	o
ś	z	ó	e	c	p	e	i	z	w	p	p	k
m	i	r	n	l	r	g	o	n	u	ś	i	p
ż	g	ą	a	k	e	ł	ł	k	e	u	h	s
a	o	u	a	d	u	c	j	o	k	l	ć	k
d	r	n	c	c	m	n	ż	ć	d	b	a	d
r	d	a	n	i	e	g	ł	ó	w	n	e	p
s	ó	m	z	a	m	a	w	i	a	ć	y	a

Polish	English
widelec [m]	fork
niepalący [adj]	non-smoking
głodny [adj]	hungry
jeść [v]	to eat
popielniczka [f]	ashtray
drogi [adj]	expensive
danie główne [n]	main course
palenie [n]	smoking
salaterka [f]	salad bowl
nóż [m]	knife
kolacja [f]	dinner
lista win [f]	wine list
zamawiać [v]	to order

Find all the Polish words in the puzzle.

Polish - Word Search - #128 - Restaurant

k	e	l	n	e	r	ć	e	l	o	g	ó	e
ć	w	s	a	l	a	t	e	r	k	a	n	ą
ą	z	a	m	a	w	i	a	ć	g	w	c	ł
ą	k	e	w	u	l	e	ą	ł	ó	i	p	y
b	a	ć	u	w	z	i	j	ł	d	g	g	a
ś	k	p	p	p	o	n	g	ś	l	o	p	k
r	s	s	a	j	l	e	y	n	n	r	o	n
c	i	s	u	a	i	l	m	z	ó	d	s	a
o	m	r	p	n	ś	a	n	y	ć	ż	i	ż
j	r	s	a	b	y	p	r	n	f	ó	ł	i
l	ó	d	d	e	s	e	r	ż	j	ł	e	l
ł	y	ż	k	a	ć	ł	l	k	o	g	k	i
d	p	ś	l	ą	k	o	l	a	c	j	a	f

Polish	English
deser [m]	dessert
posiłek [m]	meal
salaterka [f]	salad bowl
palenie [n]	smoking
danie główne [n]	main course
kolacja [f]	dinner
filiżanka [f]	cup
łyżka [f]	spoon
zamawiać [v]	to order
nóż [m]	knife
miska [f]	bowl
drogi [adj]	expensive
kelner [m]	waiter

Find all the Polish words in the puzzle.

Polish - Word Search - #129 - Restaurant

s	h	w	a	n	e	c	ś	a	ś	e	r	ś
a	j	c	a	l	o	k	ą	a	a	ą	u	p
ś	a	k	z	c	i	n	l	e	i	p	o	p
a	j	c	a	w	r	e	z	e	r	b	g	y
o	c	s	ł	s	t	t	ó	h	u	h	f	c
e	b	r	ś	n	i	a	d	a	n	i	e	ą
e	i	i	a	t	c	e	l	e	d	i	w	l
d	g	n	a	h	c	i	ą	f	k	k	r	a
d	i	ż	e	d	j	ż	c	n	ś	c	h	p
ś	g	z	ł	l	j	ó	z	k	a	b	w	e
ć	i	p	ó	c	a	n	ł	f	c	p	f	i
y	z	t	t	j	w	p	i	y	i	ó	ó	n
ł	ł	z	t	s	e	r	w	e	t	k	a	j

Polish	English
kolacja [f]	dinner
śniadanie [n]	breakfast
serwetka [f]	napkin
palenie [n]	smoking
obiad [m]	lunch
rezerwacja [f]	booking
nóż [m]	knife
pić [v]	to drink
popielniczka [f]	ashtray
napój [m]	beverage
niepalący [adj]	non-smoking
widelec [m]	fork
cena [f]	price

Find all the Polish words in the puzzle.

Polish - Word Search - #130 - Restaurant

ą	e	f	t	f	c	g	a	z	ś	ć	n	ł
ć	c	i	ż	o	w	z	j	h	b	j	a	k
b	ś	ą	n	p	i	ć	i	g	o	r	d	r
ó	s	f	c	a	t	b	a	k	s	i	m	z
i	y	i	g	d	d	h	ó	j	w	r	ć	e
w	e	l	s	a	l	a	t	e	r	k	a	s
i	i	i	s	s	ó	ł	i	i	t	ó	ć	ł
d	n	ż	r	y	ł	h	y	n	u	w	m	o
e	e	a	g	ł	o	d	n	y	ś	ż	g	i
l	l	n	m	k	e	n	u	h	c	a	r	c
e	a	k	p	g	a	k	n	a	l	k	z	s
c	p	a	ł	y	t	k	ą	ą	e	k	h	i
ł	y	ż	k	a	d	o	z	u	p	y	e	n

Polish	English
pić [v]	to drink
śniadanie [n]	breakfast
rachunek [m]	bill
krzesło [n]	chair
miska [f]	bowl
palenie [n]	smoking
filiżanka [f]	cup
salaterka [f]	salad bowl
głodny [adj]	hungry
widelec [m]	fork
łyżka do zupy [f]	soup spoon
drogi [adj]	expensive
szklanka [f]	glass

Find all the Polish words in the puzzle.

Polish - Word Search - #131 - Restaurant

p	u	l	s	a	l	a	t	e	r	k	a	o
e	n	y	g	ó	j	a	y	ć	a	f	e	b
e	k	ś	f	w	f	i	ś	j	k	g	n	a
a	k	r	e	n	l	e	k	k	n	g	w	ć
f	h	ś	l	a	k	p	n	i	a	ł	ó	ć
r	ó	n	u	w	k	ł	t	c	l	o	ł	g
a	y	i	s	c	ł	ż	s	d	k	d	g	k
c	s	a	i	i	ą	ą	y	d	z	n	e	r
h	e	d	y	b	g	ś	e	ł	s	y	i	z
u	s	a	c	j	m	s	ż	ó	n	ł	n	e
n	c	n	b	s	e	r	w	e	t	k	a	s
e	w	i	ą	r	ó	y	ł	s	ć	t	d	ł
k	c	e	i	h	h	m	a	j	e	ś	ć	o

Polish	English
jeść [v]	to eat
śniadanie [n]	breakfast
danie główne [n]	main course
łyżka [f]	spoon
salaterka [f]	salad bowl
nóż [m]	knife
krzesło [n]	chair
kelnerka [f]	waitress
serwetka [f]	napkin
rachunek [m]	bill
szklanka [f]	glass
głodny [adj]	hungry
deser [m]	dessert

Find all the Polish words in the puzzle.

Polish - Word Search - #132 - Restaurant

k	w	b	a	ł	f	ó	ć	i	p	t	h	ś
y	r	s	z	k	l	a	n	k	a	ć	ć	y
s	p	r	a	g	n	i	o	n	y	l	ś	ś
b	ś	p	n	i	w	a	t	s	i	l	ż	ł
ć	f	ć	e	ą	m	k	ż	t	d	a	b	ó
b	w	t	ó	i	s	r	e	i	n	a	d	e
m	r	w	n	o	n	e	e	p	l	ó	u	ć
ż	m	a	w	b	n	t	o	n	k	i	u	r
n	t	t	f	r	a	a	r	ś	l	ł	f	y
ą	l	k	i	u	p	l	k	e	h	e	h	s
k	e	ł	o	s	ó	a	l	ś	s	e	k	m
ż	a	w	t	y	j	s	l	n	ó	e	o	b
g	ó	l	h	k	r	z	e	s	ł	o	d	ł

Polish	English
szklanka [f]	glass
tani [adj]	cheap
salaterka [f]	salad bowl
spragniony [adj]	thirsty
danie [m]	dish
deser [m]	dessert
krzesło [n]	chair
lista win [f]	wine list
obrus [m]	tablecloth
napój [m]	beverage
pić [v]	to drink
filiżanka [f]	cup
kelner [m]	waiter

Find all the Polish words in the puzzle.

Polish - Word Search - #133 - Vegetables

f	r	o	d	i	m	o	p	z	w	m	ż	b
k	ł	m	u	k	d	d	c	i	ł	h	n	g
e	a	z	u	ż	y	g	f	e	k	b	r	n
i	m	r	r	ó	d	h	ż	m	e	a	a	ż
k	ó	a	c	z	d	ł	p	n	n	c	b	y
z	e	i	r	z	s	b	i	i	s	u	r	e
j	b	z	y	c	o	z	a	a	o	k	a	w
a	r	s	s	a	h	c	p	k	z	i	b	a
r	o	e	ó	o	t	e	h	i	c	n	a	r
z	k	l	r	d	r	a	w	m	n	i	r	p
y	u	e	g	u	t	g	ł	k	o	a	l	a
n	ł	r	s	o	t	w	ó	a	a	c	k	f
a	y	n	ł	k	p	d	d	n	s	e	ł	ż

Polish	English
marchewka [f]	carrot
sałata [f]	lettuce
karczoch [m]	artichoke
ziemniak [m]	potato
seler [m]	celery
groszek [mp]	peas
jarzyna [f]	vegetable
czosnek [m]	garlic
szpinak [m]	spinach
cukinia [f]	zucchini
brokuły [fp]	broccoli
pomidor [m]	tomato
rabarbar [m]	rhubarb

Find all the Polish words in the puzzle.

Polish - Word Search - #134 - Vegetables

ł	ż	c	s	r	b	r	o	k	u	ł	y	g
g	f	z	z	n	l	s	a	ł	a	t	a	g
m	k	o	p	ł	ó	ż	h	a	c	k	n	h
j	u	s	i	f	ż	f	a	k	a	e	m	c
d	p	n	n	j	l	g	a	w	r	z	a	o
u	r	e	a	ł	g	c	l	e	a	s	r	z
e	r	k	k	g	k	h	m	i	b	o	c	c
s	z	p	a	r	a	g	i	k	a	r	h	r
b	a	m	k	u	k	w	b	d	r	g	e	a
d	k	s	r	a	d	e	l	o	b	n	w	k
s	z	i	f	f	r	a	i	z	a	d	k	p
w	o	ł	j	r	o	u	r	r	r	j	a	t
r	e	l	e	s	h	ż	b	d	y	n	i	a

Polish	English
burak [m]	beet
groszek [mp]	peas
sałata [f]	lettuce
szparagi [m]	asparagus
szpinak [m]	spinach
marchewka [f]	carrot
brokuły [fp]	broccoli
rabarbar [m]	rhubarb
dynia [f]	pumpkin
karczoch [m]	artichoke
rzodkiewka [f]	radish
czosnek [m]	garlic
seler [m]	celery

Find all the Polish words in the puzzle.

Polish - Word Search - #135 - Vegetables

z	j	i	g	a	r	a	p	z	s	z	a	z
i	g	r	z	y	b	n	r	g	ż	m	p	a
e	a	n	y	z	r	a	j	k	n	a	h	n
m	y	b	u	f	b	z	p	s	t	y	i	z
n	g	r	l	r	r	g	p	a	s	ł	b	c
i	r	y	a	p	j	t	ł	l	y	ó	m	l
a	a	b	e	y	k	a	r	c	z	o	c	h
k	a	i	k	ż	s	p	a	c	a	z	ż	c
r	p	e	ó	z	g	r	e	p	o	k	ł	o
a	l	u	b	e	c	n	ó	k	a	r	u	b
a	z	d	y	r	u	k	u	k	d	w	t	i
a	k	w	e	h	c	r	a	m	e	ż	g	z
g	l	i	i	s	e	l	e	r	b	b	ó	ż

Polish	English
rabarbar [m]	rhubarb
kukurydza [f]	corn
koper [m]	fennel
jarzyna [f]	vegetable
marchewka [f]	carrot
burak [m]	beet
seler [m]	celery
grzyb [m]	mushroom
sałata [f]	lettuce
pieprz [m]	pepper
ziemniak [m]	potato
karczoch [m]	artichoke
cebula [f]	onion
szparagi [m]	asparagus

Find all the Polish words in the puzzle.

Polish - Word Search - #136 - Vegetables

w	z	i	c	i	ł	k	ż	p	g	f	z	o
k	e	n	s	o	z	c	h	y	s	a	p	c
b	m	c	u	k	i	n	i	a	a	s	i	y
a	ł	o	w	p	e	y	b	e	ł	o	e	u
k	d	g	i	a	k	z	j	o	a	l	t	i
ł	e	ó	z	g	z	y	s	o	t	a	r	o
a	p	r	i	p	a	d	l	o	a	d	u	e
ż	f	e	u	r	a	r	y	h	r	b	s	p
a	j	k	d	y	n	i	a	r	i	g	z	s
n	k	e	ó	o	h	ó	t	p	u	a	k	e
k	a	l	a	f	i	o	r	j	z	k	a	m
u	r	e	l	e	s	r	f	c	ł	s	u	a
ż	z	p	z	n	b	r	o	k	u	ł	y	k

Polish	English
pietruszka [f]	parsley
ogórek [m]	cucumber
czosnek [m]	garlic
kalafior [m]	cauliflower
brokuły [fp]	broccoli
bakłażan [m]	aubergine
kukurydza [f]	corn
cukinia [f]	zucchini
szparagi [m]	asparagus
seler [m]	celery
sałata [f]	lettuce
fasola [fp]	beans
dynia [f]	pumpkin
groszek [mp]	peas

Find all the Polish words in the puzzle.

Polish - Word Search - #137 - Vegetables

ż	c	h	z	m	a	r	c	h	e	w	k	a
z	u	b	i	k	a	p	u	s	t	a	m	f
w	d	m	e	f	r	m	a	l	u	b	e	c
k	k	c	m	a	z	y	s	c	z	s	a	a
u	a	a	n	o	o	r	d	e	z	a	s	y
k	r	n	i	a	d	p	e	g	l	b	u	g
u	u	y	a	t	k	f	ż	a	c	e	r	ó
r	b	z	k	a	i	n	y	d	f	o	r	d
y	t	r	s	ł	e	j	l	h	s	n	w	w
d	ł	a	c	a	w	s	t	z	s	n	s	r
z	ł	j	a	s	k	u	e	e	o	t	c	j
a	h	l	y	u	a	k	ł	u	ł	b	l	z
s	a	b	r	o	k	u	ł	y	ż	t	r	b

Polish	English
rzodkiewka [f]	radish
kapusta [f]	cabbage
kukurydza [f]	corn
dynia [f]	pumpkin
marchewka [f]	carrot
groszek [mp]	peas
jarzyna [f]	vegetable
ziemniak [m]	potato
seler [m]	celery
cebula [f]	onion
brokuły [fp]	broccoli
sałata [f]	lettuce
burak [m]	beet

Find all the Polish words in the puzzle.

Polish - Word Search - #138 - Vegetables

a	t	s	u	p	a	k	w	r	g	h	r	a
k	t	b	b	a	y	r	a	m	k	ó	c	y
z	s	l	c	ó	k	b	a	r	d	y	a	ł
s	e	z	d	c	r	w	o	i	z	g	t	u
u	j	h	p	a	w	d	e	r	a	b	a	k
r	u	a	b	a	i	o	e	h	o	g	ł	o
t	u	a	r	m	r	i	g	b	c	g	a	r
e	r	m	o	z	c	a	u	ó	i	r	s	b
i	t	p	ż	e	y	r	g	d	r	e	a	c
p	a	f	i	f	a	n	p	i	o	e	p	m
n	s	c	j	k	b	n	a	d	k	h	k	s
l	r	a	ł	j	k	m	i	z	i	r	o	o
i	r	z	o	d	k	i	e	w	k	a	w	m

Polish	English
ogórek [m]	cucumber
rabarbar [m]	rhubarb
marchewka [f]	carrot
ciecierzyca [fp]	chick-peas
brokuły [fp]	broccoli
szparagi [m]	asparagus
pietruszka [f]	parsley
burak [m]	beet
sałata [f]	lettuce
rzodkiewka [f]	radish
pomidor [m]	tomato
jarzyna [f]	vegetable
kapusta [f]	cabbage

Find all the Polish words in the puzzle.

Polish - Word Search - #139 - Vegetables

ż	r	d	d	c	b	a	k	ł	a	ż	a	n
t	c	e	d	c	h	t	ł	b	g	a	s	d
l	b	r	l	i	j	p	o	m	i	d	o	r
s	r	d	c	e	w	ó	m	ł	d	s	a	n
k	o	t	a	c	s	c	p	c	s	s	t	e
e	k	r	k	i	h	u	e	z	r	a	s	f
r	u	a	u	e	m	k	ł	o	b	ł	u	ó
ó	ł	b	b	r	p	i	i	s	c	a	p	m
g	y	r	t	z	m	n	ł	n	ł	t	a	c
o	a	a	d	y	b	i	p	e	h	a	k	t
w	j	b	b	c	b	a	p	k	f	p	y	n
y	g	a	t	a	k	a	r	c	z	o	c	h
ż	r	r	g	r	z	y	b	k	a	r	u	b

Polish	English
kapusta [f]	cabbage
pomidor [m]	tomato
ciecierzyca [fp]	chick-peas
seler [m]	celery
ogórek [m]	cucumber
rabarbar [m]	rhubarb
czosnek [m]	garlic
bakłażan [m]	aubergine
karczoch [m]	artichoke
brokuły [fp]	broccoli
cukinia [f]	zucchini
grzyb [m]	mushroom
burak [m]	beet
sałata [f]	lettuce

Find all the Polish words in the puzzle.

Polish - Word Search - #140 - Vegetables

b	y	z	r	g	ż	r	y	f	c	a	a	ó
ł	r	y	s	z	e	s	k	a	g	l	c	a
a	a	t	t	p	z	e	r	r	r	u	y	e
z	b	r	o	h	r	d	o	w	h	b	z	e
d	r	k	z	ó	g	s	c	r	s	e	r	w
y	a	g	g	o	z	y	i	r	f	c	e	y
r	b	o	u	e	d	a	i	n	y	d	i	a
u	a	o	k	h	h	k	d	ż	t	g	c	i
k	r	m	f	s	y	j	i	g	l	ż	e	n
u	p	i	f	e	n	h	e	e	m	z	i	i
k	a	l	o	s	a	f	h	g	w	e	c	k
ó	k	a	r	u	b	m	o	h	z	k	o	u
l	b	w	a	b	r	e	l	e	s	m	a	c

Polish	English
fasola [fp]	beans
rabarbar [m]	rhubarb
dynia [f]	pumpkin
ciecierzyca [fp]	chick-peas
rzodkiewka [f]	radish
groszek [mp]	peas
seler [m]	celery
cebula [f]	onion
ogórek [m]	cucumber
grzyb [m]	mushroom
koper [m]	fennel
cukinia [f]	zucchini
burak [m]	beet
kukurydza [f]	corn

Find all the Polish words in the puzzle.

Polish - Word Search - #141 - Vegetables

a	k	z	s	u	r	t	e	i	p	f	b	b
n	d	k	c	t	a	y	k	j	z	k	i	o
a	y	a	h	u	b	c	a	z	l	u	o	k
ż	n	i	m	n	r	ż	l	e	c	k	g	o
a	i	n	a	s	a	c	a	b	r	u	a	p
ł	a	i	r	p	b	w	f	s	y	r	h	e
k	d	k	c	ż	a	i	i	n	ł	y	ó	r
a	c	u	h	l	r	a	o	ó	n	d	ł	p
b	e	c	e	r	s	g	r	o	s	z	e	k
t	b	r	w	e	r	p	h	y	w	a	c	g
l	u	t	k	l	u	u	ó	w	o	a	o	ó
y	l	d	a	e	b	ó	z	r	p	e	i	p
d	a	l	o	s	o	k	e	n	s	o	z	c

Polish	English
rabarbar [m]	rhubarb
seler [m]	celery
pieprz [m]	pepper
dynia [f]	pumpkin
kalafior [m]	cauliflower
groszek [mp]	peas
pietruszka [f]	parsley
cukinia [f]	zucchini
kukurydza [f]	corn
koper [m]	fennel
bakłażan [m]	aubergine
czosnek [m]	garlic
marchewka [f]	carrot
cebula [f]	onion

Find all the Polish words in the puzzle.

Polish - Word Search - #142 - Vegetables

n	e	u	r	k	b	ó	k	e	r	ó	g	o
b	g	u	y	k	u	k	u	r	y	d	z	a
c	g	r	d	m	a	r	c	h	e	w	k	a
y	r	m	o	o	z	j	i	k	a	b	d	a
d	ż	n	ó	s	g	ł	e	a	k	c	r	i
a	r	w	o	r	z	n	r	r	w	i	s	n
t	f	b	z	e	s	e	o	c	e	w	z	i
s	b	y	ż	o	p	d	k	z	i	b	p	k
u	b	k	z	i	i	d	a	o	k	h	i	u
p	d	c	y	m	y	l	t	c	d	s	n	c
a	t	k	o	n	y	u	y	h	o	m	a	u
k	k	p	i	z	t	g	k	z	z	u	k	p
k	h	a	ó	o	o	e	u	l	r	j	n	z

Polish	English
rzodkiewka [f]	radish
czosnek [m]	garlic
dynia [f]	pumpkin
kukurydza [f]	corn
groszek [mp]	peas
karczoch [m]	artichoke
marchewka [f]	carrot
pomidor [m]	tomato
grzyb [m]	mushroom
cukinia [f]	zucchini
szpinak [m]	spinach
ogórek [m]	cucumber
kapusta [f]	cabbage

Find all the Polish words in the puzzle.

Polish - Word Search - #143 - Vegetables

a	ł	f	c	r	b	b	y	z	r	g	o	ł
l	o	d	s	i	a	r	y	g	e	r	o	ó
o	u	a	d	s	h	b	o	z	u	k	k	e
s	z	k	m	b	y	u	a	d	t	r	e	y
a	k	a	r	u	b	e	b	r	i	z	t	z
f	g	g	r	o	s	z	e	k	b	m	d	p
k	a	i	n	m	e	i	z	e	d	a	o	b
l	m	h	e	s	z	p	i	n	a	k	r	p
p	j	h	a	t	a	ł	a	s	ó	i	m	k
s	ó	y	y	ł	u	k	o	r	b	i	h	c
n	p	i	e	t	r	u	s	z	k	a	k	p
ł	n	i	g	a	r	a	p	z	s	a	ż	d
k	h	j	n	ó	o	p	a	l	u	b	e	c

Polish	English
pietruszka [f]	parsley
sałata [f]	lettuce
rabarbar [m]	rhubarb
pomidor [m]	tomato
szpinak [m]	spinach
grzyb [m]	mushroom
ziemniak [m]	potato
szparagi [m]	asparagus
brokuły [fp]	broccoli
fasola [fp]	beans
cebula [f]	onion
groszek [mp]	peas
burak [m]	beet

Find all the Polish words in the puzzle.

Polish - Word Search - #144 - Vegetables

b	l	a	j	y	g	r	o	s	z	e	k	a
n	y	ó	g	ó	a	k	y	d	i	w	j	h
f	y	z	ł	i	a	a	z	f	e	k	h	r
l	ł	o	r	p	p	s	r	d	m	a	c	k
h	n	e	u	g	i	r	a	w	n	r	o	a
n	b	s	n	a	e	y	i	ł	i	u	z	l
n	t	m	l	n	t	s	ó	ż	a	b	c	a
a	ó	j	n	y	r	z	f	j	k	t	r	f
z	z	ó	z	z	u	p	a	h	n	ł	a	i
i	f	ó	t	r	s	i	s	ż	z	a	k	o
d	ż	p	p	a	z	n	o	i	c	t	c	r
z	z	z	ł	j	k	a	l	a	h	d	j	k
n	r	g	d	z	a	k	a	r	e	p	o	k

Polish	English
jarzyna [f]	vegetable
sałata [f]	lettuce
ziemniak [m]	potato
grzyb [m]	mushroom
szpinak [m]	spinach
kapusta [f]	cabbage
burak [m]	beet
kalafior [m]	cauliflower
fasola [fp]	beans
pietruszka [f]	parsley
koper [m]	fennel
karczoch [m]	artichoke
groszek [mp]	peas

Find all the Polish words in the puzzle.

Welcome to this Word Scramble section!

This section is divided into three parts:

Puzzles. This part contains the puzzles themselves. For each category, there are 6 puzzles, and each puzzle has 10 word scrambles. You must rearrange the letters of each scramble to get the correct word. There is a place under each scramble to write your answer. Spaces and hyphens are in their proper places already.

Hints. If you are stuck on a word scramble, you may look in this part by the puzzle and word numbers to get a hint in the form of the English word.

Solutions. If you are stumped or want to see if you got the correct answers, this part contains the words in their unscrambled form.

Notes

Here are some of the common letter combinations you might use in Polish.

Common Prefixes:

This is used to show an opposite or against. Like anti- in English

anty-

This prefix shows something is joined. Like co- in English

współ-

This shows something is beneath. Like under- and sub- in English

pod-

This is an intensifier or repeater. Like over- or re- in English

prze-

These prefixes show something is above or over. Line super- in English

ponad-

This prefix refers to self. Like self- or auto- in English

samo-

This prefix means many. Like multi- in English

wielo-

This prefix means all. Like omni- in English

wszech-

This prefix denotes something as new. Like neo- in English

nowo-

Common Suffixes:

Diminutives are used to describe something as cute or small

-ka / -czka / -śka / -szka / -cia / -sia / -unia / -enka / -lka
-ek / -yk / -ciek / -czek / -czyk / -szek / -uń / -uś / -eńki / -lki
-czko / -ko

These suffixes are used for professions or state of being. Similar to "-ism" in English.

-izm / -yzm

Polish - Word Scramble -#1 - Airport

1) | k | b | a | i | a | n |

_____

2) | o | i | n | j | r | a | f | m | a | c |

_____

3) | h | g | r | a | n | a |

_____

4) | n | l | o | t | o | k | s | i |

_____

5) | a | o | t | l | o | m | s |

_____

6) | w | d | e | y | k | g | ł | a | y | p | n | a |

_____

7) | o | a | l | ą | w | d | ć |

_____

8) | w | l | y | y | u | a | e | a | m | z | c | r | k | t | w |

_____

9) | o | z | a | a | ł | g |

_____

10) | n | a | k | a | u | w | a | s | k | e | r | t | o | d |

_____

Polish - Word Scramble -#2 - Airport

1) c s h ł a u w k i

_____

2) m w y o o d

_____

3) i n o a w z b   i e p e e n r l n o

_____

4) i z ę o y a m w n r d d o y

_____

5) e l a n i a t

_____

6) ł ś w o g m i c e i

_____

7) p l t i o

_____

8) e o i r d n p b ś e z

_____

9) n l t e

_____

10) a l o m t o s

_____

Polish - Word Scramble -#3 - Airport

1) w g a a

_____

2) n a ł g p   a w k d y e y

_____

3) a t e l a n i

_____

4) b a a n i k

_____

5) u t e c j l u b r n a

_____

6) i w l a a k z

_____

7) k t n u a   w d s k e a a r o

_____

8) d o t o l

_____

9) ś d z n p e r i o e b

_____

10) p o b i t ć w r z   s d y r a

_____

Polish - Word Scramble -#4 - Airport

1) z n i e e z b e e c z p a i

_____

2) z n i ę u r k d

_____

3) g p o l i   d t i u r

_____

4) p a a r ż e s

_____

5) a t o l t e a

_____

6) t a s r t

_____

7) a y m d z i o o ę d y w n r

_____

8) e o a r e z w w r ć

_____

9) z m c t y w a e r   k a w l y u

_____

10) a ł d e a   y w n k p g y

_____

Polish - Word Scramble -#5 - Airport

1) c t a a

_____

2) ł a g p y   n k y e w a d

_____

3) i e i a m z

_____

4) z s w k e r s a   a l a p i

_____

5) r i p t u   o i l g d

_____

6) i e ś ć n

_____

7) i a r t o b z p d   r s ć w y

_____

8) e t u c a j l u b r n

_____

9) s l o t o m a

_____

10) a o z a ł g

_____

Polish - Word Scramble -#6 - Airport

1) | p | t | s | | o | w | a | a | t | y | r | s |

_____

2) | w | y | e | ś | i | c | j |

_____

3) | e | l | c |

_____

4) | w | s | y | o | ś | ć | k | o |

_____

5) | a | w | g | a |

_____

6) | y | a | g | e | a | | ł | d | n | k | p | w | y |

_____

7) | i | d | u | r | k | z | ę | n |

_____

8) | a | n | n | a | c | | i | s | z | m | k | k | l | o | e | o | a |

_____

9) | o | ł | k | o |

_____

10) | c | u | r | u | t | j | n | b | a | e | l |

_____

Polish - Word Scramble -#7 - Animals

1) | s | i | l |

2) | m | l | a | a |

3) | o | ł | s | ń |

4) | u | r | ś | | y | y | d | r |

5) | t | k | o |

6) | o | u | b | s | r | k |

7) | a | r | l | o | i | t | a | g |

8) | k | r | i | ó | k | l |

9) | t | m | a | h | o | i | t | p | o |

10) | k | ń | o |

Polish - Word Scramble -#8 - Animals

1) | s | i | l |

_____

2) | t | s | r | y | g | y |

_____

3) | a | n | d | p | a |

_____

4) | j | a | g | i | n | ę |

_____

5) | n | a | g | k | r | u |

_____

6) | u | m | ł |

_____

7) | b | ł | a | w | ó |

_____

8) | a | z | a | g | l | e |

_____

9) | i | e | s | p |

_____

10) | i | m | k | r | n | w | ó |

_____

Polish - Word Scramble -#9 - Animals

1)   ł m u

---

2)   b y k

---

3)   d e ź ź i w e d n i

---

4)   z b e r a

---

5)   k i e n a r p n c

---

6)   l k o r d y o k

---

7)   ł ż w ó

---

8)   z s y m

---

9)   b a ż a

---

10)   e l w

Polish - Word Scramble -#10 - Animals

1) o u r b s k

_____

2) j i ę n a g

_____

3) s i l

_____

4) p i e e k s

_____

5) c n i ę s e z z

_____

6) k o z a

_____

7) t r g y s y

_____

8) c w a o

_____

9) w l k i

_____

10) w a a i b a l

_____

Polish - Word Scramble -#11 - Animals

1) | ł | a | w | ó | b |

_____

2) | i | w | e | n | d | e | d | ź | ź | i |

_____

3) | ł | o | ń | s |

_____

4) | a | r | y | ż | a | f |

_____

5) | k | l | i | w |

_____

6) | a | b | ż | a |

_____

7) | a | l | a | m |

_____

8) | k | o | ń |

_____

9) | c | s | z | ę | i | n | e | z |

_____

10) | h | e | n | i | a |

_____

Polish - Word Scramble -#12 - Animals

1) r n a t e a p

_____

2) r p a a t l m

_____

3) g a u u r k

_____

4) r a k n u g

_____

5) r f ż a y a

_____

6) ż ó w ł

_____

7) s i e p

_____

8) ś y r

_____

9) ł w b ó a

_____

10) ł u m

_____

Polish - Word Scramble -#13 - Around the House

1) r l w e t i z e o

_____

2) i k ś o a z s n m i c e

_____

3) z e w l

_____

4) r w ó ś p i

_____

5) p n a e k r i k i

_____

6) l z u k c

_____

7) o w d a

_____

8) a c d h

_____

9) n e d r s k e

_____

10) a z o w n

_____

Polish - Word Scramble -#14 - Around the House

1) | ó | w | r | i | ś | p |

_____

2) | d | c | e | i | e | l | w |

_____

3) | ł | ó | ż | o | k |

_____

4) | k | s | m | a | i |

_____

5) | s | u | f | t | i |

_____

6) | a | n | i | ś | a | c |

_____

7) | k | ó | d | a | l | w | o |

_____

8) | s | i | m | n | z | k | o | a | ś | c | e | i |

_____

9) | a | p | k | a | r | l |

_____

10) | n | ó | ż |

_____

Polish - Word Scramble -#15 - Around the House

1) p t f e r o l

_____

2) k d l o a ó w

_____

3) z r g a e

_____

4) a b u k e l t

_____

5) o e s r t t

_____

6) i n k a c j z

_____

7) b e e l m

_____

8) ł k o ż ó   o w l e o p

_____

9) a k z s u p

_____

10) b z d u i k

_____

Polish - Word Scramble -#16 - Around the House

1) n o a z a s ł

_____

2) e l a k t u b

_____

3) o i a k c b b l t i e z

_____

4) a ż ł y k

_____

5) i a a i f k l ż n

_____

6) r a k l t a a

_____

7) k e ó l o ż o ł w p o

_____

8) p a m l a

_____

9) r i m k e s

_____

10) o r t s e t

_____

Polish - Word Scramble -#17 - Around the House

1)
k	e	z	o	ł	s	r

_____

2)
t	i	a	m	ł	o

_____

3)
i	d	a	r	o

_____

4)
t	l	s	r	u	o

_____

5)
a	w	r	i	o	d

_____

6)
c	d	a	h

_____

7)
t	s	r	t	e	o

_____

8)
o	d	m

_____

9)
b	t	m	i	c	ś	a	r	e	o	i	n	a

_____

10)
ł	o	c	k	o	i

_____

Polish - Word Scramble -#18 - Around the House

1) i z d k u b

_____

2) p g d ł a o o

_____

3) n k a i r k p e i

_____

4) a p n a k a

_____

5) w o a z n

_____

6) i a r d o

_____

7) k ł ż y a

_____

8) k e s r n d e

_____

9) a t l r k a a

_____

10) a k o b r t e

_____

Polish - Word Scramble -#19 - Birds

1) | ę | ś | g |

_____

2) | p | ę | s |

_____

3) | a | s | o | w |

_____

4) | n | e | i | a | l | k | p |

_____

5) | u | o | t | g | k |

_____

6) | r | e | b | w | l | ó |

_____

7) | o | n | r | w | a |

_____

8) | p | g | a | a | u | p |

_____

9) | a | b | a | ż | n | t |

_____

10) | a | k | z | c | k | a |

_____

Polish - Word Scramble -#20 - Birds

1) | p | l | z | a | a | c |

_____

2) | e | a | m | w |

_____

3) | o | g | u | k | t |

_____

4) | s | a | o | w |

_____

5) | ż | a | b | n | a | t |

_____

6) | a | p | p | g | u | a |

_____

7) | k | s | o | ł | i | w |

_____

8) | t | ś | s | u | r |

_____

9) | k | z | a | k | a | c |

_____

10) | o | r | e | ł | z |

_____

Polish - Word Scramble -#21 - Birds

1) | k | i | n | d | y |

_____

2) | ł | o | z | e | r |

_____

3) | b | ź | ł | a | d | ę |

_____

4) | i | k | ł | s | o | w |

_____

5) | ó | e | l | b | r | w |

_____

6) | t | s | ś | u | r |

_____

7) | c | p | a | l | z | a |

_____

8) | a | w | e | m |

_____

9) | ś | g | ę |

_____

10) | s | a | o | w |

_____

Polish - Word Scramble -#22 - Birds

1) o n i c b a

_____

2) k a t p

_____

3) g o ł ą b

_____

4) m i f n g a l

_____

5) e w a m

_____

6) a z p a l c

_____

7) ź d ę b a ł

_____

8) g ś ę

_____

9) e ł r o z

_____

10) z j b r a ą s t

_____

Polish - Word Scramble -#23 - Birds

1) ę b d ź a ł

_____

2) n a c b i o

_____

3) e m w a

_____

4) t u k o g

_____

5) u p p a a g

_____

6) i k ł o w s

_____

7) ł ą g o b

_____

8) n b a t a ż

_____

9) r k u a

_____

10) r t s ś u

_____

Polish - Word Scramble -#24 - Birds

1) s w o a

_____

2) ś ę g

_____

3) l a i p n e k

_____

4) t u g o k

_____

5) r w n a o

_____

6) ę p s

_____

7) o ą b ł g

_____

8) r ó e b l w

_____

9) m e w a

_____

10) m n i a l f g

_____

Polish - Word Scramble -#25 - Clothing

1) | i | s | n | k | t | ó | w | e | i |

_____

2) | i | s | d | n | ż | y |

_____

3) | r | a | k | a | w | t |

_____

4) | e | s | a | p | k |

_____

5) | t | - | t | i | r | h | s |

_____

6) | b | a | i | r | n | u | e |

_____

7) | p | k | a | t | r | i | k | s | e |

_____

8) | a | a | k | p | c | z |

_____

9) | s | k | e | l | z | i |

_____

10) | i | b | n | i | i | k |

_____

Polish - Word Scramble -#26 - Clothing

1) k o l a s z u

_____

2) d a n a s ł y

_____

3) k a a t r w

_____

4) p n s d e i o

_____

5) a z w r k c a i k ę

_____

6) k a s p e

_____

7) r - h t s i t

_____

8) e s r t e w

_____

9) u l z p s e k a

_____

10) a a o r p s l

_____

Polish - Word Scramble -#27 - Clothing

1) l p s k a u z e

_____

2) n o i s b z s o u t

_____

3) p a k s e

_____

4) r - i t t s h

_____

5) b i e n n k z o o m

_____

6) i k n b i i

_____

7) i a p a m ż

_____

8) t k k u a r

_____

9) z k u s a m

_____

10) z s ł z d z a e w p p c o c y z z w s c i e r

_____

Polish - Word Scramble -#28 - Clothing

1) | n | b | e | a | k | | z | y | m | w | y | k | c | ł | s | a | z | i |

_____

2) | a | k | t | k | u | r |

_____

3) | n | ł | y | s | a | d | a |

_____

4) | d | n | o | i | e | p | s |

_____

5) | y | j | r | o | a | p | s | t |

_____

6) | y | h | p | c | c | z | o | o | ń |

_____

7) | s | t | g | e | r | o |

_____

8) | a | c | a | p | k | z |

_____

9) | a | p | o | a | r | s | l |

_____

10) | u | s | z | a | m | k |

_____

Polish - Word Scramble -#29 - Clothing

1) u k z h c a t s e c

_____

2) i e a u k k s n

_____

3) c z p y d a s   o r s e z i z z z e c ł w p c w

_____

4) o t o u i s z n s b

_____

5) k i m t a j

_____

6) i k z c a w a k r ę

_____

7) e k o u   b r k g t n y t e i w

_____

8) r m a o i z r

_____

9) u a i r e b n

_____

10) t - r t s i h

_____

Polish - Word Scramble -#30 - Clothing

1) r o l a a p s

_____

2) b k o t   r k n e y g i e u t w

_____

3) u a k o s l z

_____

4) h y ń p o o c z c

_____

5) c k c e z t h u a s

_____

6) k c p a z a

_____

7) k i t w e s ó i n

_____

8) m j a t k i

_____

9) z z c s s r c   w z c ł o z a e e i p d y w z p

_____

10) e p d o i n s

_____

Polish - Word Scramble -#31 - Family

1) n i s s i r e z c e t o

_____

2) a a c m o c h

_____

3) s n y

_____

4) m t k a a

_____

5) y r b r t p d n i a r z o

_____

6) d e k a z i d

_____

7) j e c i o c

_____

8) s p i a c r b i e a

_____

9) w n k u

_____

10) r o z n d a i

_____

1) i d c z r o

_____

2) u y z n k

_____

3) y n k w e r

_____

4) m n ł o d   p a n a a

_____

5) t t a a

_____

6) u w j

_____

7) n k w u

_____

8) a r z i o d n

_____

9) k a r c ó

_____

10) r k w i e n

_____

Polish - Word Scramble -#33 - Family

1) m k t a a

_____

2) n i d o r z a

_____

3) m ż ą

_____

4) b a r t

_____

5) a b c i a b

_____

6) i o e c s i e z r t s n

_____

7) s c a t e i s z o r i n

_____

8) d p o n a   ł a n m a

_____

9) c a a h c m o

_____

10) c i e z o r d

_____

1) t a a t

_____

2) k ó a r c

_____

3) n y s

_____

4) a h c o m a c

_____

5) y a r i p o r n z t d b r

_____

6) b a i b a c

_____

7) z u n y k

_____

8) ż ą m

_____

9) o i c c a i

_____

10) u w j

_____

Polish - Word Scramble -#35 - Family

1) i i e z n c t e s r o s

_____

2) n z a d i o r

_____

3) z m y c j o

_____

4) n y s

_____

5) c e i j o c

_____

6) s t s r i a o

_____

7) m c a a o c h

_____

8) a m k t a

_____

9) i a b b c a

_____

10) t t a a

_____

Polish - Word Scramble -#36 - Family

1) c p r i b a a i e s

_____

2) w e r n k y

_____

3) r z a r t y d i p s   n s o o r a i

_____

4) ż a o n

_____

5) b i b a a c

_____

6) j m z c o y

_____

7) n u y z k

_____

8) s s t o i a r

_____

9) p e s a b i r

_____

10) c c i i a o

_____

Polish - Word Scramble -#37 - Food

1) | t | u | g | r | o | j |

_____

2) | d | l | y | o |

_____

3) | a | o | s | m | ł |

_____

4) | w | a | z | i | i | e | k | w | o | l | o | l |

_____

5) | e | k | k | a | r | s | r |

_____

6) | k | j | o | j | a |

_____

7) | b | a | k | u | ł |

_____

8) | i | e | c | u | k | r |

_____

9) | a | m | t | z | d | s | r | u | a |

_____

10) | a | k | s | t | c | i | o |

_____

Polish - Word Scramble -#38 - Food

1) | e | d | o | c | z | i | l | k | y | | c | a | t | z | k | a | a | l | b |

_____

2) | e | z | l | o | o | | a | | i | l | k | w | i | w |

_____

3) | z | n | w | a | | r | p | a | o | y | a | u | z | j |

_____

4) | t | s | a | ł | a | k | a |

_____

5) | d | r | a | a | s | t | u | m | z |

_____

6) | e | k | m | o | l |

_____

7) | e | i | h | r | n | a | k | b | t |

_____

8) | a | j | o | k | j |

_____

9) | r | i | k | u | e | c |

_____

10) | l | h | e | c | b |

_____

Polish - Word Scramble -#39 - Food

1) ó s l

_____

2) c o e t

_____

3) d s m a t u r a z

_____

4) s k r e k a r

_____

5) s i a t c k o

_____

6) k m o e l

_____

7) ł k u b a

_____

8) a t a k ł a s

_____

9) g j t o r u

_____

10) r e s

_____

Polish - Word Scramble -#40 - Food

1) | ł | k | b | u | a |

_____

2) | o | g | j | r | u | t |

_____

3) | a | t | k | s | a | ł | a |

_____

4) | o | t | s | i | a | c | k |

_____

5) | ó | s | l |

_____

6) | m | k | l | e | o |

_____

7) | b | e | h | c | l |

_____

8) | z | a | i | c | d | o | y | k | k | | a | l | c | z | t | l | e | b | a |

_____

9) | o | d | l | y |

_____

10) | c | o | t | e |

_____

Polish - Word Scramble -#41 - Food

1) t i k e b r a n h

_____

2) o j u t r g

_____

3) a a a z l o l t k   i z b y d k c e c

_____

4) l d o y

_____

5) c o t e

_____

6) a j j k o

_____

7) z e d e i j e n

_____

8) a u b ł k

_____

9) w i l l i   a   z o e w k o

_____

10) a s k t a ł a

_____

Polish - Word Scramble -#42 - Food

1) | o | e | k | m | l |

_____

2) | i | a | s | o | c | k | t |

_____

3) | i | l | a | i | o | l | w | o | k | e | z | w |

_____

4) | u | z | j | y | n | a | o | r | w | z | a | a | p |

_____

5) | b | h | e | l | c |

_____

6) | u | a | t | s | z | d | m | a | r |

_____

7) | k | k | a | s | r | r | e |

_____

8) | d | e | j | e | n | e | i | z |

_____

9) | o | t | e | c |

_____

10) | k | r | e | i | c | u |

_____

Polish - Word Scramble -#43 - Fruit

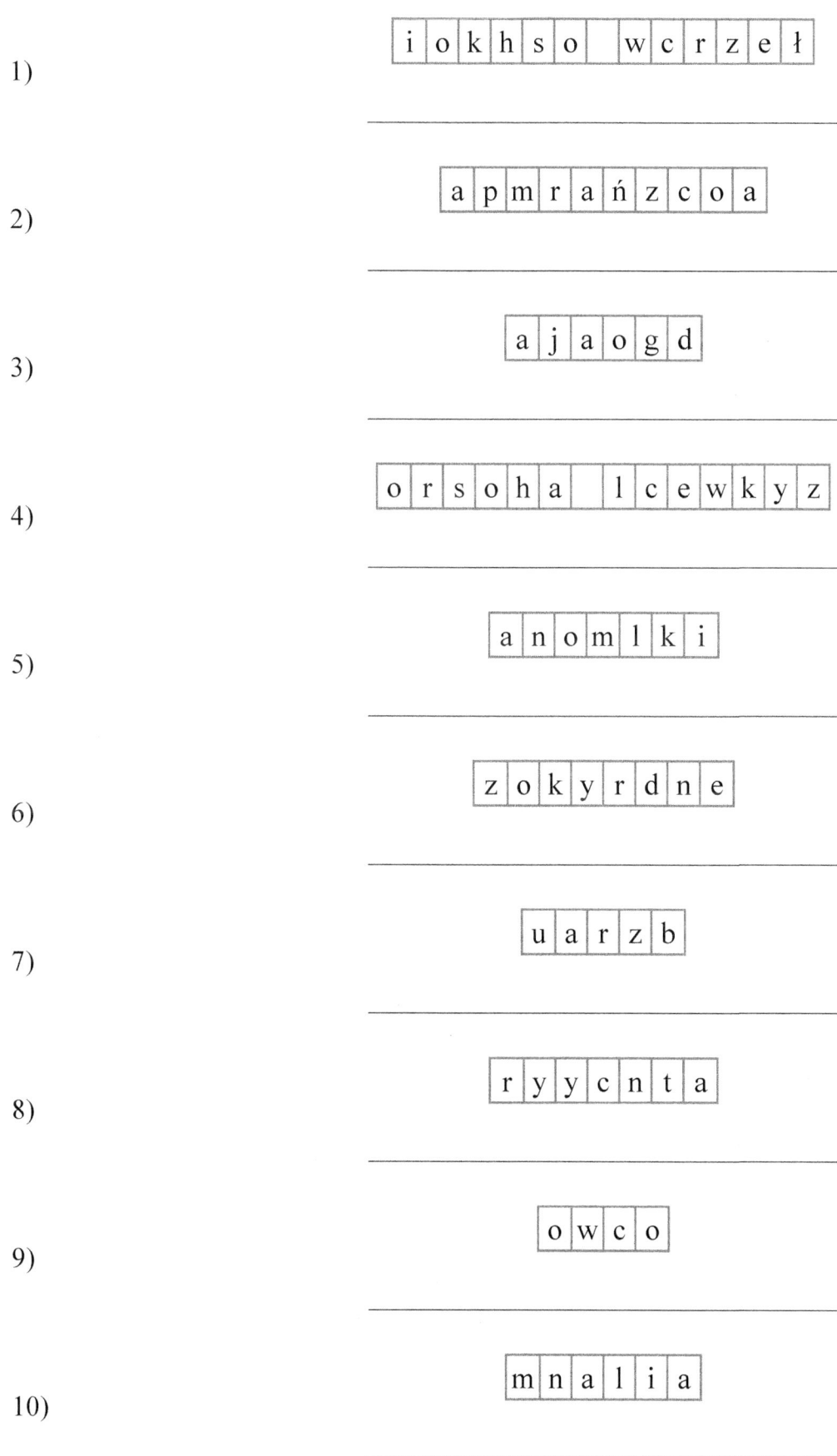

1) i o k h s o   w c r z e ł

_____

2) a p m r a ń z c o a

_____

3) a j a o g d

_____

4) o r s o h a   l c e w k y z

_____

5) a n o m l k i

_____

6) z o k y r d n e

_____

7) u a r z b

_____

8) r y y c n t a

_____

9) o w c o

_____

10) m n a l i a

_____

Polish - Word Scramble -#44 - Fruit

1) s n t k a a z

_____

2) e o m n l

_____

3) r j f u r p e t g

_____

4) y r e e m i   c o n h z z

_____

5) a k s k t r u w a

_____

6) o o s k k

_____

7) a a s a n n

_____

8) a p ń o z a a c m r

_____

9) z r u a b

_____

10) t c r y n y a

_____

Polish - Word Scramble -#45 - Fruit

1) a s a a n n

_____

2) a a n b n

_____

3) a b z n r o s k i w i

_____

4) t a z k n a s

_____

5) a b a r a b r r

_____

6) a o w s l s z   k n a ś i u

_____

7) a ś w i n i

_____

8) g r e j u r t p f

_____

9) i f g a

_____

10) o a r a c p z ń a m

_____

Polish - Word Scramble -#46 - Fruit

1) | d | g | a | ł | m | i |

_____

2) | i | o | n | o | o | w | n | r | g |

_____

3) | e | u | g | p | r | t | j | f | r |

_____

4) | s | z | s | w | a | o | k | ś | u | i | l | a | n |

_____

5) | ń | z | a | a | a | r | m | o | p | c |

_____

6) | r | a | k | g | s | u | z |

_____

7) | w | c | o | o |

_____

8) | o | z | k | w | l | h | e | a | o | c | y | r | s |

_____

9) | r | u | b | z | a |

_____

10) | n | i | a | k | l | o | m |

_____

Polish - Word Scramble -#47 - Fruit

1) | b | n | a | n | a |

_____

2) | n | e | y | ż | j | a |

_____

3) | o | l | r | e | m | a |

_____

4) | n | a | m | r | a | d | a | y | k | n |

_____

5) | n | w | i | u | l | s | a | | s | k | a | o | z | ś |

_____

6) | z | y | r | k | n | o | e | d |

_____

7) | m | r | o | c | a | ń | a | p | z | a |

_____

8) | s | a | a | n | n | a |

_____

9) | a | s | a | k | r | t | k | u | w |

_____

10) | g | d | o | j | a | a |

_____

Polish - Word Scramble -#48 - Fruit

1) a o ś s s u z   k w a l n i

_____

2) g a i d ł m

_____

3) b z w n k r i i s o a

_____

4) a a a n n y d m k r

_____

5) w ś l i k a

_____

6) g o d j a a

_____

7) a a b n n

_____

8) b k o a ł j

_____

9) ś i w i a n

_____

10) a f i g

_____

Polish - Word Scramble -#49 - Hotel

1) | r | e | e | a | j | c | c | p |

_____

2) | ó | u | k | d | y | ż | o | p | j |

_____

3) | t | c | m | j | y | z | a | i | k | a | l | a |

_____

4) | ś | j | e | i | w | c | e |

_____

5) | d | h | o | c | s | y |

_____

6) | w | o | k | d | i |

_____

7) | a | c | a | e | z | r | w | r | e | j |

_____

8) | r | p | n | a | e | t | a | m | t | a |

_____

9) | t | h | l | e | o |

_____

10) | a | p | w | i | n | ł | y | a | l |

_____

Polish - Word Scramble -#50 - Hotel

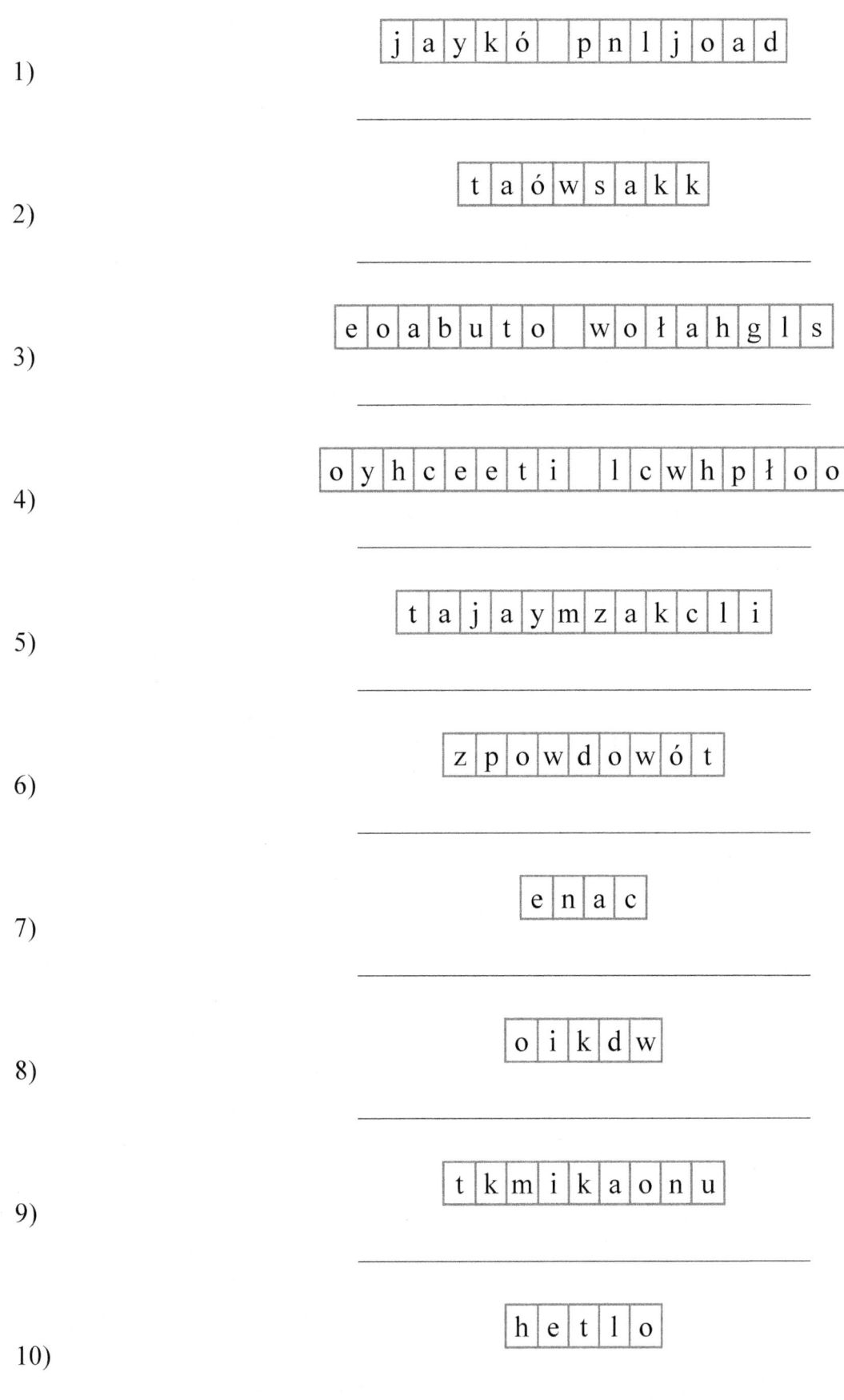

1) j a y k ó   p n l j o a d

_____

2) t a ó w s a k k

_____

3) e o a b u t o   w o ł a h g l s

_____

4) o y h c e e t i   l c w h p ł o o

_____

5) t a j a y m z a k c l i

_____

6) z p o w d o w ó t

_____

7) e n a c

_____

8) o i k d w

_____

9) t k m i k a o n u

_____

10) h e t l o

_____

Polish - Word Scramble -#51 - Hotel

1) e n w k i r i o k

_____

2) c h a n r e u k

_____

3) o k w d i

_____

4) i d w a n

_____

5) ó k o j p

_____

6) ó d l

_____

7) p e r t r a

_____

8) h l o t e

_____

9) o p t z w o w ó d

_____

10) r i e t t e n n

_____

Polish - Word Scramble -#52 - Hotel

1) | c | a | e | r | k | e | r | a | j |

_____

2) | l | o | h |

_____

3) | k | t | l | j | m | c | y | a | a | z | a | i |

_____

4) | j | n | ó | d | l | | j | o | a | a | y | k | p |

_____

5) | a | i | n | t | k | m | o | u | k |

_____

6) | a | b | o | l | k | n |

_____

7) | e | c | a | r | j | e | p | c |

_____

8) | e | w | a | e | c | r | r | a | j | z |

_____

9) | ś | e | w | c | j | i | e |

_____

10) | r | e | t | i | n | t | n | e |

_____

Polish - Word Scramble -#53 - Hotel

1) o i i r k e k n w

_____

2) w d o i k

_____

3) j c k r a a r e e

_____

4) h s y d c o

_____

5) ż a r g a

_____

6) a w j e c a r r z e

_____

7) c e n a

_____

8) p j ó k o

_____

9) r r t a p e

_____

10) h e k c n r a u

_____

Polish - Word Scramble -#54 - Hotel

1) n b k o l a

_____

2) e a e p c j o i n s t c r

_____

3) o p d w o ó w z t

_____

4) h e o t l

_____

5) a r w a r e z e j c

_____

6) y n l a p w a ł i

_____

7) k a j p ó k o o w

_____

8) ł a i p ć c

_____

9) i n a d w

_____

10) ó o y u j p d k ż

_____

Polish - Word Scramble -#55 - Parts of the Body

1) y e o o k r k t s r y a o c b z w w

_____

2) e n w r

_____

3) ę i o g n ś c

_____

4) n s o

_____

5) r b a k

_____

6) w s ą y

_____

7) h z ę r p c e

_____

8) e l a c p

_____

9) z r ł o c u g

_____

10) t i c t n ę a

_____

Polish - Word Scramble -#56 - Parts of the Body

1) c e p i o l k z

_____

2) d b r a o

_____

3) n k l o a o

_____

4) a ł k y d

_____

5) r w e n

_____

6) o o r i d b

_____

7) ę j k z y

_____

8) b y z ę

_____

9) g a o n

_____

10) j a z s y

_____

Polish - Word Scramble -#57 - Parts of the Body

1) c z ę e p h r

_____

2) a y d k ł

_____

3) o w a p i e k

_____

4) z ą b

_____

5) ł ć k o i e

_____

6) s o n

_____

7) k n e a r

_____

8) a i s i a k   a r p t o k w l e

_____

9) a ę r m i

_____

10) ń i s m e i ę

_____

Polish - Word Scramble -#58 - Parts of the Body

1) a b k r

_____

2) a a r g w

_____

3) b z ę y

_____

4) w ą s y

_____

5) c u b z r h

_____

6) ą ż o k ł d

_____

7) a k r ę

_____

8) c k i k u

_____

9) b r z g p e u

_____

10) i r e p ś

_____

Polish - Word Scramble -#59 - Parts of the Body

1) o k p c l e z i

_____

2) e k w r

_____

3) m g ò z

_____

4) a g ł r o d

_____

5) z ę a a c i c i c ś ł

_____

6) i m r a ę

_____

7) w a o g ł

_____

8) e r p ś i

_____

9) ę p i ć ś

_____

10) w k a ó c t ę z

_____

Polish - Word Scramble -#60 - Parts of the Body

1)
w	e	b	r

_____

2)
n	o	s

_____

3)
z	l	o	c	p	e	k	i

_____

4)
z	p	r	e	u	g	b

_____

5)
c	ł	o	z	g	r	u

_____

6)
o	e	z	o	r	y	s	r	a	y	k	o	k	b	w	w	t	c

_____

7)
ł	a	i	c	o

_____

8)
y	j	z	a	s

_____

9)
p	ś	i	e	r

_____

10)
s	t	a	u

_____

Polish - Word Scramble -#61 - Restaurant

1) l k r k e n a e

_____

2) s t e r r u a a j c

_____

3) ć j ś e

_____

4) g o d r i

_____

5) i o b a d

_____

6) n l s i t a i w

_____

7) e o p i ł k s

_____

8) y h w c a a o ć z w

_____

9) r s u b o

_____

10) e e r d s

_____

Polish - Word Scramble -#62 - Restaurant

1) t a r e u a s c r j

_____

2) d g y o ł n

_____

3) n n g d a i e ó w ł e

_____

4) k y o d a u y ł z p ż

_____

5) a i d j ł p s s o

_____

6) r o u b s

_____

7) s u z o p k y a i d m

_____

8) s g p y o n a i n r

_____

9) s e e r d

_____

10) t n a i

_____

Polish - Word Scramble -#63 - Restaurant

1) b a i o d

_____

2) k e e n a r l k

_____

3) m a z w a i ć a

_____

4) i y k d o   p z   m s a u

_____

5) l a j c a o k

_____

6) w t i k ł a a   s l e d e a c

_____

7) d o p y ł   k u   z y ż a

_____

8) r e d e s

_____

9) p s d ł j s i a o

_____

10) ó a n j p

_____

Polish - Word Scramble -#64 - Restaurant

1)
| j | ś | e | ć |

_____

2)
| c | ć | a | o | y | w | a | w | z | h |

_____

3)
| ż | p | k | a | y | | y | o | | u | d | z | ł |

_____

4)
| n | e | d | n | w | | ó | a | e | i | g | ł |

_____

5)
| s | p | i | k | ł | e | o |

_____

6)
| p | j | a | ó | n |

_____

7)
| a | n | e | e | t | l | i | i | w | a | | u | b | t | s | i | e |

_____

8)
| b | s | o | u | r |

_____

9)
| a | t | a | e | c | i | w | | l | e | a | s | k | d | ł |

_____

10)
| s | d | r | e | e |

_____

Polish - Word Scramble -#65 - Restaurant

1)
| e | r | n | l | e | k |

_____

2)
| i | a | n | t |

_____

3)
| s | d | r | e | e |

_____

4)
| ć | e | j | ś |

_____

5)
| w | l | e | s | a | n | e | e | i | u | t | i | t | i | a | b |

_____

6)
| c | a | r | s | e | u | t | r | a | j |

_____

7)
| s | r | u | o | b |

_____

8)
| o | k | p | z | u | y | i | s | m | a | d |

_____

9)
| z | a | m | ć | i | a | a | w |

_____

10)
| z | h | w | a | y | c | ć | o | w | a |

_____

Polish - Word Scramble -#66 - Restaurant

1) ś e j ć

_____

2) i e w e d   n g a ó ł n

_____

3) r e t a l k a a s

_____

4) y p n s a g r o n i

_____

5) o n ł y g d

_____

6) i z m w a ć a a

_____

7) o i d b a

_____

8) j u t r a e c s r a

_____

9) j a n ó p

_____

10) r g i o d

_____

Polish - Word Scramble -#67 - Vegetables

1) | i | m | r | p | o | o | d |

_____

2) | l | e | c | u | b | a |

_____

3) | k | i | i | e | z | n | m | a |

_____

4) | a | p | g | i | s | r | a | z |

_____

5) | r | p | i | p | z | e |

_____

6) | s | i | n | n | r | z | o | o | k | y |

_____

7) | k | e | ó | r | g | o |

_____

8) | y | a | d | i | n |

_____

9) | s | e | l | e | r |

_____

10) | a | j | n | r | y | a | z |

_____

Polish - Word Scramble -#68 - Vegetables

1) u l b a c e

_____

2) w e c a h k m r a

_____

3) n c k z o s e

_____

4) k o s i z r y n o n

_____

5) p r e z i p

_____

6) e k z g o s r

_____

7) a u r u k z k d y

_____

8) k a r b u

_____

9) d o r o i m p

_____

10) r ó k o e g

_____

Polish - Word Scramble -#69 - Vegetables

1) ż b a a ł k a n

_____

2) u k y r ł o b

_____

3) z a r y a j n

_____

4) m p o r o i d

_____

5) e i a c c r z e c i y

_____

6) e o g k r ó

_____

7) z e p i r p

_____

8) c c k r a h o z

_____

9) k p a s a u t

_____

10) l f a i o a r k

_____

Polish - Word Scramble -#70 - Vegetables

1) o p e k r

_____

2) z i a e m n k i

_____

3) k r o ł b y u

_____

4) o ó k r g e

_____

5) r e k o g z s

_____

6) i z a p r s a g

_____

7) a i a k r f l o

_____

8) k r u b a

_____

9) z o r k c c a h

_____

10) a a p t k s u

_____

Polish - Word Scramble -#71 - Vegetables

1) n i m a k i e z

_____

2) y g b r z

_____

3) j n z y a a r

_____

4) a l a o s f

_____

5) s e n o c k z

_____

6) k p n z s a i

_____

7) a c w e a r m k h

_____

8) r z t s e p i k u a

_____

9) a y n d i

_____

10) u l b c a e

_____

Polish - Word Scramble -#72 - Vegetables

1) | l | r | e | e | s |

_____

2) | z | r | c | h | k | a | o | c |

_____

3) | y | k | d | u | z | a | u | k | r |

_____

4) | a | z | p | g | r | s | i | a |

_____

5) | a | b | k | u | r |

_____

6) | a | a | ł | s | t | a |

_____

7) | k | d | z | w | k | e | a | o | i | r |

_____

8) | c | e | s | o | n | k | z |

_____

9) | u | a | e | r | k | i | s | z | t | p |

_____

10) | o | ó | r | k | g | e |

_____

Scramble Hints

#1 - 1) cabin 2) information 3) hangar 4) airport 5) airplane 6) emergency 7) to land 8) metal detector 9) crew 10) life preserver

#2 - 1) headphones 2) domestic 3) no smoking 4) international 5) flying 6) helicopter 7) pilot 8) direct 9) oxygen 10) airplane

#3 - 1) weight 2) emergency 3) flying 4) cabin 5) turbulence 6) suitcase 7) life preserver 8) departure 9) direct 10) to check bags

#4 - 1) security 2) officer 3) copilot 4) passenger 5) toilet 6) liftoff 7) international 8) to book 9) metal detector 10) emergency

#5 - 1) tray 2) emergency 3) land 4) first class 5) copilot 6) to carry 7) to check bags 8) turbulence 9) airplane 10) crew

#6 - 1) runway 2) exit 3) destination 4) altitude 5) weight 6) emergency 7) officer 8) economy class 9) wheel 10) turbulence

#7 - 1) fox 2) llama 3) elephant 4) bobcat 5) cat 6) badger 7) alligator 8) rabbit 9) hippopotamus 10) horse

#8 - 1) fox 2) tiger 3) panda 4) lamb 5) kangaroo 6) mule 7) buffalo 8) gazelle 9) dog 10) aardvark

#9 - 1) mule 2) bull 3) bear 4) zebra 5) armadillo 6) crocodile 7) tortoise 8) mouse 9) frog 10) lion

#10 - 1) badger 2) lamb 3) fox 4) little dog 5) pup 6) goat 7) tiger 8) sheep 9) wolf 10) wallaby

#11 - 1) buffalo 2) bear 3) elephant 4) giraffe 5) wolf 6) frog 7) llama 8) horse 9) pup 10) hyena

#12 - 1) panther 2) leopard 3) cougar 4) kangaroo 5) giraffe 6) tortoise 7) dog 8) lynx 9) buffalo 10) mule

#13 - 1) television 2) rubbish can 3) kitchen sink 4) sleeping bag 5) stove 6) key 7) water 8) roof 9) dresser 10) vase

#14 - 1) sleeping bag 2) fork 3) bed 4) bowl 5) ceiling 6) wall 7) refrigerator 8) rubbish can 9) washing machine 10) knife

#15 - 1) wallet 2) refrigerator 3) clock 4) bottle 5) toaster 6) kettle 7) furniture 8) cot 9) tin 10) alarm clock

Scramble Hints

#16 - 1) curtain   2) bottle   3) bookcase   4) spoon   5) cup   6) torch   7) cot   8) lamp   9) blender   10) toaster

#17 - 1) chair   2) broom   3) radio   4) mirror   5) pail   6) roof   7) toaster   8) house   9) rubbish bag   10) pot

#18 - 1) alarm clock   2) floor   3) stove   4) couch   5) vase   6) radio   7) spoon   8) dresser   9) torch   10) handbag

#19 - 1) goose   2) vulture   3) owl   4) pelican   5) rooster   6) sparrow   7) crow   8) parrot   9) pheasant   10) duck

#20 - 1) heron   2) seagull   3) rooster   4) owl   5) pheasant   6) parrot   7) nightingale   8) ostrich   9) duck   10) eagle

#21 - 1) turkey   2) eagle   3) swan   4) nightingale   5) sparrow   6) ostrich   7) heron   8) seagull   9) goose   10) owl

#22 - 1) stork   2) bird   3) dove   4) flamingo   5) seagull   6) heron   7) swan   8) goose   9) eagle   10) hawk

#23 - 1) swan   2) stork   3) seagull   4) rooster   5) parrot   6) nightingale   7) dove   8) pheasant   9) hen   10) ostrich

#24 - 1) owl   2) goose   3) pelican   4) rooster   5) crow   6) vulture   7) dove   8) sparrow   9) seagull   10) flamingo

#25 - 1) running shoes   2) jeans   3) necktie   4) belt   5) T-shirt   6) clothes   7) socks   8) cap   9) braces/suspenders   10) bikini

#26 - 1) shirt   2) sandals   3) necktie   4) trousers   5) glove   6) belt   7) T-shirt   8) jumper   9) hat   10) umbrella

#27 - 1) hat   2) bra   3) belt   4) T-shirt   5) jumpsuit   6) bikini   7) pyjamas   8) anorak   9) bow tie   10) mackintosh

#28 - 1) zip   2) anorak   3) sandals   4) trousers   5) tights   6) stockings   7) corset   8) cap   9) umbrella   10) bow tie

#29 - 1) handkerchief   2) dress   3) mackintosh   4) bra   5) briefs   6) glove   7) hiking boots   8) size   9) clothes   10) T-shirt

#30 - 1) umbrella   2) hiking boots   3) shirt   4) stockings   5) handkerchief   6) cap   7) running shoes   8) briefs   9) mackintosh   10) trousers

Scramble Hints

#31 - 1) nephew   2) stepmother   3) son   4) mother   5) stepbrother   6) grandfather   7) father   8) stepdaughter   9) grandchild   10) family

#32 - 1) parent   2) cousin   3) relative   4) bride   5) dad   6) uncle   7) grandchild   8) family   9) daughter   10) relatives

#33 - 1) mother   2) family   3) husband   4) brother   5) grandmother   6) nephew   7) niece   8) bride   9) stepmother   10) parents

#34 - 1) dad   2) daughter   3) son   4) stepmother   5) stepbrother   6) grandmother   7) cousin   8) husband   9) aunt   10) uncle

#35 - 1) nephew   2) family   3) stepfather   4) son   5) father   6) sister   7) stepmother   8) mother   9) grandmother   10) dad

#36 - 1) stepdaughter   2) relative   3) stepsister   4) wife   5) grandmother   6) stepfather   7) cousin   8) sister   9) stepson   10) aunt

#37 - 1) yoghurt   2) ice-cream   3) butter   4) olive oil   5) cracker   6) egg   7) bun   8) sugar   9) mustard   10) cake

#38 - 1) chocolate bar   2) olive oil   3) vegetable soup   4) salad   5) mustard   6) milk   7) biscuit   8) egg   9) sugar   10) bread

#39 - 1) salt   2) vinegar   3) mustard   4) cracker   5) cake   6) milk   7) bun   8) salad   9) yoghurt   10) cheese

#40 - 1) bun   2) yoghurt   3) salad   4) cake   5) salt   6) milk   7) bread   8) chocolate bar   9) ice-cream   10) vinegar

#41 - 1) biscuit   2) yoghurt   3) chocolate bar   4) ice-cream   5) vinegar   6) egg   7) food   8) bun   9) olive oil   10) salad

#42 - 1) milk   2) cake   3) olive oil   4) vegetable soup   5) bread   6) mustard   7) cracker   8) food   9) vinegar   10) sugar

#43 - 1) walnut   2) orange   3) blueberry   4) hazelnut   5) lime   6) raisin   7) watermelon   8) lemon   9) fruit   10) raspberry

#44 - 1) chestnut   2) melon   3) grapefruit   4) peanut   5) strawberry   6) coconut   7) pineapple   8) orange   9) watermelon   10) lemon

#45 - 1) pineapple   2) banana   3) peach   4) chestnut   5) rhubarb   6) prune   7) cherry   8) grapefruit   9) fig   10) orange

Scramble Hints

#46 - 1) almond   2) grape   3) grapefruit   4) prune   5) orange   6) pear   7) fruit   8) hazelnut
9) watermelon   10) lime

#47 - 1) banana   2) blackberry   3) apricot   4) tangerine   5) prune   6) raisin   7) orange
8) pineapple   9) strawberry   10) blueberry

#48 - 1) prune   2) almond   3) peach   4) tangerine   5) plum   6) blueberry   7) banana   8) apple
9) cherry   10) fig

#49 - 1) reception desk   2) living room   3) air conditioning   4) entrance   5) stairs   6) view
7) booking   8) suite   9) hotel   10) swimming pool

#50 - 1) dining room   2) taxi   3) room service   4) bellboy   5) air conditioning   6) complaint
7) price   8) view   9) message   10) hotel

#51 - 1) manager   2) bill   3) view   4) lift   5) room   6) ice   7) ground floor   8) hotel
9) complaint   10) internet

#52 - 1) recreation   2) lobby   3) air conditioning   4) dining room   5) message   6) balcony
7) reception desk   8) booking   9) entrance   10) internet

#53 - 1) manager   2) view   3) recreation   4) stairs   5) garage   6) booking   7) price   8) room
9) ground floor   10) bill

#54 - 1) balcony   2) receptionist   3) complaint   4) hotel   5) booking   6) swimming pool   7) maid
8) to pay   9) lift   10) living room

#55 - 1) appendix   2) nerve   3) tendon   4) nose   5) shoulder   6) moustache   7) bladder   8) finger
9) gland   10) artery

#56 - 1) cheek   2) beard   3) knee   4) calf   5) nerve   6) hip   7) tongue   8) teeth   9) leg   10) neck

#57 - 1) bladder   2) calf   3) eyelid   4) tooth   5) elbow   6) nose   7) kidney   8) thorax   9) arm
10) muscle

#58 - 1) shoulder   2) lip   3) teeth   4) moustache   5) belly   6) stomach   7) hand   8) thumb
9) wrist   10) breast

#59 - 1) cheek   2) blood   3) brain   4) throat   5) parts of the body   6) arm   7) head   8) breast
9) fist   10) iris

#60 - 1) eyebrow   2) nose   3) cheek   4) wrist   5) gland   6) appendix   7) body   8) neck   9) breast
10) mouth

Scramble Hints

#61 - 1) waitress 2) restaurant 3) to eat 4) expensive 5) lunch 6) wine list 7) meal 8) to reserve 9) tablecloth 10) dessert

#62 - 1) restaurant 2) hungry 3) main course 4) soup spoon 5) menu 6) tablecloth 7) soup bowl 8) thirsty 9) dessert 10) cheap

#63 - 1) lunch 2) waitress 3) to order 4) soup bowl 5) dinner 6) salad fork 7) soup spoon 8) dessert 9) menu 10) beverage

#64 - 1) to eat 2) to reserve 3) soup spoon 4) main course 5) meal 6) beverage 7) setting 8) tablecloth 9) salad fork 10) dessert

#65 - 1) waiter 2) cheap 3) dessert 4) to eat 5) setting 6) restaurant 7) tablecloth 8) soup bowl 9) to order 10) to reserve

#66 - 1) to eat 2) main course 3) salad bowl 4) thirsty 5) hungry 6) to order 7) lunch 8) restaurant 9) beverage 10) expensive

#67 - 1) tomato 2) onion 3) potato 4) asparagus 5) pepper 6) gherkins 7) cucumber 8) pumpkin 9) celery 10) vegetable

#68 - 1) onion 2) carrot 3) garlic 4) gherkins 5) pepper 6) peas 7) corn 8) beet 9) tomato 10) cucumber

#69 - 1) aubergine 2) broccoli 3) vegetable 4) tomato 5) chick-peas 6) cucumber 7) pepper 8) artichoke 9) cabbage 10) cauliflower

#70 - 1) fennel 2) potato 3) broccoli 4) cucumber 5) peas 6) asparagus 7) cauliflower 8) beet 9) artichoke 10) cabbage

#71 - 1) potato 2) mushroom 3) vegetable 4) beans 5) garlic 6) spinach 7) carrot 8) parsley 9) pumpkin 10) onion

#72 - 1) celery 2) artichoke 3) corn 4) asparagus 5) beet 6) lettuce 7) radish 8) garlic 9) parsley 10) cucumber

Scramble Solutions

#1 - 1) kabina   2) informacja   3) hangar   4) lotnisko   5) samolot   6) nagły wypadek   7) lądować   8) wykrywacz metalu   9) załoga   10) deska ratunkowa

#2 - 1) słuchawki   2) domowy   3) palenie wzbronione   4) międzynarodowy   5) latanie   6) śmigłowiec   7) pilot   8) bezpośredni   9) tlen   10) samolot

#3 - 1) waga   2) nagły wypadek   3) latanie   4) kabina   5) turbulencja   6) walizka   7) deska ratunkowa   8) odlot   9) bezpośredni   10) sprawdzić torby

#4 - 1) zabezpieczenie   2) urzędnik   3) drugi pilot   4) pasażer   5) toaleta   6) start   7) międzynarodowy   8) rezerwować   9) wykrywacz metalu   10) nagły wypadek

#5 - 1) taca   2) nagły wypadek   3) ziemia   4) pierwsza klasa   5) drugi pilot   6) nieść   7) sprawdzić torby   8) turbulencja   9) samolot   10) załoga

#6 - 1) pas startowy   2) wyjście   3) cel   4) wysokość   5) waga   6) nagły wypadek   7) urzędnik   8) klasa ekonomiczna   9) koło   10) turbulencja

#7 - 1) lis   2) lama   3) słoń   4) ryś rudy   5) kot   6) borsuk   7) aligator   8) królik   9) hipototam   10) koń

#8 - 1) lis   2) tygrys   3) panda   4) jagnię   5) kangur   6) muł   7) bawół   8) gazela   9) pies   10) mrównik

#9 - 1) muł   2) byk   3) niedźwiedź   4) zebra   5) pancernik   6) krokodyl   7) żółw   8) mysz   9) żaba   10) lew

#10 - 1) borsuk   2) jagnię   3) lis   4) piesek   5) szczenię   6) koza   7) tygrys   8) owca   9) wilk   10) walabia

#11 - 1) bawół   2) niedźwiedź   3) słoń   4) żyrafa   5) wilk   6) żaba   7) lama   8) koń   9) szczenię   10) hiena

#12 - 1) pantera   2) lampart   3) kuguar   4) kangur   5) żyrafa   6) żółw   7) pies   8) ryś   9) bawół   10) muł

#13 - 1) telewizor   2) kosz na śmieci   3) zlew   4) śpiwór   5) piekarnik   6) klucz   7) woda   8) dach   9) kredens   10) wazon

#14 - 1) śpiwór   2) widelec   3) łóżko   4) miska   5) sufit   6) ściana   7) lodówka   8) kosz na śmieci   9) pralka   10) nóż

#15 - 1) portfel   2) lodówka   3) zegar   4) butelka   5) toster   6) czajnik   7) meble   8) łóżko polowe   9) puszka   10) budzik

Scramble Solutions

#16 - 1) zasłona   2) butelka   3) biblioteczka   4) łyżka   5) filiżanka   6) latarka   7) łóżko polowe   8) lampa   9) mikser   10) toster

#17 - 1) krzesło   2) miotła   3) radio   4) lustro   5) wiadro   6) dach   7) toster   8) dom   9) torba na śmieci   10) kocioł

#18 - 1) budzik   2) podłoga   3) piekarnik   4) kanapa   5) wazon   6) radio   7) łyżka   8) kredens   9) latarka   10) torebka

#19 - 1) gęś   2) sęp   3) sowa   4) pelikan   5) kogut   6) wróbel   7) wrona   8) papuga   9) bażant   10) kaczka

#20 - 1) czapla   2) mewa   3) kogut   4) sowa   5) bażant   6) papuga   7) słowik   8) struś   9) kaczka   10) orzeł

#21 - 1) indyk   2) orzeł   3) łabędź   4) słowik   5) wróbel   6) struś   7) czapla   8) mewa   9) gęś   10) sowa

#22 - 1) bocian   2) ptak   3) gołąb   4) flaming   5) mewa   6) czapla   7) łabędź   8) gęś   9) orzeł   10) jastrząb

#23 - 1) łabędź   2) bocian   3) mewa   4) kogut   5) papuga   6) słowik   7) gołąb   8) bażant   9) kura   10) struś

#24 - 1) sowa   2) gęś   3) pelikan   4) kogut   5) wrona   6) sęp   7) gołąb   8) wróbel   9) mewa   10) flaming

#25 - 1) tenisówki   2) dżinsy   3) krawat   4) pasek   5) T-shirt   6) ubranie   7) skarpetki   8) czapka   9) szelki   10) bikini

#26 - 1) koszula   2) sandały   3) krawat   4) spodnie   5) rękawiczka   6) pasek   7) T-shirt   8) sweter   9) kapelusz   10) parasol

#27 - 1) kapelusz   2) biustonosz   3) pasek   4) T-shirt   5) kombinezon   6) bikini   7) piżama   8) kurtka   9) muszka   10) płaszcz przeciwdeszczowy

#28 - 1) zamek błyskawiczny   2) kurtka   3) sandały   4) spodnie   5) rajstopy   6) pończochy   7) gorset   8) czapka   9) parasol   10) muszka

#29 - 1) chusteczka   2) sukienka   3) płaszcz przeciwdeszczowy   4) biustonosz   5) majtki   6) rękawiczka   7) buty trekkingowe   8) rozmiar   9) ubranie   10) T-shirt

#30 - 1) parasol   2) buty trekkingowe   3) koszula   4) pończochy   5) chusteczka   6) czapka   7) tenisówki   8) majtki   9) płaszcz przeciwdeszczowy   10) spodnie

Scramble Solutions

#31 - 1) siostrzeniec   2) macocha   3) syn   4) matka   5) przyrodni brat   6) dziadek   7) ojciec
8) pasierbica   9) wnuk   10) rodzina

#32 - 1) rodzic   2) kuzyn   3) krewny   4) panna młoda   5) tata   6) wuj   7) wnuk   8) rodzina
9) córka   10) krewni

#33 - 1) matka   2) rodzina   3) mąż   4) brat   5) babcia   6) siostrzeniec   7) siostrzenica   8) panna
młoda   9) macocha   10) rodzice

#34 - 1) tata   2) córka   3) syn   4) macocha   5) przyrodni brat   6) babcia   7) kuzyn   8) mąż
9) ciocia   10) wuj

#35 - 1) siostrzeniec   2) rodzina   3) ojczym   4) syn   5) ojciec   6) siostra   7) macocha   8) matka
9) babcia   10) tata

#36 - 1) pasierbica   2) krewny   3) przyrodnia siostra   4) żona   5) babcia   6) ojczym   7) kuzyn
8) siostra   9) pasierb   10) ciocia

#37 - 1) jogurt   2) lody   3) masło   4) oliwa z oliwek   5) krakers   6) jajko   7) bułka   8) cukier
9) musztarda   10) ciastko

#38 - 1) tabliczka czekolady   2) oliwa z oliwek   3) zupa jarzynowa   4) sałatka   5) musztarda
6) mleko   7) herbatnik   8) jajko   9) cukier   10) chleb

#39 - 1) sól   2) ocet   3) musztarda   4) krakers   5) ciastko   6) mleko   7) bułka   8) sałatka
9) jogurt   10) ser

#40 - 1) bułka   2) jogurt   3) sałatka   4) ciastko   5) sól   6) mleko   7) chleb   8) tabliczka
czekolady   9) lody   10) ocet

#41 - 1) herbatnik   2) jogurt   3) tabliczka czekolady   4) lody   5) ocet   6) jajko   7) jedzenie
8) bułka   9) oliwa z oliwek   10) sałatka

#42 - 1) mleko   2) ciastko   3) oliwa z oliwek   4) zupa jarzynowa   5) chleb   6) musztarda
7) krakers   8) jedzenie   9) ocet   10) cukier

#43 - 1) orzech włoski   2) pomarańcza   3) jagoda   4) orzech laskowy   5) limonka   6) rodzynek
7) arbuz   8) cytryna   9) owoc   10) malina

#44 - 1) kasztan   2) melon   3) grejpfrut   4) orzech ziemny   5) truskawka   6) kokos   7) ananas
8) pomarańcza   9) arbuz   10) cytryna

#45 - 1) ananas   2) banan   3) brzoskwinia   4) kasztan   5) rabarbar   6) suszona śliwka   7) wiśnia
8) grejpfrut   9) figa   10) pomarańcza

Scramble Solutions

#46 - 1) migdał   2) winogrono   3) grejpfrut   4) suszona śliwka   5) pomarańcza   6) gruszka
7) owoc   8) orzech laskowy   9) arbuz   10) limonka

#47 - 1) banan   2) jeżyna   3) morela   4) mandarynka   5) suszona śliwka   6) rodzynek
7) pomarańcza   8) ananas   9) truskawka   10) jagoda

#48 - 1) suszona śliwka   2) migdał   3) brzoskwinia   4) mandarynka   5) śliwka   6) jagoda
7) banan   8) jabłko   9) wiśnia   10) figa

#49 - 1) recepcja   2) duży pokój   3) klimatyzacja   4) wejście   5) schody   6) widok
7) rezerwacja   8) apartament   9) hotel   10) pływalnia

#50 - 1) pokój jadalny   2) taksówka   3) obsługa hotelowa   4) chłopiec hotelowy   5) klimatyzacja
6) powództwo   7) cena   8) widok   9) komunikat   10) hotel

#51 - 1) kierownik   2) rachunek   3) widok   4) winda   5) pokój   6) lód   7) parter   8) hotel
9) powództwo   10) internet

#52 - 1) rekreacja   2) hol   3) klimatyzacja   4) pokój jadalny   5) komunikat   6) balkon
7) recepcja   8) rezerwacja   9) wejście   10) internet

#53 - 1) kierownik   2) widok   3) rekreacja   4) schody   5) garaż   6) rezerwacja   7) cena
8) pokój   9) parter   10) rachunek

#54 - 1) balkon   2) recepcjonista   3) powództwo   4) hotel   5) rezerwacja   6) pływalnia
7) pokojówka   8) płacić   9) winda   10) duży pokój

#55 - 1) wyrostek robaczkowy   2) nerw   3) ścięgno   4) nos   5) bark   6) wąsy   7) pęcherz
8) palec   9) gruczoł   10) tętnica

#56 - 1) policzek   2) broda   3) kolano   4) łydka   5) nerw   6) biodro   7) język   8) zęby   9) noga
10) szyja

#57 - 1) pęcherz   2) łydka   3) powieka   4) ząb   5) łokieć   6) nos   7) nerka   8) klatka piersiowa
9) ramię   10) mięsień

#58 - 1) bark   2) warga   3) zęby   4) wąsy   5) brzuch   6) żołądk   7) ręka   8) kciuk   9) przegub
10) pierś

#59 - 1) policzek   2) krew   3) mòzg   4) gardło   5) części ciała   6) ramię   7) głowa   8) pierś
9) pięść   10) tęczówka

#60 - 1) brew   2) nos   3) policzek   4) przegub   5) gruczoł   6) wyrostek robaczkowy   7) ciało
8) szyja   9) pierś   10) usta

Scramble Solutions

#61 - 1) kelnerka   2) resturacja   3) jeść   4) drogi   5) obiad   6) lista win   7) posiłek   8) zachowywać   9) obrus   10) deser

#62 - 1) resturacja   2) głodny   3) danie główne   4) łyżka do zupy   5) jadłospis   6) obrus   7) miska do zupy   8) spragniony   9) deser   10) tani

#63 - 1) obiad   2) kelnerka   3) zamawiać   4) miska do zupy   5) kolacja   6) sałatka widelec   7) łyżka do zupy   8) deser   9) jadłospis   10) napój

#64 - 1) jeść   2) zachowywać   3) łyżka do zupy   4) danie główne   5) posiłek   6) napój   7) ustawienie tabeli   8) obrus   9) sałatka widelec   10) deser

#65 - 1) kelner   2) tani   3) deser   4) jeść   5) ustawienie tabeli   6) resturacja   7) obrus   8) miska do zupy   9) zamawiać   10) zachowywać

#66 - 1) jeść   2) danie główne   3) salaterka   4) spragniony   5) głodny   6) zamawiać   7) obiad   8) resturacja   9) napój   10) drogi

#67 - 1) pomidor   2) cebula   3) ziemniak   4) szparagi   5) pieprz   6) korniszony   7) ogórek   8) dynia   9) seler   10) jarzyna

#68 - 1) cebula   2) marchewka   3) czosnek   4) korniszony   5) pieprz   6) groszek   7) kukurydza   8) burak   9) pomidor   10) ogórek

#69 - 1) bakłażan   2) brokuły   3) jarzyna   4) pomidor   5) ciecierzyca   6) ogórek   7) pieprz   8) karczoch   9) kapusta   10) kalafior

#70 - 1) koper   2) ziemniak   3) brokuły   4) ogórek   5) groszek   6) szparagi   7) kalafior   8) burak   9) karczoch   10) kapusta

#71 - 1) ziemniak   2) grzyb   3) jarzyna   4) fasola   5) czosnek   6) szpinak   7) marchewka   8) pietruszka   9) dynia   10) cebula

#72 - 1) seler   2) karczoch   3) kukurydza   4) szparagi   5) burak   6) sałata   7) rzodkiewka   8) czosnek   9) pietruszka   10) ogórek

Welcome to this Word Quizzes section!

This section is divided into two parts:

Quizzes. This part contains the quizzes themselves. For each category, there are 6 quizzes, and each quiz has 24 questions. You must choose the best match for the word given.

Solutions. If you are stumped or want to see if you got the correct answers, this part contains the answers for each quiz.

Polish - Word Quiz - #1 - Airport
Select the closest English word to match the Polish word.

1) sprawdzić torby
a) to check bags
b) seat
c) oxygen
d) to land

2) pas startowy
a) runway
b) rucksack
c) pilot
d) departure

3) informacja
a) information
b) liftoff
c) to sit down
d) runway

4) lotnisko
a) copilot
b) metal detector
c) airport
d) oxygen

5) ziemia
a) late
b) to check bags
c) ticket
d) land

6) bilet w jedną stronę
a) single ticket
b) flying
c) security
d) turbulence

7) nagły wypadek
a) to check bags
b) window
c) emergency
d) gate

8) bileterka
a) copilot
b) first class
c) international
d) ticket agent

9) boczne przejście
a) first class
b) gangway
c) weight
d) flight

10) przyjazd
a) arrival
b) first class
c) liftoff
d) window

11) pasażer
a) passenger
b) window
c) crew
d) airplane

12) cel
a) gangway
b) destination
c) security
d) weight

13) wyjście
a) domestic
b) exit
c) weight
d) arrival

14) waga
a) to declare
b) international
c) weight
d) domestic

15) niepalący
a) travel agency
b) non-smoking
c) pilot
d) altitude

16) walizka
a) suitcase
b) window
c) security
d) exit

17) odprawa
a) luggage
b) check-in
c) crew
d) suitcase

18) domowy
a) to cancel
b) rucksack
c) domestic
d) late

19) koło
a) pilot
b) no smoking
c) flight
d) wheel

20) nieść
a) suitcase
b) headphones
c) to carry
d) to sit down

21) deska ratunkowa
a) direct
b) hangar
c) life preserver
d) altitude

22) tlen
a) oxygen
b) boarding pass
c) to sit down
d) toilet

23) pilot
a) toilet
b) air hostess
c) international
d) pilot

24) odlot
a) crew
b) departure
c) flight
d) to check bags

Polish - Word Quiz - #2 - Airport
Select the closest English word to match the Polish word.

1) załoga
a) crew
b) boarding pass
c) connection
d) officer

2) lotnisko
a) life preserver
b) international
c) direct
d) airport

3) nieść
a) to check bags
b) departure
c) to carry
d) hangar

4) siadać
a) to board
b) turbulence
c) toilet
d) to sit down

5) informacja
a) to check bags
b) airport
c) emergency
d) information

6) cel
a) security
b) destination
c) tray
d) wing

7) pilot
a) pilot
b) to cancel
c) rucksack
d) to book

8) latanie
a) metal detector
b) early
c) flying
d) turbulence

9) karta pokładowa
a) rucksack
b) seat
c) to sit down
d) boarding pass

10) rezerwować
a) duty-free
b) oxygen
c) to book
d) air hostess

11) późno
a) life preserver
b) window
c) pilot
d) late

12) wcześnie
a) first class
b) early
c) to take off
d) domestic

13) palenie
a) airport
b) land
c) economy class
d) smoking

14) domowy
a) exit
b) to land
c) connection
d) domestic

15) paszport
a) liftoff
b) air hostess
c) passport
d) departure

16) start
a) exit
b) non-smoking
c) departure
d) liftoff

17) ziemia
a) airplane
b) land
c) destination
d) air hostess

18) nagły wypadek
a) liftoff
b) airport
c) emergency
d) no smoking

19) zadeklarować
a) suitcase
b) weight
c) to declare
d) seat

20) koło
a) non-smoking
b) no smoking
c) wheel
d) officer

21) okno
a) to carry
b) window
c) travel agency
d) suitcase

22) boczne przejście
a) gangway
b) air hostess
c) to cancel
d) to declare

23) walizka
a) departure
b) destination
c) suitcase
d) gate

24) waga
a) weight
b) smoking
c) check-in
d) early

Polish - Word Quiz - #3 - Airport
Select the closest English word to match the Polish word.

1) kabina
a) exit
b) hangar
c) connection
d) cabin

2) walizka
a) arrival
b) suitcase
c) passenger
d) crew

3) deska ratunkowa
a) life preserver
b) smoking
c) metal detector
d) to take off

4) bilet w jedną stronę
a) single ticket
b) emergency
c) officer
d) toilet

5) odprawa
a) check-in
b) airplane
c) late
d) economy class

6) ziemia
a) destination
b) non-smoking
c) land
d) passenger

7) nagły wypadek
a) gangway
b) emergency
c) round trip ticket
d) runway

8) połączenie
a) crew
b) connection
c) oxygen
d) liftoff

9) koło
a) round trip ticket
b) airport
c) wheel
d) to sit down

10) wykrywacz metalu
a) window
b) metal detector
c) cabin
d) liftoff

11) samolot
a) early
b) oxygen
c) information
d) airplane

12) wyjście
a) no smoking
b) to land
c) early
d) exit

13) bileterka
a) ticket agent
b) no smoking
c) wing
d) passport

14) wsiadać
a) to board
b) international
c) economy class
d) exit

15) taca
a) tray
b) departure
c) window
d) pilot

16) późno
a) toilet
b) to sit down
c) late
d) pilot

17) stewardesa
a) air hostess
b) to check bags
c) emergency
d) late

18) międzynarodowy
a) to fly
b) international
c) gangway
d) emergency

19) siedzenie
a) airplane
b) seat
c) emergency
d) passport

20) biuro podróży
a) travel agency
b) air hostess
c) metal detector
d) hangar

21) nieść
a) land
b) wing
c) to fly
d) to carry

22) turbulencja
a) security
b) turbulence
c) copilot
d) first class

23) domowy
a) to sit down
b) domestic
c) ticket agent
d) toilet

24) pilot
a) pilot
b) check-in
c) land
d) airplane

Polish - Word Quiz - #4 - Airport
Select the closest Polish word to match the English word.

1) single ticket
a) bilet w jedną stronę
b) międzynarodowy
c) wykrywacz metalu
d) słuchawki

2) to board
a) okno
b) pasażer
c) walizka
d) wsiadać

3) to take off
a) odlatywać
b) śmigłowiec
c) lecieć
d) międzynarodowy

4) round trip ticket
a) anulować
b) bilet w obie strony
c) lot
d) taca

5) ticket
a) rezerwować
b) bilet
c) start
d) wyjście

6) tray
a) karta pokładowa
b) taca
c) koło
d) ziemia

7) travel agency
a) biuro podróży
b) bilet w jedną stronę
c) hangar
d) walizka

8) liftoff
a) deska ratunkowa
b) urzędnik
c) start
d) pasażer

9) smoking
a) paszport
b) turbulencja
c) anulować
d) palenie

10) wing
a) skrzydło
b) drugi pilot
c) rezerwować
d) palenie

11) arrival
a) walizka
b) przyjazd
c) wysokość
d) boczne przejście

12) passport
a) palenie wzbronione
b) słuchawki
c) skrzydło
d) paszport

13) information
a) słuchawki
b) cel
c) karta pokładowa
d) informacja

14) international
a) toaleta
b) bramaka
c) zabezpieczenie
d) międzynarodowy

15) no smoking
a) waga
b) wsiadać
c) palenie wzbronione
d) latanie

16) metal detector
a) wykrywacz metalu
b) koło
c) paszport
d) karta pokładowa

17) departure
a) stewardesa
b) lot
c) paszport
d) odlot

18) to sit down
a) kabina
b) siadać
c) anulować
d) palenie wzbronione

19) to carry
a) nieść
b) skrzydło
c) palenie wzbronione
d) lądować

20) helicopter
a) śmigłowiec
b) pilot
c) bilet w jedną stronę
d) tlen

21) domestic
a) nagły wypadek
b) ziemia
c) lecieć
d) domowy

22) duty-free
a) wolnocłowy
b) zadeklarować
c) hangar
d) odlot

23) window
a) lecieć
b) przyjazd
c) okno
d) lot

24) crew
a) załoga
b) pas startowy
c) lądować
d) bramaka

Polish - Word Quiz - #5 - Airport
Select the closest Polish word to match the English word.

1) security
a) odlatywać
b) zabezpieczenie
c) kabina
d) bilet w jedną stronę

2) to check bags
a) sprawdzić torby
b) zadeklarować
c) turbulencja
d) wysokość

3) to fly
a) lecieć
b) tlen
c) lądować
d) okno

4) check-in
a) lądować
b) załoga
c) bilet w obie strony
d) odprawa

5) to land
a) bramaka
b) walizka
c) bilet
d) lądować

6) cabin
a) kabina
b) lot
c) walizka
d) wolnocłowy

7) international
a) międzynarodowy
b) okno
c) boczne przejście
d) taca

8) toilet
a) późno
b) toaleta
c) plecak
d) bilet w obie strony

9) land
a) bezpośredni
b) tlen
c) ziemia
d) klasa ekonomiczna

10) oxygen
a) niepalący
b) tlen
c) siadać
d) odlatywać

11) ticket
a) skrzydło
b) bilet
c) koło
d) pilot

12) airplane
a) niepalący
b) palenie wzbronione
c) przyjazd
d) samolot

13) non-smoking
a) niepalący
b) samolot
c) nagły wypadek
d) urzędnik

14) suitcase
a) kabina
b) taca
c) walizka
d) anulować

15) wheel
a) nieść
b) późno
c) międzynarodowy
d) koło

16) information
a) pas startowy
b) informacja
c) bilet w jedną stronę
d) bagaż

17) late
a) pasażer
b) późno
c) połączenie
d) drugi pilot

18) airport
a) walizka
b) lotnisko
c) bramaka
d) pierwsza klasa

19) domestic
a) domowy
b) informacja
c) odprawa
d) lecieć

20) travel agency
a) sprawdzić torby
b) biuro podróży
c) pas startowy
d) pasażer

21) copilot
a) anulować
b) latanie
c) lądować
d) drugi pilot

22) smoking
a) pasażer
b) walizka
c) bagaż
d) palenie

23) boarding pass
a) odlatywać
b) wolnocłowy
c) koło
d) karta pokładowa

24) flying
a) start
b) wsiadać
c) latanie
d) anulować

Polish - Word Quiz - #6 - Airport
Select the closest Polish word to match the English word.

1) early
a) odlatywać
b) wcześnie
c) biuro podróży
d) paszport

2) round trip ticket
a) bilet w obie strony
b) siedzenie
c) plecak
d) skrzydło

3) arrival
a) załoga
b) nieść
c) palenie
d) przyjazd

4) pilot
a) wcześnie
b) pilot
c) walizka
d) urzędnik

5) passenger
a) wyjście
b) urzędnik
c) pasażer
d) słuchawki

6) weight
a) bezpośredni
b) waga
c) bramaka
d) bilet w obie strony

7) air hostess
a) stewardesa
b) wysokość
c) boczne przejście
d) walizka

8) passport
a) karta pokładowa
b) paszport
c) plecak
d) stewardesa

9) wheel
a) plecak
b) koło
c) drugi pilot
d) niepalący

10) single ticket
a) bilet w jedną stronę
b) nieść
c) palenie
d) latanie

11) to sit down
a) lotnisko
b) bilet w jedną stronę
c) siadać
d) nieść

12) ticket
a) cel
b) lądować
c) tlen
d) bilet

13) cabin
a) wyjście
b) odlot
c) załoga
d) kabina

14) oxygen
a) ziemia
b) tlen
c) start
d) połączenie

15) emergency
a) śmigłowiec
b) siedzenie
c) pilot
d) nagły wypadek

16) check-in
a) karta pokładowa
b) odprawa
c) latanie
d) siedzenie

17) to board
a) bagaż
b) wsiadać
c) odlot
d) klasa ekonomiczna

18) to land
a) sprawdzić torby
b) rezerwować
c) lądować
d) palenie wzbronione

19) domestic
a) okno
b) domowy
c) informacja
d) bezpośredni

20) direct
a) bagaż
b) bezpośredni
c) hangar
d) skrzydło

21) no smoking
a) palenie wzbronione
b) informacja
c) biuro podróży
d) latanie

22) headphones
a) skrzydło
b) bilet w obie strony
c) słuchawki
d) zabezpieczenie

23) toilet
a) międzynarodowy
b) lądować
c) toaleta
d) pasażer

24) security
a) połączenie
b) bilet w jedną stronę
c) zabezpieczenie
d) wcześnie

Polish - Word Quiz - #7 - Animals
Select the closest English word to match the Polish word.

1) koala
a) wallaby
b) lamb
c) toad
d) koala

2) lampart
a) leopard
b) wolf
c) jaguar
d) hippopotamus

3) jagnię
a) monkey
b) deer
c) gorilla
d) lamb

4) panda
a) elephant
b) anteater
c) tortoise
d) panda

5) żółw
a) panther
b) rhinoceros
c) tortoise
d) pig

6) żaba
a) pup
b) frog
c) anteater
d) giraffe

7) nosorożec
a) rhinoceros
b) cougar
c) tiger
d) cow

8) pancernik
a) lion
b) giraffe
c) rabbit
d) armadillo

9) aligator
a) alligator
b) kangaroo
c) aardvark
d) crocodile

10) pręgowiec
a) camel
b) jaguar
c) bull
d) chipmunk

11) lew
a) elephant
b) leopard
c) lion
d) wallaby

12) owca
a) sheep
b) goat
c) lamb
d) rat

13) ropucha
a) gorilla
b) kangaroo
c) sheep
d) toad

14) koń
a) goat
b) horse
c) crocodile
d) sheep

15) gepard
a) fox
b) cheetah
c) aardvark
d) dog

16) małpa
a) monkey
b) mouse
c) cheetah
d) bobcat

17) jeleń
a) deer
b) giraffe
c) cow
d) donkey

18) bóbr
a) toad
b) snake
c) cat
d) beaver

19) pies
a) hippopotamus
b) lamb
c) dog
d) anteater

20) świnia
a) wolf
b) jaguar
c) elephant
d) pig

21) koza
a) baboon
b) cow
c) fox
d) goat

22) zwierzę
a) tiger
b) aardvark
c) animal
d) hyena

23) żyrafa
a) lamb
b) giraffe
c) lion
d) fox

24) jaguar
a) jaguar
b) koala
c) monkey
d) squirrel

Polish - Word Quiz - #8 - Animals
Select the closest English word to match the Polish word.

1) ocelot
a) ocelot
b) rat
c) gazelle
d) badger

2) pręgowiec
a) cat
b) elephant
c) chipmunk
d) fox

3) byk
a) gazelle
b) bull
c) horse
d) buffalo

4) żyrafa
a) giraffe
b) anteater
c) mule
d) panda

5) żółw
a) fox
b) tortoise
c) donkey
d) monkey

6) krowa
a) cow
b) wolf
c) gazelle
d) mule

7) szczur
a) baboon
b) rat
c) wallaby
d) elephant

8) mrówkojad
a) anteater
b) little dog
c) baboon
d) chipmunk

9) kuguar
a) buffalo
b) kangaroo
c) rhinoceros
d) cougar

10) szczenię
a) bull
b) tortoise
c) pup
d) mouse

11) zebra
a) zebra
b) lynx
c) leopard
d) cheetah

12) goryl
a) gorilla
b) armadillo
c) camel
d) wolf

13) ropucha
a) ocelot
b) monkey
c) camel
d) toad

14) panda
a) goat
b) monkey
c) animal
d) panda

15) pies
a) crocodile
b) dog
c) mouse
d) panda

16) wielbłąd
a) camel
b) pig
c) animal
d) chipmunk

17) lew
a) horse
b) toad
c) lion
d) goat

18) jeżozwierz
a) porcupine
b) bobcat
c) wolf
d) frog

19) walabia
a) wallaby
b) gazelle
c) cheetah
d) toad

20) koza
a) badger
b) goat
c) sheep
d) dog

21) jeleń
a) giraffe
b) wallaby
c) deer
d) little dog

22) osioł
a) giraffe
b) donkey
c) dog
d) cat

23) lampart
a) alligator
b) leopard
c) lamb
d) frog

24) bóbr
a) beaver
b) elephant
c) fox
d) gazelle

Polish - Word Quiz - #9 - Animals
Select the closest English word to match the Polish word.

1) szczenię
a) cougar
b) mouse
c) tortoise
d) pup

2) pręgowiec
a) hyena
b) badger
c) tortoise
d) chipmunk

3) piesek
a) bear
b) little dog
c) lynx
d) bull

4) bawół
a) panther
b) gazelle
c) buffalo
d) kangaroo

5) kuguar
a) tiger
b) koala
c) cougar
d) ocelot

6) koń
a) zebra
b) sheep
c) horse
d) gazelle

7) zebra
a) kangaroo
b) zebra
c) mule
d) crocodile

8) żaba
a) camel
b) hyena
c) frog
d) chipmunk

9) lis
a) lynx
b) toad
c) jaguar
d) fox

10) słoń
a) pup
b) crocodile
c) elephant
d) cow

11) ryś
a) kangaroo
b) tortoise
c) horse
d) lynx

12) bóbr
a) donkey
b) rabbit
c) beaver
d) wolf

13) panda
a) panda
b) camel
c) leopard
d) anteater

14) świnia
a) lamb
b) cow
c) pig
d) kangaroo

15) kangur
a) hippopotamus
b) deer
c) pig
d) kangaroo

16) walabia
a) gazelle
b) rat
c) donkey
d) wallaby

17) mrówkojad
a) anteater
b) kangaroo
c) mule
d) zebra

18) muł
a) bobcat
b) donkey
c) mule
d) porcupine

19) borsuk
a) leopard
b) bull
c) badger
d) panda

20) pancernik
a) armadillo
b) cougar
c) snake
d) gorilla

21) wąż
a) cat
b) gorilla
c) snake
d) lamb

22) jaguar
a) jaguar
b) chipmunk
c) badger
d) goat

23) szczur
a) buffalo
b) kangaroo
c) rat
d) koala

24) krowa
a) cow
b) buffalo
c) cougar
d) cat

Polish - Word Quiz - #10 - Animals
Select the closest Polish word to match the English word.

1) mouse
a) walabia
b) kuguar
c) mysz
d) goryl

2) pup
a) szczenię
b) osioł
c) byk
d) wielbłąd

3) buffalo
a) zwierzę
b) ocelot
c) gepard
d) bawół

4) cat
a) szczenię
b) jeleń
c) kot
d) gepard

5) fox
a) słoń
b) lis
c) hipototam
d) mrównik

6) rabbit
a) ryś
b) królik
c) piesek
d) pantera

7) dog
a) koza
b) pies
c) bawół
d) królik

8) hippopotamus
a) kuguar
b) hipototam
c) zebra
d) mrównik

9) leopard
a) kot
b) gazela
c) lampart
d) tygrys

10) frog
a) ocelot
b) żółw
c) żaba
d) ropucha

11) animal
a) borsuk
b) zwierzę
c) mrówkojad
d) ropucha

12) cow
a) jagnię
b) krowa
c) świnia
d) jeleń

13) cheetah
a) gepard
b) walabia
c) szczur
d) mrówkojad

14) rat
a) ryś
b) szczur
c) jaguar
d) jeżozwierz

15) camel
a) ropucha
b) świnia
c) lama
d) wielbłąd

16) gorilla
a) jaguar
b) pręgowiec
c) borsuk
d) goryl

17) chipmunk
a) żółw
b) pręgowiec
c) aligator
d) zwierzę

18) goat
a) krowa
b) krokodyl
c) koza
d) goryl

19) aardvark
a) jeżozwierz
b) niedźwiedź
c) mrównik
d) lew

20) wallaby
a) walabia
b) mrówkojad
c) mysz
d) hipototam

21) hyena
a) żółw
b) wiewiórka
c) borsuk
d) hiena

22) baboon
a) szczur
b) pawian
c) zwierzę
d) ropucha

23) toad
a) byk
b) ropucha
c) pręgowiec
d) jagnię

24) gazelle
a) jeżozwierz
b) mrównik
c) gazela
d) żaba

Polish - Word Quiz - #11 - Animals
Select the closest Polish word to match the English word.

1) panda
a) ryś rudy
b) hiena
c) wiewiórka
d) panda

2) crocodile
a) lampart
b) królik
c) krokodyl
d) koala

3) tiger
a) lama
b) ryś
c) wąż
d) tygrys

4) hippopotamus
a) hipototam
b) jagnię
c) koń
d) pantera

5) rat
a) ocelot
b) tygrys
c) szczur
d) lampart

6) giraffe
a) hiena
b) wąż
c) żyrafa
d) tygrys

7) tortoise
a) jeleń
b) żółw
c) mysz
d) mrówkojad

8) monkey
a) małpa
b) borsuk
c) hipototam
d) muł

9) pig
a) piesek
b) lew
c) świnia
d) żyrafa

10) jaguar
a) jagnię
b) jaguar
c) niedźwiedź
d) lampart

11) lamb
a) jagnię
b) ropucha
c) zwierzę
d) owca

12) horse
a) kuguar
b) koń
c) owca
d) pies

13) cat
a) pręgowiec
b) hiena
c) kot
d) świnia

14) fox
a) królik
b) panda
c) osioł
d) lis

15) squirrel
a) wiewiórka
b) hiena
c) świnia
d) jagnię

16) wolf
a) krowa
b) wilk
c) zwierzę
d) jeleń

17) sheep
a) świnia
b) pręgowiec
c) owca
d) zwierzę

18) wallaby
a) byk
b) bawół
c) pancernik
d) walabia

19) snake
a) zebra
b) wąż
c) krowa
d) koala

20) lynx
a) goryl
b) ryś
c) kangur
d) koń

21) bull
a) pantera
b) byk
c) kot
d) ocelot

22) mule
a) muł
b) małpa
c) bóbr
d) walabia

23) cougar
a) muł
b) lis
c) jeżozwierz
d) kuguar

24) gorilla
a) byk
b) pancernik
c) bawół
d) goryl

Polish - Word Quiz - #12 - Animals
Select the closest Polish word to match the English word.

1) fox
a) byk
b) zwierzę
c) osioł
d) lis

2) porcupine
a) jeżozwierz
b) krowa
c) wiewiórka
d) świnia

3) squirrel
a) jeleń
b) koń
c) wiewiórka
d) mysz

4) rat
a) szczur
b) jeżozwierz
c) lama
d) słoń

5) wolf
a) koń
b) wilk
c) osioł
d) bawół

6) gazelle
a) gazela
b) aligator
c) kot
d) ropucha

7) crocodile
a) ocelot
b) gazela
c) krokodyl
d) lis

8) toad
a) muł
b) kangur
c) ropucha
d) goryl

9) aardvark
a) tygrys
b) mrównik
c) świnia
d) jaguar

10) lion
a) krowa
b) lew
c) lampart
d) zebra

11) frog
a) żaba
b) pancernik
c) kuguar
d) niedźwiedź

12) zebra
a) szczenię
b) wilk
c) koń
d) zebra

13) little dog
a) szczur
b) osioł
c) piesek
d) zebra

14) donkey
a) osioł
b) panda
c) nosorożec
d) zebra

15) snake
a) koala
b) jaguar
c) małpa
d) wąż

16) cougar
a) lampart
b) kuguar
c) hipototam
d) zebra

17) deer
a) jeleń
b) lis
c) piesek
d) aligator

18) hippopotamus
a) żyrafa
b) niedźwiedź
c) pancernik
d) hipototam

19) cow
a) mrówkojad
b) krowa
c) niedźwiedź
d) żółw

20) bull
a) borsuk
b) byk
c) mrównik
d) małpa

21) ocelot
a) wielbłąd
b) krokodyl
c) lis
d) ocelot

22) hyena
a) lis
b) koń
c) hiena
d) małpa

23) buffalo
a) bawół
b) nosorożec
c) goryl
d) kot

24) bear
a) ropucha
b) hiena
c) ocelot
d) niedźwiedź

Polish - Word Quiz - #13 - Around the House
Select the closest English word to match the Polish word.

1) lampa
a) toaster
b) bed
c) lamp
d) cup

2) podłoga
a) carpet
b) vase
c) floor
d) dish

3) serwetka
a) napkin
b) blender
c) hoover
d) furniture

4) popielniczka
a) box
b) broom
c) ashtray
d) carpet

5) danie
a) tap
b) ashtray
c) house
d) dish

6) dzbanek do kawy
a) tap
b) loo
c) coffee pot
d) image

7) kredens
a) purse
b) cabinet
c) dresser
d) blanket

8) drzwi
a) door
b) image
c) alarm clock
d) rubbish can

9) lodówka
a) refrigerator
b) torch
c) floor
d) bath (tub)

10) dach
a) floor
b) roof
c) drier
d) switch

11) kocioł
a) pot
b) image
c) blanket
d) shower

12) pralka
a) chair
b) washing machine
c) telephone
d) kettle

13) półka
a) telephone
b) refrigerator
c) shelf
d) loo

14) zasłonka od prysznica
a) water
b) shower curtain
c) curtain
d) furniture

15) torba na śmieci
a) rubbish bag
b) rubbish can
c) bed
d) drinking glass

16) torebka
a) radio
b) coffee pot
c) purse
d) handbag

17) talerz
a) plate
b) radio
c) sheet
d) dishwasher

18) prześcieradło
a) drier
b) sheet
c) freezer
d) image

19) kieliszek
a) kitchen
b) water
c) drinking glass
d) tin

20) kanapa
a) door
b) pail
c) couch
d) chair

21) poduszka
a) fork
b) pillow
c) key
d) ceiling

22) dywan
a) carpet
b) pot
c) house
d) alarm clock

23) odkurzacz
a) bottle
b) hoover
c) box
d) clock

24) pudełko
a) bowl
b) stove
c) furniture
d) box

Polish - Word Quiz - #14 - Around the House
Select the closest English word to match the Polish word.

1) łóżko polowe
a) toaster
b) pillow
c) cot
d) shelf

2) podłoga
a) loo
b) glass
c) toaster
d) floor

3) miska
a) rubbish can
b) sheet
c) cot
d) bowl

4) toster
a) toaster
b) shower curtain
c) tin
d) plate

5) szuflada
a) tap
b) dish
c) water
d) drawer

6) zamrażarka
a) freezer
b) fork
c) stove
d) tap

7) widelec
a) fork
b) blender
c) vase
d) tin

8) kieliszek
a) cup
b) blanket
c) drinking glass
d) lamp

9) przełącznik
a) staircase
b) switch
c) rubbish can
d) coffee pot

10) woda
a) water
b) freezer
c) blender
d) kitchen

11) koc
a) coffee pot
b) shower curtain
c) blanket
d) pillow

12) ściana
a) wall
b) bag
c) box
d) radio

13) czajnik
a) lamp
b) soap
c) kettle
d) handbag

14) torba
a) sleeping bag
b) bag
c) switch
d) ashtray

15) wazon
a) bath (tub)
b) carpet
c) plate
d) vase

16) biblioteczka
a) bag
b) rubbish bag
c) broom
d) bookcase

17) zasłonka od prysznica
a) dishwasher
b) house
c) loo
d) shower curtain

18) szafka
a) carpet
b) bed
c) dresser
d) cabinet

19) zlew
a) alarm clock
b) kitchen sink
c) stove
d) box

20) zasłona
a) cot
b) alarm clock
c) curtain
d) cabinet

21) portmonetka
a) ceiling
b) soap
c) purse
d) bath (tub)

22) wanna
a) loo
b) bath (tub)
c) frying pan
d) cabinet

23) kocioł
a) rubbish bag
b) pot
c) purse
d) roof

24) zmywarka
a) house
b) plate
c) dishwasher
d) torch

Polish - Word Quiz - #15 - Around the House
Select the closest English word to match the Polish word.

1) wiadro
a) pail
b) wallet
c) chair
d) key

2) kurek
a) clock
b) couch
c) tap
d) hoover

3) toalteta
a) television
b) lamp
c) loo
d) chair

4) prześcieradło
a) ceiling
b) lamp
c) sheet
d) box

5) kuchnia
a) tap
b) kitchen
c) carpet
d) napkin

6) pralka
a) cup
b) torch
c) shower curtain
d) washing machine

7) zmywarka
a) dishwasher
b) soap
c) wall
d) ashtray

8) widelec
a) pot
b) shower
c) fork
d) lamp

9) sufit
a) vase
b) image
c) wall
d) ceiling

10) łóżko
a) wall
b) bed
c) spoon
d) door

11) popielniczka
a) ashtray
b) cot
c) table
d) image

12) zegar
a) chair
b) clock
c) floor
d) rubbish can

13) prysznic
a) refrigerator
b) tin
c) shower
d) wardrobe

14) klatka schodowa
a) bowl
b) cabinet
c) spoon
d) staircase

15) dzbanek do kawy
a) pot
b) bookcase
c) cup
d) coffee pot

16) dach
a) ashtray
b) roof
c) spoon
d) door

17) zlew
a) key
b) dresser
c) drier
d) kitchen sink

18) zamrażarka
a) freezer
b) cup
c) glass
d) hoover

19) toster
a) toaster
b) wardrobe
c) staircase
d) cup

20) telefon
a) telephone
b) cabinet
c) blanket
d) wallet

21) nóż
a) bed
b) knife
c) door
d) roof

22) butelka
a) dresser
b) tin
c) box
d) bottle

23) patelnia
a) handbag
b) kitchen
c) floor
d) frying pan

24) poduszka
a) clock
b) pillow
c) coffee pot
d) shelf

Polish - Word Quiz - #16 - Around the House
Select the closest Polish word to match the English word.

1) switch
a) serwetka
b) toalteta
c) przełącznik
d) meble

2) clock
a) kanapa
b) szklanka
c) krzesło
d) zegar

3) soap
a) klatka schodowa
b) telefon
c) łóżko polowe
d) mydło

4) toaster
a) toalteta
b) toster
c) telewizor
d) odkurzacz

5) floor
a) wiadro
b) koc
c) podłoga
d) kocioł

6) shower curtain
a) krzesło
b) zasłonka od prysznica
c) kurek
d) stół

7) staircase
a) klucz
b) klatka schodowa
c) butelka
d) patelnia

8) dish
a) danie
b) mydło
c) klatka schodowa
d) miska

9) cup
a) filiżanka
b) kocioł
c) popielniczka
d) łóżko polowe

10) cot
a) miska
b) piekarnik
c) łóżko polowe
d) przełącznik

11) coffee pot
a) dach
b) dzbanek do kawy
c) woda
d) lustro

12) handbag
a) torebka
b) szuflada
c) woda
d) dzbanek do kawy

13) blanket
a) prysznic
b) podłoga
c) koc
d) zasłonka od prysznica

14) bed
a) łóżko
b) dzbanek do kawy
c) budzik
d) drzwi

15) freezer
a) zamrażarka
b) kieliszek
c) meble
d) śpiwór

16) vase
a) wazon
b) szklanka
c) zlew
d) miska

17) sleeping bag
a) śpiwór
b) zasłona
c) danie
d) telefon

18) mirror
a) woda
b) prysznic
c) lustro
d) kieliszek

19) stove
a) szuflada
b) prześcieradło
c) sufit
d) piekarnik

20) ceiling
a) sufit
b) pralka
c) dzbanek do kawy
d) drzwi

21) couch
a) ściana
b) dywan
c) kanapa
d) klucz

22) plate
a) danie
b) nóż
c) talerz
d) przełącznik

23) pot
a) kanapa
b) latarka
c) kocioł
d) szafa

24) bag
a) latarka
b) torba
c) kocioł
d) suszarka

Polish - Word Quiz - #17 - Around the House
Select the closest Polish word to match the English word.

1) coffee pot
a) odkurzacz
b) kosz na śmieci
c) dzbanek do kawy
d) pudełko

2) sleeping bag
a) śpiwór
b) stół
c) łyżka
d) kurek

3) torch
a) toster
b) patelnia
c) latarka
d) meble

4) blanket
a) radio
b) toalteta
c) sufit
d) koc

5) loo
a) odkurzacz
b) toalteta
c) sufit
d) miska

6) mirror
a) torba na śmieci
b) czajnik
c) kanapa
d) lustro

7) wallet
a) portfel
b) woda
c) wanna
d) dzbanek do kawy

8) clock
a) półka
b) szklanka
c) krzesło
d) zegar

9) switch
a) przełącznik
b) pudełko
c) toster
d) ściana

10) box
a) mikser
b) portfel
c) stół
d) pudełko

11) cabinet
a) podłoga
b) szafka
c) stół
d) lustro

12) broom
a) miotła
b) torebka
c) poduszka
d) mikser

13) couch
a) półka
b) kanapa
c) mydło
d) patelnia

14) carpet
a) kosz na śmieci
b) woda
c) dywan
d) toalteta

15) freezer
a) zlew
b) klucz
c) kosz na śmieci
d) zamrażarka

16) furniture
a) meble
b) torba na śmieci
c) prysznic
d) zmywarka

17) napkin
a) miska
b) serwetka
c) łyżka
d) wanna

18) pillow
a) łyżka
b) piekarnik
c) poduszka
d) lustro

19) tap
a) puszka
b) kurek
c) piekarnik
d) sufit

20) bed
a) miotła
b) toalteta
c) podłoga
d) łóżko

21) frying pan
a) patelnia
b) półka
c) prysznic
d) widelec

22) bowl
a) zasłona
b) miska
c) łóżko
d) szuflada

23) kitchen
a) kuchnia
b) obraz
c) pudełko
d) łóżko

24) image
a) prysznic
b) mikser
c) półka
d) obraz

Polish - Word Quiz - #18 - Around the House
Select the closest Polish word to match the English word.

1) drawer
a) półka
b) meble
c) klucz
d) szuflada

2) couch
a) kanapa
b) łyżka
c) pralka
d) dom

3) floor
a) torebka
b) podłoga
c) stół
d) danie

4) cabinet
a) szafka
b) mydło
c) woda
d) patelnia

5) kettle
a) lodówka
b) stół
c) przełącznik
d) czajnik

6) glass
a) lodówka
b) półka
c) szklanka
d) mikser

7) radio
a) dom
b) radio
c) szklanka
d) danie

8) roof
a) popielniczka
b) dach
c) przełącznik
d) wazon

9) vase
a) wazon
b) lustro
c) dach
d) stół

10) wallet
a) zmywarka
b) danie
c) portfel
d) sufit

11) wall
a) zmywarka
b) zegar
c) woda
d) ściana

12) dish
a) zasłonka od prysznica
b) filiżanka
c) mikser
d) danie

13) purse
a) dach
b) szafa
c) portmonetka
d) radio

14) ceiling
a) ściana
b) sufit
c) wazon
d) czajnik

15) alarm clock
a) latarka
b) krzesło
c) budzik
d) danie

16) pillow
a) torebka
b) wanna
c) poduszka
d) sufit

17) spoon
a) popielniczka
b) łóżko polowe
c) toalteta
d) łyżka

18) napkin
a) szuflada
b) serwetka
c) toalteta
d) kocioł

19) bath (tub)
a) koc
b) wanna
c) danie
d) krzesło

20) table
a) prysznic
b) stół
c) szklanka
d) półka

21) loo
a) mydło
b) biblioteczka
c) toalteta
d) budzik

22) tap
a) kurek
b) dach
c) lustro
d) serwetka

23) dishwasher
a) kredens
b) widelec
c) zmywarka
d) piekarnik

24) key
a) talerz
b) klucz
c) zamrażarka
d) toster

Polish - Word Quiz - #19 - Birds
Select the closest English word to match the Polish word.

1) jastrząb
   a) bird
   b) eagle
   c) hawk
   d) nightingale

2) ptak
   a) nightingale
   b) hen
   c) swan
   d) bird

3) kogut
   a) parrot
   b) eagle
   c) rooster
   d) duck

4) gołąb
   a) dove
   b) rooster
   c) nightingale
   d) vulture

5) mewa
   a) seagull
   b) turkey
   c) owl
   d) dove

6) sęp
   a) vulture
   b) ostrich
   c) seagull
   d) heron

7) flaming
   a) stork
   b) vulture
   c) flamingo
   d) parrot

8) bażant
   a) flamingo
   b) pheasant
   c) swan
   d) dove

9) bocian
   a) parrot
   b) flamingo
   c) stork
   d) bird

10) wróbel
   a) heron
   b) ostrich
   c) turkey
   d) sparrow

11) papuga
   a) parrot
   b) sparrow
   c) stork
   d) turkey

12) kura
   a) heron
   b) crow
   c) ostrich
   d) hen

13) orzeł
   a) sparrow
   b) seagull
   c) eagle
   d) dove

14) pelikan
   a) duck
   b) pelican
   c) rooster
   d) owl

15) sowa
   a) owl
   b) duck
   c) heron
   d) sparrow

16) struś
   a) goose
   b) ostrich
   c) flamingo
   d) eagle

17) gęś
   a) goose
   b) hen
   c) stork
   d) swan

18) słowik
   a) crow
   b) nightingale
   c) heron
   d) turkey

19) kaczka
   a) duck
   b) flamingo
   c) crow
   d) pelican

20) indyk
   a) ostrich
   b) stork
   c) turkey
   d) heron

21) wrona
   a) turkey
   b) swan
   c) hawk
   d) crow

22) łabędź
   a) pelican
   b) parrot
   c) owl
   d) swan

23) czapla
   a) parrot
   b) duck
   c) pelican
   d) heron

24) łabędź
   a) swan
   b) parrot
   c) seagull
   d) dove

Polish - Word Quiz - #20 - Birds
Select the closest English word to match the Polish word.

1) łabędź
a) nightingale
b) swan
c) flamingo
d) sparrow

2) sęp
a) vulture
b) sparrow
c) turkey
d) hawk

3) sowa
a) hawk
b) pheasant
c) turkey
d) owl

4) czapla
a) heron
b) turkey
c) vulture
d) sparrow

5) wrona
a) seagull
b) parrot
c) sparrow
d) crow

6) bocian
a) ostrich
b) stork
c) bird
d) owl

7) pelikan
a) bird
b) pelican
c) nightingale
d) sparrow

8) papuga
a) parrot
b) sparrow
c) vulture
d) owl

9) bażant
a) nightingale
b) crow
c) pheasant
d) ostrich

10) ptak
a) crow
b) heron
c) turkey
d) bird

11) kogut
a) sparrow
b) bird
c) goose
d) rooster

12) struś
a) hen
b) ostrich
c) vulture
d) hawk

13) orzeł
a) eagle
b) hawk
c) ostrich
d) pelican

14) flaming
a) bird
b) flamingo
c) heron
d) hawk

15) słowik
a) eagle
b) duck
c) nightingale
d) ostrich

16) gęś
a) hawk
b) bird
c) flamingo
d) goose

17) mewa
a) seagull
b) duck
c) goose
d) pheasant

18) gołąb
a) pelican
b) owl
c) dove
d) turkey

19) jastrząb
a) seagull
b) hawk
c) crow
d) parrot

20) kaczka
a) bird
b) duck
c) pheasant
d) eagle

21) kura
a) hawk
b) hen
c) seagull
d) bird

22) wróbel
a) duck
b) flamingo
c) sparrow
d) parrot

23) indyk
a) nightingale
b) heron
c) swan
d) turkey

24) papuga
a) turkey
b) dove
c) parrot
d) ostrich

Polish - Word Quiz - #21 - Birds
Select the closest English word to match the Polish word.

1) orzeł
a) pelican
b) eagle
c) hawk
d) dove

2) indyk
a) dove
b) stork
c) duck
d) turkey

3) gołąb
a) duck
b) dove
c) hen
d) vulture

4) papuga
a) crow
b) parrot
c) turkey
d) eagle

5) struś
a) dove
b) hen
c) pelican
d) ostrich

6) bażant
a) crow
b) stork
c) pheasant
d) flamingo

7) wróbel
a) sparrow
b) hen
c) bird
d) seagull

8) wrona
a) crow
b) bird
c) dove
d) turkey

9) mewa
a) stork
b) heron
c) bird
d) seagull

10) łabędź
a) nightingale
b) pheasant
c) swan
d) seagull

11) sowa
a) owl
b) turkey
c) ostrich
d) seagull

12) gęś
a) goose
b) hen
c) owl
d) flamingo

13) jastrząb
a) vulture
b) hawk
c) duck
d) heron

14) kura
a) dove
b) crow
c) heron
d) hen

15) pelikan
a) duck
b) pelican
c) crow
d) hawk

16) flaming
a) eagle
b) dove
c) pheasant
d) flamingo

17) sęp
a) heron
b) vulture
c) duck
d) turkey

18) kaczka
a) pelican
b) stork
c) goose
d) duck

19) bocian
a) stork
b) flamingo
c) dove
d) pelican

20) ptak
a) sparrow
b) pelican
c) bird
d) hen

21) czapla
a) seagull
b) flamingo
c) heron
d) turkey

22) słowik
a) nightingale
b) pelican
c) swan
d) flamingo

23) kogut
a) goose
b) sparrow
c) swan
d) rooster

24) sowa
a) nightingale
b) crow
c) owl
d) vulture

Polish - Word Quiz - #22 - Birds
Select the closest Polish word to match the English word.

1) parrot
a) papuga
b) pelikan
c) bocian
d) słowik

2) crow
a) wrona
b) jastrząb
c) gołąb
d) kaczka

3) sparrow
a) papuga
b) kogut
c) wróbel
d) pelikan

4) owl
a) wróbel
b) sowa
c) jastrząb
d) słowik

5) pheasant
a) flaming
b) bażant
c) pelikan
d) ptak

6) nightingale
a) słowik
b) mewa
c) flaming
d) papuga

7) ostrich
a) struś
b) wróbel
c) mewa
d) słowik

8) rooster
a) gęś
b) bocian
c) kogut
d) papuga

9) seagull
a) pelikan
b) łabędź
c) mewa
d) kura

10) stork
a) bocian
b) sowa
c) gęś
d) gołąb

11) goose
a) ptak
b) sowa
c) gęś
d) kogut

12) vulture
a) sęp
b) jastrząb
c) kogut
d) orzeł

13) heron
a) czapla
b) słowik
c) sęp
d) bocian

14) eagle
a) papuga
b) orzeł
c) słowik
d) kaczka

15) hen
a) orzeł
b) ptak
c) jastrząb
d) kura

16) duck
a) pelikan
b) gęś
c) kura
d) kaczka

17) dove
a) kaczka
b) wróbel
c) gołąb
d) wrona

18) hawk
a) łabędź
b) wróbel
c) jastrząb
d) bocian

19) flamingo
a) ptak
b) bocian
c) flaming
d) indyk

20) bird
a) łabędź
b) gołąb
c) wróbel
d) ptak

21) swan
a) struś
b) łabędź
c) jastrząb
d) czapla

22) pelican
a) kura
b) pelikan
c) kaczka
d) łabędź

23) turkey
a) indyk
b) sowa
c) sęp
d) struś

24) flamingo
a) gęś
b) sowa
c) flaming
d) gołąb

Polish - Word Quiz - #23 - Birds
Select the closest Polish word to match the English word.

1) swan
a) sowa
b) gęś
c) łabędź
d) gołąb

2) vulture
a) kura
b) gęś
c) sęp
d) orzeł

3) eagle
a) słowik
b) gołąb
c) kura
d) orzeł

4) pheasant
a) indyk
b) bażant
c) ptak
d) kaczka

5) hawk
a) struś
b) wrona
c) jastrząb
d) gęś

6) turkey
a) wróbel
b) bażant
c) indyk
d) słowik

7) nightingale
a) słowik
b) czapla
c) flaming
d) wrona

8) crow
a) bocian
b) indyk
c) wrona
d) mewa

9) owl
a) ptak
b) sowa
c) bocian
d) słowik

10) heron
a) papuga
b) bażant
c) słowik
d) czapla

11) ostrich
a) słowik
b) kaczka
c) struś
d) ptak

12) dove
a) sowa
b) bażant
c) struś
d) gołąb

13) seagull
a) sowa
b) czapla
c) flaming
d) mewa

14) stork
a) bocian
b) sowa
c) gołąb
d) jastrząb

15) parrot
a) papuga
b) bażant
c) pelikan
d) łabędź

16) rooster
a) łabędź
b) kogut
c) wrona
d) gęś

17) bird
a) wrona
b) struś
c) czapla
d) ptak

18) pelican
a) czapla
b) pelikan
c) flaming
d) bażant

19) goose
a) jastrząb
b) struś
c) gęś
d) mewa

20) flamingo
a) flaming
b) wróbel
c) mewa
d) wrona

21) sparrow
a) kura
b) indyk
c) struś
d) wróbel

22) hen
a) kura
b) orzeł
c) czapla
d) ptak

23) duck
a) słowik
b) kaczka
c) ptak
d) gołąb

24) duck
a) sęp
b) bocian
c) kogut
d) kaczka

Polish - Word Quiz - #24 - Birds
Select the closest Polish word to match the English word.

1) heron
a) kura
b) mewa
c) bocian
d) czapla

2) bird
a) jastrząb
b) słowik
c) gołąb
d) ptak

3) hawk
a) jastrząb
b) kura
c) papuga
d) indyk

4) rooster
a) sowa
b) gołąb
c) sęp
d) kogut

5) pheasant
a) kaczka
b) bażant
c) wrona
d) pelikan

6) duck
a) sowa
b) flaming
c) kaczka
d) bażant

7) owl
a) gołąb
b) sowa
c) bażant
d) łabędź

8) vulture
a) papuga
b) sęp
c) gołąb
d) gęś

9) hen
a) sowa
b) bażant
c) kura
d) czapla

10) parrot
a) łabędź
b) papuga
c) czapla
d) gęś

11) pelican
a) kogut
b) wróbel
c) pelikan
d) jastrząb

12) stork
a) bocian
b) sęp
c) papuga
d) sowa

13) ostrich
a) struś
b) kura
c) sowa
d) słowik

14) eagle
a) słowik
b) orzeł
c) indyk
d) kogut

15) goose
a) orzeł
b) kura
c) struś
d) gęś

16) crow
a) kaczka
b) sowa
c) wrona
d) gołąb

17) dove
a) wrona
b) struś
c) gołąb
d) czapla

18) sparrow
a) wróbel
b) papuga
c) struś
d) bażant

19) seagull
a) kaczka
b) wrona
c) kogut
d) mewa

20) swan
a) łabędź
b) czapla
c) gołąb
d) kogut

21) nightingale
a) papuga
b) słowik
c) sowa
d) kura

22) flamingo
a) orzeł
b) indyk
c) flaming
d) czapla

23) turkey
a) indyk
b) papuga
c) wróbel
d) struś

24) ostrich
a) gołąb
b) struś
c) indyk
d) bażant

Polish - Word Quiz - #25 - Clothing
Select the closest English word to match the Polish word.

1) szalik
a) sweatshirt
b) skirt
c) jumper
d) scarf

2) sandały
a) jeans
b) stockings
c) sandals
d) scarf

3) dżinsy
a) jeans
b) bra
c) scarf
d) jumpsuit

4) sweter
a) handkerchief
b) briefs
c) running shoes
d) jumper

5) pończochy
a) mackintosh
b) clothes
c) running shoes
d) stockings

6) rajstopy
a) braces/suspenders
b) pyjamas
c) sandals
d) tights

7) rękawice
a) bra
b) gloves
c) size
d) blouse

8) parasol
a) hiking boots
b) necktie
c) glove
d) umbrella

9) piżama
a) stockings
b) coat
c) scarf
d) pyjamas

10) T-shirt
a) zip
b) dressing gown
c) T-shirt
d) bathing suit

11) rękawiczka
a) suit
b) cardigan
c) glove
d) scarf

12) buty trekkingowe
a) dress
b) glove
c) bathing suit
d) hiking boots

13) zamek błyskawiczny
a) sandals
b) zip
c) scarf
d) tights

14) pasek
a) belt
b) hat
c) necktie
d) slippers

15) bluza
a) T-shirt
b) coat
c) socks
d) sweatshirt

16) kardigan
a) dress
b) sandals
c) bra
d) cardigan

17) płaszcz przeciwdeszczowy
a) trousers
b) mackintosh
c) stockings
d) overalls

18) spodnie
a) trousers
b) bow tie
c) jumper
d) pyjamas

19) czapka
a) skirt
b) cap
c) overalls
d) trousers

20) majtki
a) cardigan
b) socks
c) pyjamas
d) briefs

21) kamizelka
a) waistcoat
b) scarf
c) necktie
d) overalls

22) płaszcz
a) coat
b) anorak
c) skirt
d) gloves

23) spódnica
a) skirt
b) anorak
c) bikini
d) waistcoat

24) tenisówki
a) running shoes
b) bra
c) gloves
d) socks

Polish - Word Quiz - #26 - Clothing
Select the closest English word to match the Polish word.

1) spódnica
a) skirt
b) trousers
c) sandals
d) bow tie

2) rękawice
a) suit
b) socks
c) gloves
d) anorak

3) parasol
a) braces/suspenders
b) cardigan
c) hat
d) umbrella

4) płaszcz
a) pyjamas
b) slippers
c) coat
d) bow tie

5) szlafrok
a) dressing gown
b) pyjamas
c) jeans
d) overalls

6) pasek
a) braces/suspenders
b) belt
c) sandals
d) hiking boots

7) zamek błyskawiczny
a) zip
b) overalls
c) stockings
d) suit

8) ubranie
a) clothes
b) sweatshirt
c) necktie
d) jeans

9) kurtka
a) sandals
b) pyjamas
c) anorak
d) handkerchief

10) muszka
a) necktie
b) jeans
c) bow tie
d) jumper

11) buty trekkingowe
a) bikini
b) hiking boots
c) T-shirt
d) sandals

12) szalik
a) sweatshirt
b) handkerchief
c) scarf
d) mackintosh

13) czapka
a) cap
b) anorak
c) skirt
d) bra

14) bluza
a) sweatshirt
b) slippers
c) stockings
d) cap

15) sandały
a) size
b) trousers
c) sandals
d) cardigan

16) kapelusz
a) hat
b) mackintosh
c) dressing gown
d) dress

17) bluzka
a) cardigan
b) shirt
c) blouse
d) waistcoat

18) garnitur
a) T-shirt
b) mackintosh
c) suit
d) glove

19) szelki
a) braces/suspenders
b) jumper
c) scarf
d) slippers

20) spodnie
a) bow tie
b) tights
c) trousers
d) bathing suit

21) tenisówki
a) overalls
b) running shoes
c) handkerchief
d) necktie

22) płaszcz przeciwdeszczowy
a) stockings
b) T-shirt
c) mackintosh
d) braces/suspenders

23) kamizelka
a) belt
b) hiking boots
c) cardigan
d) waistcoat

24) kardigan
a) cap
b) umbrella
c) cardigan
d) zip

Polish - Word Quiz - #27 - Clothing
Select the closest English word to match the Polish word.

1) ogrodniczki
a) blouse
b) shirt
c) overalls
d) stockings

2) buty trekkingowe
a) hiking boots
b) sandals
c) suit
d) overalls

3) krawat
a) suit
b) gloves
c) necktie
d) bra

4) kombinezon
a) jumpsuit
b) waistcoat
c) bra
d) blouse

5) sukienka
a) handkerchief
b) bikini
c) dress
d) bow tie

6) spodnie
a) trousers
b) blouse
c) jeans
d) overalls

7) strój kąpielowy
a) cap
b) scarf
c) size
d) bathing suit

8) bluzka
a) blouse
b) glove
c) scarf
d) skirt

9) kamizelka
a) waistcoat
b) corset
c) sweatshirt
d) anorak

10) sandały
a) corset
b) dressing gown
c) sandals
d) belt

11) kapcie
a) glove
b) trousers
c) slippers
d) dressing gown

12) sweter
a) jumper
b) suit
c) shirt
d) jeans

13) płaszcz
a) T-shirt
b) bra
c) coat
d) running shoes

14) skarpetki
a) socks
b) cardigan
c) T-shirt
d) pyjamas

15) pasek
a) belt
b) dressing gown
c) size
d) T-shirt

16) pończochy
a) mackintosh
b) running shoes
c) stockings
d) scarf

17) ubranie
a) skirt
b) jumpsuit
c) clothes
d) size

18) kapelusz
a) gloves
b) scarf
c) mackintosh
d) hat

19) bluza
a) corset
b) cardigan
c) sweatshirt
d) mackintosh

20) T-shirt
a) T-shirt
b) bra
c) size
d) sandals

21) spódnica
a) size
b) socks
c) skirt
d) umbrella

22) tenisówki
a) bra
b) blouse
c) running shoes
d) skirt

23) rozmiar
a) bow tie
b) necktie
c) anorak
d) size

24) rękawice
a) bathing suit
b) umbrella
c) sweatshirt
d) gloves

Polish - Word Quiz - #28 - Clothing
Select the closest Polish word to match the English word.

1) gloves
a) rękawice
b) ogrodniczki
c) rozmiar
d) bikini

2) dressing gown
a) kamizelka
b) szlafrok
c) kombinezon
d) T-shirt

3) bra
a) biustonosz
b) kombinezon
c) pasek
d) kamizelka

4) sweatshirt
a) szelki
b) rękawice
c) bluza
d) płaszcz przeciwdeszczowy

5) mackintosh
a) piżama
b) kapelusz
c) płaszcz przeciwdeszczowy
d) spodnie

6) jeans
a) dżinsy
b) strój kąpielowy
c) kapelusz
d) krawat

7) waistcoat
a) rajstopy
b) krawat
c) bikini
d) kamizelka

8) dress
a) szalik
b) chusteczka
c) biustonosz
d) sukienka

9) clothes
a) szelki
b) koszula
c) ubranie
d) bikini

10) bow tie
a) dżinsy
b) płaszcz przeciwdeszczowy
c) czapka
d) muszka

11) cap
a) czapka
b) pończochy
c) bluza
d) parasol

12) suit
a) buty trekkingowe
b) tenisówki
c) garnitur
d) płaszcz

13) running shoes
a) sandały
b) bikini
c) tenisówki
d) biustonosz

14) jumper
a) sweter
b) majtki
c) rajstopy
d) kapelusz

15) belt
a) pasek
b) bluzka
c) kombinezon
d) koszula

16) blouse
a) bluzka
b) krawat
c) czapka
d) tenisówki

17) hat
a) kapelusz
b) parasol
c) rękawiczka
d) ogrodniczki

18) overalls
a) parasol
b) szlafrok
c) ogrodniczki
d) kurtka

19) jumpsuit
a) sukienka
b) kombinezon
c) sweter
d) kardigan

20) socks
a) rajstopy
b) rozmiar
c) skarpetki
d) sandały

21) corset
a) sweter
b) gorset
c) parasol
d) czapka

22) stockings
a) rajstopy
b) spodnie
c) sukienka
d) pończochy

23) hiking boots
a) pończochy
b) sweter
c) buty trekkingowe
d) tenisówki

24) sandals
a) spodnie
b) parasol
c) pończochy
d) sandały

Polish - Word Quiz - #29 - Clothing
Select the closest Polish word to match the English word.

1) cardigan
a) kardigan
b) kurtka
c) płaszcz przeciwdeszczowy
d) skarpetki

2) T-shirt
a) T-shirt
b) rajstopy
c) strój kąpielowy
d) szelki

3) dressing gown
a) szlafrok
b) dżinsy
c) skarpetki
d) bluza

4) cap
a) chusteczka
b) czapka
c) gorset
d) szalik

5) shirt
a) koszula
b) ogrodniczki
c) bluza
d) szalik

6) pyjamas
a) piżama
b) rozmiar
c) płaszcz
d) rajstopy

7) glove
a) majtki
b) rękawiczka
c) tenisówki
d) zamek błyskawiczny

8) mackintosh
a) płaszcz przeciwdeszczowy
b) majtki
c) sandały
d) kapelusz

9) suit
a) garnitur
b) kurtka
c) bluza
d) skarpetki

10) running shoes
a) strój kąpielowy
b) tenisówki
c) biustonosz
d) sandały

11) necktie
a) kombinezon
b) czapka
c) bluzka
d) krawat

12) hiking boots
a) kapcie
b) buty trekkingowe
c) kombinezon
d) rajstopy

13) bra
a) bikini
b) kombinezon
c) spodnie
d) biustonosz

14) size
a) rajstopy
b) rozmiar
c) rękawiczka
d) buty trekkingowe

15) jumpsuit
a) kombinezon
b) czapka
c) biustonosz
d) rajstopy

16) slippers
a) rękawiczka
b) czapka
c) pasek
d) kapcie

17) bikini
a) rozmiar
b) bikini
c) krawat
d) kapelusz

18) gloves
a) rajstopy
b) T-shirt
c) czapka
d) rękawice

19) clothes
a) ubranie
b) szalik
c) T-shirt
d) zamek błyskawiczny

20) bow tie
a) czapka
b) muszka
c) rękawiczka
d) rajstopy

21) hat
a) kapelusz
b) biustonosz
c) piżama
d) sukienka

22) corset
a) gorset
b) czapka
c) ogrodniczki
d) bluza

23) scarf
a) rękawice
b) muszka
c) garnitur
d) szalik

24) umbrella
a) parasol
b) sweter
c) strój kąpielowy
d) kamizelka

Polish - Word Quiz - #30 - Clothing
Select the closest Polish word to match the English word.

1) glove
a) ogrodniczki
b) sandały
c) rękawiczka
d) czapka

2) trousers
a) strój kąpielowy
b) bluzka
c) spodnie
d) kombinezon

3) necktie
a) sweter
b) krawat
c) ubranie
d) biustonosz

4) jeans
a) sweter
b) zamek błyskawiczny
c) koszula
d) dżinsy

5) stockings
a) gorset
b) bluzka
c) pończochy
d) spódnica

6) skirt
a) spódnica
b) kurtka
c) bikini
d) ubranie

7) waistcoat
a) kardigan
b) szelki
c) buty trekkingowe
d) kamizelka

8) belt
a) bikini
b) spodnie
c) pasek
d) płaszcz

9) suit
a) skarpetki
b) kurtka
c) garnitur
d) płaszcz przeciwdeszczowy

10) blouse
a) muszka
b) kurtka
c) dżinsy
d) bluzka

11) hiking boots
a) piżama
b) buty trekkingowe
c) pasek
d) rajstopy

12) T-shirt
a) sandały
b) bluzka
c) T-shirt
d) piżama

13) scarf
a) ogrodniczki
b) szalik
c) pończochy
d) gorset

14) cap
a) T-shirt
b) bikini
c) biustonosz
d) czapka

15) bow tie
a) muszka
b) sweter
c) pasek
d) kardigan

16) braces/suspenders
a) bikini
b) szelki
c) rozmiar
d) biustonosz

17) umbrella
a) buty trekkingowe
b) parasol
c) szalik
d) garnitur

18) corset
a) gorset
b) bluza
c) tenisówki
d) szalik

19) dressing gown
a) strój kąpielowy
b) rękawiczka
c) kamizelka
d) szlafrok

20) anorak
a) kapelusz
b) krawat
c) kurtka
d) spódnica

21) mackintosh
a) strój kąpielowy
b) płaszcz przeciwdeszczowy
c) sukienka
d) muszka

22) dress
a) sukienka
b) kapelusz
c) rajstopy
d) bikini

23) cardigan
a) rękawice
b) kardigan
c) piżama
d) rozmiar

24) clothes
a) kardigan
b) ubranie
c) rajstopy
d) chusteczka

Polish - Word Quiz - #31 - Family
Select the closest English word to match the Polish word.

1) kuzyn
a) cousin
b) stepmother
c) grandchild
d) father

2) matka
a) grandfather
b) stepson
c) mother
d) stepmother

3) rodzina
a) mum
b) brother
c) family
d) bride

4) żona
a) family
b) grandfather
c) wife
d) uncle

5) wuj
a) son
b) stepfather
c) uncle
d) parents

6) siostra
a) sister
b) daughter
c) wife
d) mum

7) macocha
a) bride
b) stepmother
c) parents
d) niece

8) wnuk
a) aunt
b) grandchild
c) relatives
d) brother

9) siostrzenica
a) relatives
b) niece
c) cousin
d) parent

10) tata
a) niece
b) mum
c) dad
d) mother

11) przyrodni brat
a) stepbrother
b) stepson
c) parent
d) father

12) syn
a) daughter
b) son
c) husband
d) dad

13) panna młoda
a) father
b) mother
c) family
d) bride

14) pasierbica
a) son
b) aunt
c) brother
d) stepdaughter

15) babcia
a) niece
b) grandfather
c) grandmother
d) mother

16) krewni
a) relatives
b) grandchild
c) stepbrother
d) cousin

17) dziadek
a) husband
b) grandfather
c) uncle
d) parent

18) ciocia
a) husband
b) aunt
c) mother
d) relative

19) krewny
a) sister
b) grandfather
c) relative
d) grandchild

20) ojczym
a) stepmother
b) son
c) stepfather
d) sister

21) przyrodnia siostra
a) sister
b) daughter
c) stepdaughter
d) stepsister

22) mąż
a) husband
b) grandmother
c) family
d) mum

23) siostrzeniec
a) brother
b) grandmother
c) nephew
d) parent

24) mama
a) stepmother
b) mum
c) stepson
d) bride

Polish - Word Quiz - #32 - Family
Select the closest English word to match the Polish word.

1) tata
a) dad
b) husband
c) sister
d) daughter

2) wnuk
a) niece
b) mum
c) parents
d) grandchild

3) siostrzenica
a) family
b) parent
c) uncle
d) niece

4) córka
a) stepsister
b) stepfather
c) son
d) daughter

5) siostra
a) nephew
b) sister
c) aunt
d) relatives

6) pasierbica
a) uncle
b) stepdaughter
c) relatives
d) mother

7) rodzic
a) parent
b) daughter
c) husband
d) son

8) panna młoda
a) stepson
b) son
c) bride
d) sister

9) ciocia
a) relatives
b) aunt
c) stepsister
d) stepson

10) rodzina
a) parent
b) stepfather
c) family
d) aunt

11) żona
a) parent
b) grandmother
c) family
d) wife

12) matka
a) mother
b) son
c) bride
d) family

13) ojczym
a) grandfather
b) cousin
c) stepmother
d) stepfather

14) macocha
a) stepfather
b) relative
c) stepmother
d) aunt

15) rodzice
a) relatives
b) stepdaughter
c) relative
d) parents

16) przyrodnia siostra
a) wife
b) daughter
c) stepsister
d) stepbrother

17) krewni
a) relatives
b) father
c) grandmother
d) husband

18) wuj
a) uncle
b) mother
c) husband
d) mum

19) ojciec
a) father
b) stepfather
c) husband
d) dad

20) siostrzeniec
a) nephew
b) parents
c) mum
d) dad

21) syn
a) son
b) cousin
c) husband
d) stepson

22) krewny
a) grandfather
b) relative
c) stepson
d) cousin

23) mąż
a) sister
b) wife
c) parent
d) husband

24) przyrodni brat
a) son
b) stepbrother
c) relative
d) family

Polish - Word Quiz - #33 - Family
Select the closest English word to match the Polish word.

1) brat
- a) uncle
- b) brother
- c) wife
- d) husband

2) pasierbica
- a) stepfather
- b) relatives
- c) stepdaughter
- d) husband

3) rodzic
- a) stepdaughter
- b) mother
- c) stepson
- d) parent

4) macocha
- a) stepmother
- b) relatives
- c) wife
- d) bride

5) ciocia
- a) mum
- b) stepbrother
- c) nephew
- d) aunt

6) kuzyn
- a) cousin
- b) wife
- c) sister
- d) stepfather

7) żona
- a) grandchild
- b) wife
- c) niece
- d) mum

8) pasierb
- a) stepson
- b) cousin
- c) wife
- d) parents

9) wnuk
- a) grandchild
- b) daughter
- c) dad
- d) relatives

10) siostra
- a) brother
- b) sister
- c) husband
- d) nephew

11) krewny
- a) stepbrother
- b) son
- c) relative
- d) sister

12) ojciec
- a) aunt
- b) relative
- c) grandmother
- d) father

13) rodzice
- a) parents
- b) grandfather
- c) grandchild
- d) dad

14) mąż
- a) grandmother
- b) husband
- c) cousin
- d) parents

15) córka
- a) brother
- b) daughter
- c) stepfather
- d) family

16) wuj
- a) uncle
- b) stepfather
- c) aunt
- d) nephew

17) matka
- a) brother
- b) wife
- c) mother
- d) stepson

18) babcia
- a) grandchild
- b) niece
- c) grandmother
- d) wife

19) krewni
- a) relative
- b) brother
- c) relatives
- d) mother

20) panna młoda
- a) stepfather
- b) son
- c) stepmother
- d) bride

21) syn
- a) stepbrother
- b) stepmother
- c) son
- d) parent

22) dziadek
- a) bride
- b) grandfather
- c) stepfather
- d) stepmother

23) siostrzeniec
- a) aunt
- b) nephew
- c) parent
- d) daughter

24) mama
- a) stepson
- b) husband
- c) mum
- d) parent

Polish - Word Quiz - #34 - Family
Select the closest Polish word to match the English word.

1) wife
a) ojciec
b) krewni
c) siostra
d) żona

2) sister
a) siostra
b) przyrodni brat
c) babcia
d) panna młoda

3) stepfather
a) ojczym
b) córka
c) babcia
d) ojciec

4) brother
a) mąż
b) ojciec
c) brat
d) tata

5) relatives
a) krewni
b) wuj
c) rodzic
d) panna młoda

6) dad
a) rodzice
b) ciocia
c) panna młoda
d) tata

7) aunt
a) ciocia
b) syn
c) kuzyn
d) wuj

8) son
a) pasierb
b) siostrzenica
c) przyrodni brat
d) syn

9) stepbrother
a) siostra
b) przyrodni brat
c) rodzina
d) przyrodnia siostra

10) stepmother
a) macocha
b) babcia
c) kuzyn
d) ciocia

11) parents
a) pasierbica
b) wuj
c) babcia
d) rodzice

12) grandfather
a) przyrodni brat
b) dziadek
c) siostrzenica
d) mąż

13) mum
a) dziadek
b) mama
c) rodzic
d) córka

14) daughter
a) ciocia
b) krewni
c) babcia
d) córka

15) grandchild
a) przyrodnia siostra
b) przyrodni brat
c) żona
d) wnuk

16) mother
a) matka
b) krewny
c) pasierbica
d) ojczym

17) bride
a) dziadek
b) panna młoda
c) babcia
d) siostrzeniec

18) husband
a) mąż
b) siostrzenica
c) wuj
d) syn

19) family
a) syn
b) rodzina
c) rodzice
d) przyrodnia siostra

20) nephew
a) siostrzeniec
b) babcia
c) wnuk
d) pasierb

21) stepdaughter
a) mąż
b) siostra
c) rodzina
d) pasierbica

22) uncle
a) wuj
b) mąż
c) siostrzenica
d) brat

23) stepsister
a) syn
b) ojciec
c) ciocia
d) przyrodnia siostra

24) stepson
a) pasierb
b) krewny
c) pasierbica
d) siostrzenica

Polish - Word Quiz - #35 - Family
Select the closest Polish word to match the English word.

1) niece
a) brat
b) córka
c) ojciec
d) siostrzenica

2) grandmother
a) macocha
b) siostrzeniec
c) ojczym
d) babcia

3) cousin
a) kuzyn
b) ojczym
c) krewni
d) mąż

4) sister
a) siostra
b) ciocia
c) siostrzenica
d) pasierbica

5) daughter
a) pasierbica
b) siostrzenica
c) krewni
d) córka

6) father
a) ojciec
b) brat
c) syn
d) macocha

7) family
a) wnuk
b) rodzina
c) brat
d) mąż

8) brother
a) siostra
b) brat
c) ojciec
d) przyrodnia siostra

9) stepsister
a) ojciec
b) ojczym
c) siostrzeniec
d) przyrodnia siostra

10) stepfather
a) siostrzeniec
b) rodzic
c) córka
d) ojczym

11) grandfather
a) dziadek
b) tata
c) syn
d) siostrzenica

12) mother
a) matka
b) rodzic
c) syn
d) brat

13) relatives
a) siostrzeniec
b) pasierb
c) pasierbica
d) krewni

14) stepdaughter
a) siostrzeniec
b) pasierbica
c) ciocia
d) rodzic

15) mum
a) mama
b) ojciec
c) dziadek
d) rodzic

16) son
a) syn
b) rodzice
c) siostra
d) panna młoda

17) stepmother
a) mama
b) panna młoda
c) siostra
d) macocha

18) stepson
a) rodzina
b) pasierb
c) siostrzenica
d) pasierbica

19) stepbrother
a) rodzic
b) córka
c) przyrodni brat
d) pasierbica

20) wife
a) żona
b) mama
c) syn
d) siostrzeniec

21) dad
a) rodzina
b) pasierb
c) mama
d) tata

22) parents
a) panna młoda
b) pasierb
c) rodzice
d) krewni

23) relative
a) rodzina
b) przyrodni brat
c) wuj
d) krewny

24) uncle
a) wnuk
b) ciocia
c) pasierbica
d) wuj

Polish - Word Quiz - #36 - Family
Select the closest Polish word to match the English word.

1) mum
a) mama
b) ojczym
c) dziadek
d) kuzyn

2) brother
a) brat
b) syn
c) kuzyn
d) wnuk

3) wife
a) siostra
b) babcia
c) żona
d) ojczym

4) mother
a) krewni
b) matka
c) rodzic
d) rodzice

5) grandchild
a) macocha
b) przyrodnia siostra
c) pasierb
d) wnuk

6) daughter
a) mąż
b) wnuk
c) córka
d) pasierbica

7) stepbrother
a) babcia
b) przyrodni brat
c) panna młoda
d) wuj

8) stepfather
a) krewny
b) ojczym
c) przyrodnia siostra
d) syn

9) relatives
a) pasierb
b) rodzic
c) krewny
d) krewni

10) stepdaughter
a) mama
b) siostrzenica
c) pasierbica
d) kuzyn

11) husband
a) mąż
b) panna młoda
c) mama
d) brat

12) parents
a) rodzic
b) żona
c) córka
d) rodzice

13) family
a) ciocia
b) krewny
c) rodzina
d) pasierb

14) grandmother
a) pasierb
b) matka
c) przyrodni brat
d) babcia

15) aunt
a) brat
b) mama
c) córka
d) ciocia

16) stepmother
a) mąż
b) przyrodni brat
c) macocha
d) krewny

17) bride
a) krewny
b) panna młoda
c) brat
d) babcia

18) relative
a) siostrzenica
b) ojczym
c) krewny
d) krewni

19) stepsister
a) siostra
b) mąż
c) przyrodnia siostra
d) ojciec

20) niece
a) siostrzeniec
b) brat
c) kuzyn
d) siostrzenica

21) son
a) brat
b) syn
c) ciocia
d) ojciec

22) stepson
a) pasierb
b) siostra
c) mama
d) dziadek

23) nephew
a) przyrodni brat
b) babcia
c) mama
d) siostrzeniec

24) dad
a) pasierb
b) wuj
c) tata
d) córka

Polish - Word Quiz - #37 - Food
Select the closest English word to match the Polish word.

1) zupa jarzynowa
a) egg
b) olive oil
c) mustard
d) vegetable soup

2) herbatnik
a) cake
b) biscuit
c) mustard
d) salad

3) ser
a) bread
b) cake
c) cheese
d) biscuit

4) jogurt
a) food
b) cheese
c) yoghurt
d) salt

5) jajko
a) olive oil
b) egg
c) bun
d) salt

6) krakers
a) olive oil
b) food
c) butter
d) cracker

7) tabliczka czekolady
a) sugar
b) vinegar
c) chocolate bar
d) butter

8) lody
a) yoghurt
b) vinegar
c) ice-cream
d) biscuit

9) jedzenie
a) olive oil
b) bun
c) food
d) sugar

10) ciastko
a) chocolate bar
b) cake
c) bun
d) mustard

11) musztarda
a) vegetable soup
b) mustard
c) vinegar
d) salad

12) oliwa z oliwek
a) olive oil
b) food
c) salad
d) chocolate bar

13) mleko
a) milk
b) vegetable soup
c) cheese
d) vinegar

14) sałatka
a) ice-cream
b) sugar
c) salad
d) bread

15) bułka
a) sugar
b) bun
c) vinegar
d) food

16) ocet
a) bread
b) chocolate bar
c) vinegar
d) butter

17) chleb
a) bread
b) egg
c) biscuit
d) salad

18) masło
a) olive oil
b) butter
c) cheese
d) salad

19) cukier
a) vegetable soup
b) butter
c) bread
d) sugar

20) sól
a) mustard
b) egg
c) cracker
d) salt

21) krakers
a) bread
b) vegetable soup
c) milk
d) cracker

22) sałatka
a) mustard
b) salad
c) cake
d) salt

23) jedzenie
a) vinegar
b) sugar
c) chocolate bar
d) food

24) sól
a) butter
b) sugar
c) yoghurt
d) salt

Polish - Word Quiz - #38 - Food
Select the closest English word to match the Polish word.

1) lody
a) olive oil
b) salt
c) ice-cream
d) food

2) zupa jarzynowa
a) milk
b) vinegar
c) vegetable soup
d) cake

3) musztarda
a) mustard
b) salt
c) ice-cream
d) vinegar

4) jajko
a) butter
b) olive oil
c) egg
d) cake

5) sałatka
a) bread
b) salad
c) vegetable soup
d) ice-cream

6) oliwa z oliwek
a) yoghurt
b) chocolate bar
c) cake
d) olive oil

7) ciastko
a) cake
b) cheese
c) egg
d) butter

8) ocet
a) vinegar
b) salt
c) chocolate bar
d) yoghurt

9) herbatnik
a) sugar
b) bread
c) biscuit
d) vinegar

10) jedzenie
a) cake
b) food
c) egg
d) butter

11) ser
a) yoghurt
b) bread
c) cheese
d) salt

12) tabliczka czekolady
a) chocolate bar
b) mustard
c) yoghurt
d) bun

13) chleb
a) sugar
b) salt
c) bread
d) yoghurt

14) krakers
a) olive oil
b) cheese
c) cracker
d) mustard

15) bułka
a) sugar
b) bun
c) salt
d) butter

16) cukier
a) yoghurt
b) sugar
c) bread
d) ice-cream

17) masło
a) olive oil
b) butter
c) milk
d) chocolate bar

18) sól
a) salt
b) biscuit
c) egg
d) vegetable soup

19) jogurt
a) salad
b) egg
c) vinegar
d) yoghurt

20) mleko
a) biscuit
b) salad
c) milk
d) mustard

21) sałatka
a) food
b) salad
c) ice-cream
d) sugar

22) cukier
a) cake
b) biscuit
c) olive oil
d) sugar

23) musztarda
a) egg
b) mustard
c) cake
d) food

24) jedzenie
a) food
b) cake
c) egg
d) salt

Polish - Word Quiz - #39 - Food
Select the closest English word to match the Polish word.

1) ocet
a) vegetable soup
b) mustard
c) vinegar
d) yoghurt

2) jogurt
a) yoghurt
b) chocolate bar
c) food
d) ice-cream

3) krakers
a) chocolate bar
b) bread
c) cracker
d) salt

4) zupa jarzynowa
a) chocolate bar
b) bun
c) vegetable soup
d) cake

5) jedzenie
a) salad
b) cracker
c) bread
d) food

6) bułka
a) bread
b) cake
c) chocolate bar
d) bun

7) musztarda
a) milk
b) cheese
c) mustard
d) egg

8) sałatka
a) butter
b) salad
c) ice-cream
d) milk

9) oliwa z oliwek
a) vinegar
b) olive oil
c) bread
d) ice-cream

10) masło
a) bread
b) butter
c) ice-cream
d) sugar

11) cukier
a) sugar
b) vinegar
c) biscuit
d) butter

12) ser
a) food
b) chocolate bar
c) cheese
d) cracker

13) herbatnik
a) salt
b) cracker
c) biscuit
d) cake

14) chleb
a) yoghurt
b) bread
c) salt
d) vegetable soup

15) ciastko
a) sugar
b) cake
c) salad
d) milk

16) lody
a) ice-cream
b) bun
c) milk
d) olive oil

17) mleko
a) sugar
b) biscuit
c) milk
d) bun

18) sól
a) salt
b) olive oil
c) ice-cream
d) cheese

19) jajko
a) olive oil
b) egg
c) butter
d) bread

20) tabliczka czekolady
a) cheese
b) milk
c) chocolate bar
d) salt

21) jedzenie
a) egg
b) milk
c) salad
d) food

22) ocet
a) cake
b) salt
c) vinegar
d) biscuit

23) musztarda
a) cracker
b) mustard
c) cake
d) bread

24) jajko
a) chocolate bar
b) ice-cream
c) egg
d) salad

Polish - Word Quiz - #40 - Food
Select the closest Polish word to match the English word.

1) vinegar
a) mleko
b) bułka
c) ocet
d) jogurt

2) cake
a) chleb
b) ciastko
c) jogurt
d) mleko

3) milk
a) jogurt
b) masło
c) ciastko
d) mleko

4) cracker
a) musztarda
b) krakers
c) ser
d) chleb

5) cheese
a) chleb
b) ciastko
c) ser
d) herbatnik

6) bread
a) jajko
b) chleb
c) herbatnik
d) jogurt

7) olive oil
a) lody
b) oliwa z oliwek
c) musztarda
d) jedzenie

8) sugar
a) sól
b) herbatnik
c) jajko
d) cukier

9) bun
a) bułka
b) sałatka
c) zupa jarzynowa
d) jajko

10) biscuit
a) krakers
b) masło
c) herbatnik
d) ocet

11) salad
a) tabliczka czekolady
b) jogurt
c) jedzenie
d) sałatka

12) mustard
a) musztarda
b) ser
c) jogurt
d) tabliczka czekolady

13) yoghurt
a) ciastko
b) lody
c) oliwa z oliwek
d) jogurt

14) chocolate bar
a) jajko
b) sól
c) tabliczka czekolady
d) jedzenie

15) ice-cream
a) lody
b) herbatnik
c) tabliczka czekolady
d) musztarda

16) food
a) jedzenie
b) zupa jarzynowa
c) ocet
d) cukier

17) butter
a) masło
b) zupa jarzynowa
c) jajko
d) herbatnik

18) egg
a) jedzenie
b) jajko
c) mleko
d) chleb

19) vegetable soup
a) zupa jarzynowa
b) sałatka
c) bułka
d) tabliczka czekolady

20) salt
a) cukier
b) ocet
c) sól
d) jajko

21) butter
a) sól
b) ciastko
c) sałatka
d) masło

22) egg
a) ocet
b) jajko
c) bułka
d) ciastko

23) vegetable soup
a) zupa jarzynowa
b) ciastko
c) musztarda
d) bułka

24) milk
a) mleko
b) jedzenie
c) bułka
d) jogurt

Polish - Word Quiz - #41 - Food
Select the closest Polish word to match the English word.

1) salad
a) masło
b) mleko
c) sałatka
d) jogurt

2) sugar
a) cukier
b) tabliczka czekolady
c) zupa jarzynowa
d) sól

3) cheese
a) sól
b) ser
c) chleb
d) jajko

4) biscuit
a) jogurt
b) ocet
c) herbatnik
d) musztarda

5) bun
a) bułka
b) jedzenie
c) jogurt
d) sól

6) ice-cream
a) herbatnik
b) musztarda
c) lody
d) zupa jarzynowa

7) mustard
a) musztarda
b) bułka
c) ocet
d) ser

8) cracker
a) oliwa z oliwek
b) krakers
c) sól
d) herbatnik

9) milk
a) jajko
b) sałatka
c) mleko
d) musztarda

10) cake
a) ciastko
b) jogurt
c) musztarda
d) jajko

11) salt
a) herbatnik
b) ocet
c) sól
d) oliwa z oliwek

12) olive oil
a) mleko
b) jogurt
c) cukier
d) oliwa z oliwek

13) food
a) jedzenie
b) jajko
c) jogurt
d) sól

14) egg
a) jajko
b) herbatnik
c) sól
d) lody

15) yoghurt
a) jogurt
b) jajko
c) sól
d) ser

16) vegetable soup
a) lody
b) zupa jarzynowa
c) mleko
d) herbatnik

17) chocolate bar
a) sałatka
b) tabliczka czekolady
c) krakers
d) masło

18) bread
a) cukier
b) lody
c) chleb
d) bułka

19) vinegar
a) jajko
b) ocet
c) chleb
d) cukier

20) butter
a) krakers
b) musztarda
c) jajko
d) masło

21) vinegar
a) musztarda
b) jedzenie
c) zupa jarzynowa
d) ocet

22) sugar
a) mleko
b) cukier
c) jedzenie
d) sałatka

23) ice-cream
a) jajko
b) bułka
c) lody
d) tabliczka czekolady

24) food
a) oliwa z oliwek
b) jedzenie
c) sałatka
d) lody

Polish - Word Quiz - #42 - Food
Select the closest Polish word to match the English word.

1) mustard
a) ocet
b) sól
c) herbatnik
d) musztarda

2) milk
a) ser
b) jogurt
c) jedzenie
d) mleko

3) biscuit
a) masło
b) herbatnik
c) sól
d) mleko

4) vegetable soup
a) zupa jarzynowa
b) masło
c) sałatka
d) ser

5) yoghurt
a) zupa jarzynowa
b) herbatnik
c) jogurt
d) musztarda

6) cake
a) jogurt
b) chleb
c) lody
d) ciastko

7) cracker
a) jogurt
b) musztarda
c) krakers
d) tabliczka czekolady

8) olive oil
a) oliwa z oliwek
b) ciastko
c) jajko
d) ocet

9) vinegar
a) bułka
b) ocet
c) oliwa z oliwek
d) sałatka

10) bun
a) zupa jarzynowa
b) krakers
c) oliwa z oliwek
d) bułka

11) cheese
a) ser
b) sól
c) jedzenie
d) musztarda

12) salad
a) bułka
b) sól
c) zupa jarzynowa
d) sałatka

13) food
a) krakers
b) ser
c) ciastko
d) jedzenie

14) chocolate bar
a) jajko
b) ser
c) tabliczka czekolady
d) herbatnik

15) egg
a) herbatnik
b) jajko
c) lody
d) ocet

16) sugar
a) zupa jarzynowa
b) cukier
c) jogurt
d) ser

17) bread
a) chleb
b) jogurt
c) jajko
d) lody

18) butter
a) masło
b) bułka
c) lody
d) jogurt

19) ice-cream
a) jajko
b) masło
c) bułka
d) lody

20) salt
a) tabliczka czekolady
b) cukier
c) sałatka
d) sól

21) ice-cream
a) lody
b) oliwa z oliwek
c) ocet
d) sól

22) mustard
a) sól
b) musztarda
c) jedzenie
d) herbatnik

23) olive oil
a) oliwa z oliwek
b) mleko
c) ser
d) sól

24) vinegar
a) jogurt
b) ocet
c) herbatnik
d) masło

Polish - Word Quiz - #43 - Fruit
Select the closest English word to match the Polish word.

1) arbuz
 a) watermelon
 b) lemon
 c) apricot
 d) coconut

2) pomarańcza
 a) orange
 b) prune
 c) raspberry
 d) fig

3) banan
 a) date
 b) blackberry
 c) banana
 d) pineapple

4) jagoda
 a) fig
 b) blueberry
 c) fruit
 d) lime

5) rodzynek
 a) orange
 b) raisin
 c) almond
 d) raspberry

6) grejpfrut
 a) apricot
 b) fruit
 c) grapefruit
 d) date

7) mandarynka
 a) tangerine
 b) pear
 c) strawberry
 d) grapefruit

8) figa
 a) coconut
 b) lime
 c) grapefruit
 d) fig

9) jeżyna
 a) hazelnut
 b) banana
 c) blackberry
 d) apple

10) rabarbar
 a) cherry
 b) watermelon
 c) peach
 d) rhubarb

11) orzech laskowy
 a) hazelnut
 b) strawberry
 c) peanut
 d) grape

12) truskawka
 a) plum
 b) strawberry
 c) apricot
 d) lime

13) daktyl
 a) date
 b) walnut
 c) grapefruit
 d) lime

14) morela
 a) orange
 b) grapefruit
 c) peanut
 d) apricot

15) gruszka
 a) apricot
 b) pear
 c) hazelnut
 d) walnut

16) kokos
 a) coconut
 b) date
 c) plum
 d) melon

17) malina
 a) apricot
 b) melon
 c) date
 d) raspberry

18) brzoskwinia
 a) fig
 b) raisin
 c) apricot
 d) peach

19) kasztan
 a) banana
 b) apple
 c) lemon
 d) chestnut

20) wiśnia
 a) tangerine
 b) fruit
 c) coconut
 d) cherry

21) winogrono
 a) blackberry
 b) date
 c) rhubarb
 d) grape

22) owoc
 a) fruit
 b) grapefruit
 c) grape
 d) chestnut

23) melon
 a) grapefruit
 b) walnut
 c) melon
 d) rhubarb

24) suszona śliwka
 a) peach
 b) walnut
 c) raspberry
 d) prune

Polish - Word Quiz - #44 - Fruit
Select the closest English word to match the Polish word.

1) ananas
a) pineapple
b) chestnut
c) rhubarb
d) walnut

2) arbuz
a) lime
b) watermelon
c) apricot
d) peanut

3) kokos
a) coconut
b) strawberry
c) raspberry
d) fruit

4) malina
a) melon
b) apple
c) raspberry
d) orange

5) cytryna
a) lime
b) lemon
c) melon
d) prune

6) banan
a) grape
b) grapefruit
c) apricot
d) banana

7) gruszka
a) pear
b) fruit
c) tangerine
d) chestnut

8) limonka
a) pear
b) lime
c) orange
d) fig

9) pomarańcza
a) tangerine
b) blueberry
c) orange
d) pineapple

10) orzech ziemny
a) grapefruit
b) peanut
c) chestnut
d) banana

11) melon
a) apple
b) lemon
c) grape
d) melon

12) rabarbar
a) rhubarb
b) chestnut
c) fruit
d) strawberry

13) grejpfrut
a) melon
b) tangerine
c) apple
d) grapefruit

14) mandarynka
a) apricot
b) grape
c) raisin
d) tangerine

15) truskawka
a) strawberry
b) lemon
c) grape
d) lime

16) daktyl
a) raisin
b) melon
c) watermelon
d) date

17) orzech włoski
a) walnut
b) fruit
c) hazelnut
d) almond

18) jagoda
a) banana
b) peach
c) lime
d) blueberry

19) migdał
a) fruit
b) almond
c) rhubarb
d) banana

20) śliwka
a) grapefruit
b) plum
c) melon
d) apple

21) owoc
a) apple
b) pineapple
c) fruit
d) orange

22) orzech laskowy
a) cherry
b) hazelnut
c) peanut
d) chestnut

23) jeżyna
a) melon
b) blueberry
c) blackberry
d) raisin

24) figa
a) grape
b) banana
c) fig
d) lemon

211

Polish - Word Quiz - #45 - Fruit
Select the closest English word to match the Polish word.

1) winogrono
a) raspberry
b) blackberry
c) strawberry
d) grape

2) jabłko
a) date
b) walnut
c) apple
d) hazelnut

3) arbuz
a) date
b) watermelon
c) raisin
d) plum

4) pomarańcza
a) almond
b) orange
c) blueberry
d) raspberry

5) jeżyna
a) blueberry
b) strawberry
c) peanut
d) blackberry

6) śliwka
a) fruit
b) melon
c) peanut
d) plum

7) brzoskwinia
a) almond
b) peach
c) tangerine
d) apple

8) mandarynka
a) tangerine
b) pineapple
c) melon
d) raspberry

9) grejpfrut
a) raisin
b) blackberry
c) tangerine
d) grapefruit

10) wiśnia
a) raspberry
b) cherry
c) hazelnut
d) peach

11) truskawka
a) prune
b) pear
c) watermelon
d) strawberry

12) gruszka
a) blackberry
b) apple
c) pear
d) walnut

13) rodzynek
a) rhubarb
b) raisin
c) pear
d) apple

14) figa
a) lemon
b) blueberry
c) rhubarb
d) fig

15) daktyl
a) cherry
b) blackberry
c) pear
d) date

16) cytryna
a) lemon
b) hazelnut
c) fruit
d) rhubarb

17) orzech laskowy
a) peach
b) pineapple
c) hazelnut
d) coconut

18) kokos
a) coconut
b) pineapple
c) prune
d) fruit

19) rabarbar
a) rhubarb
b) lemon
c) blueberry
d) grapefruit

20) kasztan
a) chestnut
b) grapefruit
c) pear
d) apple

21) suszona śliwka
a) hazelnut
b) grape
c) prune
d) fig

22) melon
a) melon
b) fruit
c) cherry
d) apple

23) malina
a) apple
b) fig
c) melon
d) raspberry

24) jagoda
a) blueberry
b) hazelnut
c) cherry
d) raspberry

Polish - Word Quiz - #46 - Fruit
Select the closest Polish word to match the English word.

1) strawberry
a) śliwka
b) orzech ziemny
c) banan
d) truskawka

2) blueberry
a) jagoda
b) migdał
c) winogrono
d) cytryna

3) blackberry
a) kasztan
b) mandarynka
c) jeżyna
d) owoc

4) tangerine
a) jeżyna
b) jagoda
c) malina
d) mandarynka

5) lemon
a) jabłko
b) suszona śliwka
c) cytryna
d) banan

6) date
a) rabarbar
b) morela
c) daktyl
d) ananas

7) coconut
a) kokos
b) jeżyna
c) pomarańcza
d) melon

8) apple
a) truskawka
b) jabłko
c) rodzynek
d) orzech laskowy

9) banana
a) banan
b) rabarbar
c) rodzynek
d) orzech włoski

10) prune
a) orzech laskowy
b) suszona śliwka
c) wiśnia
d) jagoda

11) walnut
a) orzech włoski
b) jagoda
c) banan
d) kokos

12) lime
a) truskawka
b) limonka
c) kokos
d) jabłko

13) peach
a) figa
b) pomarańcza
c) wiśnia
d) brzoskwinia

14) fruit
a) owoc
b) śliwka
c) morela
d) orzech laskowy

15) plum
a) banan
b) arbuz
c) śliwka
d) morela

16) raspberry
a) malina
b) morela
c) ananas
d) gruszka

17) orange
a) cytryna
b) arbuz
c) rodzynek
d) pomarańcza

18) apricot
a) truskawka
b) melon
c) morela
d) rodzynek

19) almond
a) pomarańcza
b) orzech włoski
c) migdał
d) kasztan

20) fig
a) figa
b) kasztan
c) orzech ziemny
d) daktyl

21) watermelon
a) pomarańcza
b) wiśnia
c) rodzynek
d) arbuz

22) pineapple
a) jeżyna
b) orzech laskowy
c) winogrono
d) ananas

23) raisin
a) suszona śliwka
b) rodzynek
c) orzech laskowy
d) banan

24) grapefruit
a) owoc
b) grejpfrut
c) rabarbar
d) arbuz

Polish - Word Quiz - #47 - Fruit
Select the closest Polish word to match the English word.

1) pineapple
a) ananas
b) rabarbar
c) brzoskwinia
d) gruszka

2) grapefruit
a) grejpfrut
b) melon
c) mandarynka
d) limonka

3) watermelon
a) truskawka
b) jagoda
c) arbuz
d) jabłko

4) fig
a) melon
b) figa
c) gruszka
d) malina

5) banana
a) banan
b) brzoskwinia
c) gruszka
d) orzech laskowy

6) peanut
a) orzech ziemny
b) winogrono
c) orzech laskowy
d) pomarańcza

7) lemon
a) jagoda
b) arbuz
c) cytryna
d) banan

8) date
a) melon
b) suszona śliwka
c) daktyl
d) jabłko

9) hazelnut
a) daktyl
b) owoc
c) śliwka
d) orzech laskowy

10) pear
a) gruszka
b) jagoda
c) daktyl
d) melon

11) fruit
a) owoc
b) winogrono
c) truskawka
d) ananas

12) prune
a) jeżyna
b) suszona śliwka
c) owoc
d) orzech ziemny

13) grape
a) jeżyna
b) cytryna
c) jagoda
d) winogrono

14) raisin
a) orzech laskowy
b) rodzynek
c) malina
d) melon

15) orange
a) pomarańcza
b) winogrono
c) daktyl
d) figa

16) tangerine
a) grejpfrut
b) gruszka
c) cytryna
d) mandarynka

17) lime
a) gruszka
b) limonka
c) daktyl
d) morela

18) rhubarb
a) wiśnia
b) śliwka
c) rabarbar
d) orzech laskowy

19) blackberry
a) brzoskwinia
b) jeżyna
c) jagoda
d) malina

20) almond
a) kokos
b) morela
c) migdał
d) rodzynek

21) apricot
a) kasztan
b) malina
c) morela
d) orzech włoski

22) strawberry
a) jabłko
b) kasztan
c) arbuz
d) truskawka

23) plum
a) arbuz
b) grejpfrut
c) migdał
d) śliwka

24) peach
a) orzech laskowy
b) rabarbar
c) brzoskwinia
d) arbuz

Polish - Word Quiz - #48 - Fruit
Select the closest Polish word to match the English word.

1) banana
a) banan
b) orzech włoski
c) daktyl
d) melon

2) lime
a) limonka
b) śliwka
c) brzoskwinia
d) banan

3) plum
a) wiśnia
b) figa
c) śliwka
d) suszona śliwka

4) apple
a) suszona śliwka
b) orzech laskowy
c) jabłko
d) kokos

5) raspberry
a) malina
b) orzech włoski
c) grejpfrut
d) orzech laskowy

6) date
a) migdał
b) daktyl
c) jagoda
d) brzoskwinia

7) grapefruit
a) cytryna
b) malina
c) morela
d) grejpfrut

8) peach
a) kokos
b) arbuz
c) brzoskwinia
d) migdał

9) blackberry
a) daktyl
b) suszona śliwka
c) kokos
d) jeżyna

10) rhubarb
a) gruszka
b) orzech laskowy
c) migdał
d) rabarbar

11) fig
a) truskawka
b) banan
c) kokos
d) figa

12) watermelon
a) jabłko
b) arbuz
c) kasztan
d) jagoda

13) pear
a) gruszka
b) wiśnia
c) ananas
d) melon

14) raisin
a) rodzynek
b) winogrono
c) arbuz
d) malina

15) prune
a) owoc
b) morela
c) rodzynek
d) suszona śliwka

16) blueberry
a) jabłko
b) grejpfrut
c) jagoda
d) orzech ziemny

17) grape
a) winogrono
b) ananas
c) arbuz
d) śliwka

18) apricot
a) morela
b) mandarynka
c) pomarańcza
d) kokos

19) fruit
a) jeżyna
b) owoc
c) orzech włoski
d) jagoda

20) tangerine
a) mandarynka
b) orzech laskowy
c) owoc
d) jabłko

21) walnut
a) melon
b) orzech włoski
c) owoc
d) winogrono

22) almond
a) rodzynek
b) malina
c) migdał
d) śliwka

23) chestnut
a) mandarynka
b) kasztan
c) banan
d) grejpfrut

24) lemon
a) śliwka
b) cytryna
c) pomarańcza
d) rabarbar

Polish - Word Quiz - #49 - Hotel
Select the closest English word to match the Polish word.

1) płacić
a) lobby
b) room
c) to pay
d) stairs

2) wejście
a) stairs
b) suite
c) entrance
d) manager

3) recepcjonista
a) room service
b) receptionist
c) check-out
d) receipt

4) winda
a) bill
b) lift
c) complaint
d) bellboy

5) komunikat
a) bill
b) message
c) lobby
d) check-out

6) parter
a) internet
b) ground floor
c) manager
d) bellboy

7) hol
a) lobby
b) recreation
c) price
d) stairs

8) garaż
a) lobby
b) lift
c) message
d) garage

9) chłopiec hotelowy
a) breakfast
b) bellboy
c) manager
d) swimming pool

10) balkon
a) to pay
b) balcony
c) entrance
d) reception desk

11) klimatyzacja
a) check-out
b) taxi
c) air conditioning
d) internet

12) hotel
a) breakfast
b) taxi
c) hotel
d) manager

13) powództwo
a) hotel
b) complaint
c) room
d) bellboy

14) lód
a) living room
b) check-out
c) ice
d) receptionist

15) pokój
a) booking
b) room
c) air conditioning
d) bellboy

16) wymeldowanie
a) receipt
b) air conditioning
c) check-out
d) garage

17) kwit
a) balcony
b) receipt
c) entrance
d) hotel

18) recepcja
a) message
b) balcony
c) reception desk
d) garage

19) internet
a) view
b) bellboy
c) internet
d) bill

20) pływalnia
a) booking
b) message
c) bill
d) swimming pool

21) schody
a) stairs
b) living room
c) taxi
d) garage

22) rezerwacja
a) booking
b) ground floor
c) ice
d) recreation

23) duży pokój
a) living room
b) booking
c) receptionist
d) taxi

24) pokojówka
a) dining room
b) bellboy
c) maid
d) air conditioning

Polish - Word Quiz - #50 - Hotel
Select the closest English word to match the Polish word.

1) balkon
a) taxi
b) room service
c) price
d) balcony

2) klimatyzacja
a) air conditioning
b) ground floor
c) lobby
d) stairs

3) parter
a) entrance
b) recreation
c) ground floor
d) living room

4) taksówka
a) garage
b) taxi
c) lift
d) internet

5) kwit
a) price
b) booking
c) receipt
d) dining room

6) pokojówka
a) complaint
b) maid
c) air conditioning
d) swimming pool

7) pokój
a) ground floor
b) receptionist
c) room
d) to pay

8) apartament
a) suite
b) to pay
c) lift
d) price

9) komunikat
a) breakfast
b) view
c) message
d) balcony

10) portier
a) complaint
b) message
c) doorman
d) lobby

11) lód
a) reception desk
b) bellboy
c) ice
d) swimming pool

12) garaż
a) ice
b) garage
c) check-out
d) entrance

13) schody
a) complaint
b) booking
c) balcony
d) stairs

14) chłopiec hotelowy
a) bill
b) stairs
c) bellboy
d) entrance

15) widok
a) maid
b) view
c) recreation
d) swimming pool

16) recepcja
a) reception desk
b) bill
c) room
d) breakfast

17) pokój jadalny
a) receipt
b) air conditioning
c) dining room
d) internet

18) powództwo
a) complaint
b) recreation
c) to pay
d) receipt

19) internet
a) room service
b) message
c) garage
d) internet

20) rekreacja
a) to pay
b) complaint
c) room service
d) recreation

21) winda
a) lift
b) room service
c) recreation
d) bellboy

22) obsługa hotelowa
a) room service
b) reception desk
c) receipt
d) internet

23) rezerwacja
a) booking
b) dining room
c) reception desk
d) ice

24) hol
a) lobby
b) room service
c) dining room
d) doorman

217

Polish - Word Quiz - #51 - Hotel
Select the closest English word to match the Polish word.

1) rezerwacja
a) booking
b) reception desk
c) entrance
d) hotel

2) recepcjonista
a) receptionist
b) breakfast
c) doorman
d) air conditioning

3) recepcja
a) reception desk
b) check-out
c) receipt
d) swimming pool

4) winda
a) lobby
b) lift
c) living room
d) air conditioning

5) hotel
a) hotel
b) air conditioning
c) taxi
d) message

6) klimatyzacja
a) reception desk
b) manager
c) air conditioning
d) price

7) kierownik
a) balcony
b) manager
c) receipt
d) room service

8) płacić
a) booking
b) to pay
c) maid
d) check-out

9) rachunek
a) bellboy
b) bill
c) ground floor
d) dining room

10) pokój jadalny
a) taxi
b) air conditioning
c) dining room
d) hotel

11) wejście
a) entrance
b) balcony
c) reception desk
d) bellboy

12) parter
a) maid
b) ground floor
c) lift
d) booking

13) pływalnia
a) swimming pool
b) maid
c) garage
d) complaint

14) widok
a) balcony
b) breakfast
c) view
d) recreation

15) cena
a) balcony
b) doorman
c) price
d) to pay

16) lód
a) manager
b) lobby
c) swimming pool
d) ice

17) duży pokój
a) living room
b) recreation
c) receptionist
d) breakfast

18) śniadanie
a) ground floor
b) breakfast
c) receptionist
d) complaint

19) schody
a) receptionist
b) ground floor
c) stairs
d) ice

20) obsługa hotelowa
a) lift
b) manager
c) bellboy
d) room service

21) portier
a) to pay
b) doorman
c) balcony
d) manager

22) balkon
a) lobby
b) living room
c) balcony
d) bill

23) taksówka
a) room
b) check-out
c) hotel
d) taxi

24) pokojówka
a) maid
b) room
c) message
d) complaint

Polish - Word Quiz - #52 - Hotel
Select the closest Polish word to match the English word.

1) swimming pool
a) pływalnia
b) komunikat
c) recepcja
d) kierownik

2) room service
a) obsługa hotelowa
b) duży pokój
c) cena
d) lód

3) lobby
a) recepcjonista
b) widok
c) kierownik
d) hol

4) maid
a) klimatyzacja
b) płacić
c) pokojówka
d) cena

5) receipt
a) balkon
b) kwit
c) duży pokój
d) rachunek

6) ground floor
a) lód
b) parter
c) recepcja
d) powództwo

7) hotel
a) recepcjonista
b) kwit
c) hotel
d) parter

8) stairs
a) kwit
b) rachunek
c) schody
d) kierownik

9) ice
a) śniadanie
b) pokojówka
c) pływalnia
d) lód

10) suite
a) komunikat
b) apartament
c) chłopiec hotelowy
d) kwit

11) price
a) pokój
b) kierownik
c) cena
d) schody

12) view
a) hol
b) widok
c) powództwo
d) cena

13) doorman
a) rezerwacja
b) płacić
c) parter
d) portier

14) dining room
a) apartament
b) widok
c) wymeldowanie
d) pokój jadalny

15) reception desk
a) chłopiec hotelowy
b) internet
c) recepcja
d) recepcjonista

16) room
a) portier
b) płacić
c) pokój
d) recepcjonista

17) receptionist
a) klimatyzacja
b) hotel
c) balkon
d) recepcjonista

18) to pay
a) płacić
b) apartament
c) hotel
d) recepcjonista

19) bellboy
a) płacić
b) chłopiec hotelowy
c) hotel
d) taksówka

20) complaint
a) chłopiec hotelowy
b) apartament
c) wymeldowanie
d) powództwo

21) lift
a) kwit
b) klimatyzacja
c) winda
d) recepcja

22) message
a) komunikat
b) klimatyzacja
c) taksówka
d) kierownik

23) garage
a) wymeldowanie
b) parter
c) garaż
d) recepcja

24) air conditioning
a) kierownik
b) rekreacja
c) garaż
d) klimatyzacja

Polish - Word Quiz - #53 - Hotel
Select the closest Polish word to match the English word.

1) recreation
a) wejście
b) płacić
c) rachunek
d) rekreacja

2) air conditioning
a) chłopiec hotelowy
b) balkon
c) klimatyzacja
d) pokój

3) room
a) pokój
b) rezerwacja
c) garaż
d) schody

4) maid
a) pokojówka
b) duży pokój
c) rekreacja
d) rachunek

5) swimming pool
a) powództwo
b) winda
c) pływalnia
d) wejście

6) price
a) płacić
b) śniadanie
c) cena
d) kierownik

7) reception desk
a) duży pokój
b) obsługa hotelowa
c) lód
d) recepcja

8) to pay
a) winda
b) płacić
c) garaż
d) recepcjonista

9) manager
a) kierownik
b) portier
c) balkon
d) parter

10) receptionist
a) balkon
b) taksówka
c) komunikat
d) recepcjonista

11) dining room
a) pokój
b) wymeldowanie
c) pokój jadalny
d) rezerwacja

12) bill
a) winda
b) recepcjonista
c) obsługa hotelowa
d) rachunek

13) doorman
a) portier
b) widok
c) pokojówka
d) klimatyzacja

14) breakfast
a) taksówka
b) schody
c) śniadanie
d) rezerwacja

15) internet
a) płacić
b) hol
c) obsługa hotelowa
d) internet

16) taxi
a) portier
b) duży pokój
c) recepcja
d) taksówka

17) ground floor
a) hotel
b) apartament
c) kierownik
d) parter

18) suite
a) chłopiec hotelowy
b) apartament
c) pokój jadalny
d) garaż

19) receipt
a) pływalnia
b) kwit
c) hotel
d) hol

20) living room
a) duży pokój
b) cena
c) pokój
d) płacić

21) room service
a) pokojówka
b) pokój
c) taksówka
d) obsługa hotelowa

22) garage
a) internet
b) rekreacja
c) cena
d) garaż

23) lobby
a) duży pokój
b) widok
c) hol
d) kierownik

24) ice
a) winda
b) lód
c) widok
d) chłopiec hotelowy

Polish - Word Quiz - #54 - Hotel
Select the closest Polish word to match the English word.

1) receipt
a) portier
b) kwit
c) cena
d) klimatyzacja

2) living room
a) chłopiec hotelowy
b) duży pokój
c) śniadanie
d) schody

3) internet
a) rezerwacja
b) internet
c) kwit
d) recepcjonista

4) ice
a) lód
b) hol
c) pokój
d) chłopiec hotelowy

5) garage
a) garaż
b) schody
c) wymeldowanie
d) duży pokój

6) breakfast
a) garaż
b) śniadanie
c) hol
d) schody

7) manager
a) balkon
b) recepcjonista
c) kierownik
d) obsługa hotelowa

8) receptionist
a) recepcjonista
b) apartament
c) winda
d) kierownik

9) hotel
a) hotel
b) balkon
c) komunikat
d) pokój

10) maid
a) parter
b) pokojówka
c) kierownik
d) pokój

11) complaint
a) powództwo
b) pokojówka
c) rachunek
d) klimatyzacja

12) swimming pool
a) komunikat
b) rachunek
c) pływalnia
d) schody

13) price
a) schody
b) komunikat
c) obsługa hotelowa
d) cena

14) bill
a) pokój jadalny
b) widok
c) rachunek
d) taksówka

15) doorman
a) pływalnia
b) portier
c) duży pokój
d) klimatyzacja

16) dining room
a) widok
b) wymeldowanie
c) pokój jadalny
d) internet

17) to pay
a) płacić
b) apartament
c) wejście
d) kwit

18) bellboy
a) chłopiec hotelowy
b) apartament
c) powództwo
d) portier

19) entrance
a) parter
b) schody
c) wejście
d) płacić

20) balcony
a) rekreacja
b) portier
c) balkon
d) hol

21) air conditioning
a) wymeldowanie
b) klimatyzacja
c) hotel
d) parter

22) ground floor
a) pokojówka
b) parter
c) płacić
d) klimatyzacja

23) suite
a) klimatyzacja
b) parter
c) wymeldowanie
d) apartament

24) room
a) pokój jadalny
b) balkon
c) kierownik
d) pokój

Polish - Word Quiz - #55 - Parts of the Body
Select the closest English word to match the Polish word.

1) stopa
a) bladder
b) eyelash
c) foot
d) hip

2) łydka
a) thigh
b) eyebrow
c) face
d) calf

3) warga
a) jaw
b) brain
c) lip
d) moustache

4) pierś
a) tooth
b) breast
c) jaw
d) neck

5) żebro
a) waist
b) belly
c) bone
d) rib

6) skóra
a) neck
b) skin
c) muscle
d) backbone

7) nerka
a) shoulder
b) kidney
c) thumb
d) teeth

8) piegi
a) ear
b) freckles
c) nose
d) thigh

9) mięsień
a) mouth
b) arm
c) muscle
d) belly

10) szczęka
a) gland
b) tonsils
c) back
d) jaw

11) żołądk
a) knee
b) tendon
c) eyelid
d) stomach

12) mòzg
a) bone
b) gland
c) hip
d) brain

13) ścięgno
a) tooth
b) teeth
c) tendon
d) ear

14) brew
a) nerve
b) gland
c) eyebrow
d) eye

15) pięść
a) foot
b) fist
c) forehead
d) teeth

16) gardło
a) liver
b) leg
c) throat
d) body

17) przegub
a) wrist
b) hair
c) feet
d) breast

18) gruczoł
a) nose
b) gland
c) forehead
d) body

19) tęczówka
a) iris
b) breast
c) finger
d) tongue

20) ząb
a) cheek
b) tooth
c) stomach
d) toe

21) kość
a) backbone
b) shoulder
c) bone
d) leg

22) szyja
a) foot
b) heart
c) neck
d) parts of the body

23) stopy
a) feet
b) freckles
c) lung
d) arm

24) pęcherz
a) eyebrow
b) bladder
c) hair
d) wrist

222

Polish - Word Quiz - #56 - Parts of the Body
Select the closest English word to match the Polish word.

1) język
   a) shoulder
   b) liver
   c) tongue
   d) fist

2) pięść
   a) jaw
   b) vein
   c) fist
   d) freckles

3) ramię
   a) moustache
   b) arm
   c) beard
   d) hand

4) twarz
   a) mouth
   b) nerve
   c) back
   d) face

5) migdały
   a) nose
   b) tonsils
   c) gland
   d) muscle

6) ciało
   a) muscle
   b) feet
   c) body
   d) ear

7) włosy
   a) fist
   b) leg
   c) hair
   d) feet

8) kręgosłup
   a) eye
   b) joint
   c) backbone
   d) fingernail

9) czoło
   a) teeth
   b) forehead
   c) vein
   d) finger

10) skóra
   a) tonsils
   b) kidney
   c) freckles
   d) skin

11) kość
   a) bone
   b) tendon
   c) neck
   d) brain

12) oko
   a) eye
   b) shoulder
   c) moustache
   d) breast

13) wąsy
   a) parts of the body
   b) kidney
   c) moustache
   d) leg

14) pęcherz
   a) bladder
   b) stomach
   c) rib
   d) nose

15) ząb
   a) jaw
   b) feet
   c) tooth
   d) kidney

16) szyja
   a) blood
   b) tooth
   c) fist
   d) neck

17) powieka
   a) gland
   b) liver
   c) eyelid
   d) vein

18) kolano
   a) ankle
   b) toe
   c) stomach
   d) knee

19) nerw
   a) nerve
   b) thorax
   c) elbow
   d) toe

20) wątroba
   a) joint
   b) blood
   c) appendix
   d) liver

21) tęczówka
   a) moustache
   b) appendix
   c) feet
   d) iris

22) bark
   a) backbone
   b) calf
   c) waist
   d) shoulder

23) usta
   a) head
   b) freckles
   c) moustache
   d) mouth

24) nerka
   a) back
   b) toe
   c) waist
   d) kidney

Polish - Word Quiz - #57 - Parts of the Body
Select the closest English word to match the Polish word.

1) stopa
a) lung
b) foot
c) forehead
d) tendon

2) kręgosłup
a) ankle
b) backbone
c) vein
d) heart

3) płuco
a) lung
b) bladder
c) fist
d) throat

4) powieka
a) skin
b) tendon
c) eyelid
d) lung

5) gardło
a) back
b) parts of the body
c) body
d) throat

6) ciało
a) body
b) elbow
c) moustache
d) forehead

7) czoło
a) kidney
b) forehead
c) throat
d) calf

8) żyła
a) vein
b) blood
c) rib
d) leg

9) kciuk
a) stomach
b) cheek
c) thumb
d) bladder

10) ucho
a) ear
b) heart
c) iris
d) head

11) nerka
a) elbow
b) nerve
c) forehead
d) kidney

12) migdały
a) teeth
b) artery
c) tonsils
d) hip

13) noga
a) eyelid
b) leg
c) artery
d) back

14) warga
a) bladder
b) lip
c) ear
d) thigh

15) brew
a) moustache
b) eyebrow
c) tongue
d) shoulder

16) policzek
a) cheek
b) throat
c) freckles
d) jaw

17) broda
a) eyelash
b) brain
c) beard
d) hand

18) usta
a) throat
b) elbow
c) mouth
d) hand

19) tęczówka
a) gland
b) iris
c) fingernail
d) teeth

20) bark
a) kidney
b) body
c) rib
d) shoulder

21) szyja
a) vein
b) neck
c) backbone
d) jaw

22) klatka piersiowa
a) thorax
b) iris
c) eyelid
d) hair

23) łokieć
a) vein
b) jaw
c) nerve
d) elbow

24) twarz
a) kidney
b) nose
c) skin
d) face

Polish - Word Quiz - #58 - Parts of the Body
Select the closest Polish word to match the English word.

1) face
a) gardło
b) kciuk
c) twarz
d) płuco

2) body
a) żyła
b) krew
c) biodro
d) ciało

3) hair
a) gardło
b) udo
c) krew
d) włosy

4) tongue
a) palec u nogi
b) szczęka
c) język
d) usta

5) leg
a) palec
b) broda
c) noga
d) paznokieć

6) backbone
a) usta
b) czoło
c) kręgosłup
d) tęczówka

7) thumb
a) mięsień
b) staw
c) kciuk
d) mòzg

8) tooth
a) kręgosłup
b) ząb
c) pięść
d) przegub

9) teeth
a) noga
b) zęby
c) szyja
d) łokieć

10) bladder
a) nerka
b) powieka
c) pęcherz
d) tęczówka

11) cheek
a) rzęsa
b) żyła
c) policzek
d) kość

12) vein
a) żyła
b) noga
c) zęby
d) usta

13) appendix
a) wyrostek robaczkowy
b) policzek
c) szyja
d) pęcherz

14) lung
a) płuco
b) broda
c) tętnica
d) ramię

15) joint
a) staw
b) brew
c) ręka
d) powieka

16) neck
a) szyja
b) twarz
c) plecy
d) nerw

17) rib
a) żebro
b) skóra
c) żołądk
d) biodro

18) knee
a) wątroba
b) język
c) wąsy
d) kolano

19) toe
a) brzuch
b) głowa
c) stopy
d) palec u nogi

20) artery
a) tętnica
b) szyja
c) oko
d) kolano

21) moustache
a) wąsy
b) nerka
c) wątroba
d) ząb

22) fist
a) żebro
b) pięść
c) ucho
d) łydka

23) eyelid
a) czoło
b) ucho
c) powieka
d) ścięgno

24) forehead
a) wątroba
b) krew
c) czoło
d) pęcherz

Polish - Word Quiz - #59 - Parts of the Body
Select the closest Polish word to match the English word.

1) elbow
a) czoło
b) staw
c) tętnica
d) łokieć

2) joint
a) staw
b) mòzg
c) żyła
d) biodro

3) teeth
a) zęby
b) palec
c) ścięgno
d) głowa

4) finger
a) płuco
b) pęcherz
c) palec
d) ręka

5) fingernail
a) serce
b) pęcherz
c) tęczówka
d) paznokieć

6) wrist
a) ręka
b) szyja
c) brzuch
d) przegub

7) appendix
a) wyrostek robaczkowy
b) stopy
c) włosy
d) gardło

8) tooth
a) nos
b) mięsień
c) ścięgno
d) ząb

9) eyebrow
a) ciało
b) brew
c) wyrostek robaczkowy
d) szczęka

10) rib
a) żebro
b) udo
c) ciało
d) brzuch

11) arm
a) ramię
b) nerw
c) szyja
d) żołądk

12) eyelash
a) wątroba
b) krew
c) rzęsa
d) tęczówka

13) cheek
a) tęczówka
b) łydka
c) policzek
d) migdały

14) muscle
a) nos
b) mięsień
c) broda
d) pęcherz

15) eye
a) nerka
b) oko
c) paznokieć
d) brzuch

16) nerve
a) nerw
b) talia
c) mòzg
d) płuco

17) neck
a) usta
b) przegub
c) szyja
d) kciuk

18) brain
a) mòzg
b) czoło
c) oko
d) kolano

19) mouth
a) ramię
b) usta
c) powieka
d) skóra

20) parts of the body
a) bark
b) części ciała
c) pierś
d) paznokieć

21) vein
a) tętnica
b) czoło
c) klatka piersiowa
d) żyła

22) lung
a) krew
b) piegi
c) płuco
d) kciuk

23) forehead
a) czoło
b) ramię
c) tętnica
d) kość

24) eyelid
a) powieka
b) noga
c) łydka
d) udo

Polish - Word Quiz - #60 - Parts of the Body
Select the closest Polish word to match the English word.

1) parts of the body
a) warga
b) stopa
c) wątroba
d) części ciała

2) arm
a) ciało
b) nerw
c) ramię
d) ścięgno

3) appendix
a) wyrostek robaczkowy
b) biodro
c) piegi
d) czoło

4) muscle
a) mięsień
b) paznokieć
c) przegub
d) nos

5) lip
a) czoło
b) warga
c) mięsień
d) rzęsa

6) teeth
a) serce
b) zęby
c) ciało
d) pięść

7) throat
a) język
b) kręgosłup
c) łokieć
d) gardło

8) face
a) wąsy
b) brzuch
c) twarz
d) żyła

9) leg
a) noga
b) wąsy
c) łydka
d) serce

10) neck
a) szyja
b) kostka
c) serce
d) kciuk

11) eyebrow
a) brew
b) twarz
c) talia
d) włosy

12) feet
a) brew
b) łokieć
c) stopy
d) język

13) moustache
a) głowa
b) rzęsa
c) skóra
d) wąsy

14) ear
a) wyrostek robaczkowy
b) żyła
c) usta
d) ucho

15) iris
a) bark
b) ścięgno
c) tęczówka
d) klatka piersiowa

16) forehead
a) żołądk
b) czoło
c) oko
d) wąsy

17) body
a) ząb
b) zęby
c) nerka
d) ciało

18) back
a) kolano
b) plecy
c) powieka
d) pięść

19) tooth
a) mięsień
b) usta
c) kręgosłup
d) ząb

20) joint
a) włosy
b) piegi
c) staw
d) mięsień

21) lung
a) żebro
b) serce
c) wątroba
d) płuco

22) hip
a) twarz
b) biodro
c) tętnica
d) brzuch

23) calf
a) ścięgno
b) łydka
c) skóra
d) pierś

24) thumb
a) łokieć
b) oko
c) kciuk
d) klatka piersiowa

Polish - Word Quiz - #61 - Restaurant
Select the closest English word to match the Polish word.

1) jeść
a) waitress
b) cheap
c) tablecloth
d) to eat

2) salaterka
a) to drink
b) main course
c) salad bowl
d) wine list

3) tani
a) to reserve
b) cheap
c) to eat
d) lunch

4) danie główne
a) cheap
b) to drink
c) dessert
d) main course

5) lista win
a) wine list
b) lunch
c) hungry
d) salad fork

6) kelnerka
a) waitress
b) dessert
c) tablecloth
d) soup spoon

7) głodny
a) main course
b) hungry
c) lunch
d) waitress

8) sałatka widelec
a) dessert
b) setting
c) wine list
d) salad fork

9) resturacja
a) restaurant
b) to eat
c) waitress
d) main course

10) deser
a) soup spoon
b) tablecloth
c) dessert
d) expensive

11) ustawienie tabeli
a) meal
b) beverage
c) main course
d) setting

12) posiłek
a) to eat
b) meal
c) restaurant
d) setting

13) łyżka do zupy
a) soup spoon
b) salad fork
c) menu
d) soup bowl

14) napój
a) restaurant
b) to eat
c) beverage
d) salad fork

15) spragniony
a) cheap
b) thirsty
c) waitress
d) beverage

16) zamawiać
a) menu
b) main course
c) dinner
d) to order

17) kelner
a) waiter
b) meal
c) tablecloth
d) lunch

18) miska do zupy
a) salad bowl
b) soup bowl
c) waiter
d) expensive

19) obiad
a) lunch
b) salad bowl
c) beverage
d) wine list

20) pić
a) dessert
b) waiter
c) to drink
d) wine list

21) obrus
a) salad bowl
b) tablecloth
c) restaurant
d) dessert

22) zachowywać
a) dessert
b) dinner
c) to drink
d) to reserve

23) drogi
a) lunch
b) expensive
c) dessert
d) to drink

24) kolacja
a) expensive
b) thirsty
c) salad bowl
d) dinner

Polish - Word Quiz - #62 - Restaurant
Select the closest English word to match the Polish word.

1) spragniony
a) thirsty
b) setting
c) dessert
d) to reserve

2) resturacja
a) restaurant
b) dinner
c) waitress
d) thirsty

3) napój
a) waitress
b) expensive
c) soup bowl
d) beverage

4) danie główne
a) to eat
b) restaurant
c) dinner
d) main course

5) kelnerka
a) restaurant
b) waitress
c) to order
d) expensive

6) kelner
a) main course
b) salad fork
c) waiter
d) thirsty

7) zachowywać
a) to drink
b) to reserve
c) restaurant
d) dinner

8) drogi
a) wine list
b) restaurant
c) expensive
d) meal

9) pić
a) restaurant
b) salad fork
c) to drink
d) dinner

10) lista win
a) waitress
b) restaurant
c) cheap
d) wine list

11) jeść
a) cheap
b) expensive
c) dessert
d) to eat

12) sałatka widelec
a) waitress
b) dessert
c) salad fork
d) main course

13) deser
a) salad bowl
b) restaurant
c) menu
d) dessert

14) obrus
a) thirsty
b) tablecloth
c) menu
d) lunch

15) miska do zupy
a) soup bowl
b) thirsty
c) menu
d) to reserve

16) łyżka do zupy
a) lunch
b) soup spoon
c) to eat
d) wine list

17) posiłek
a) to drink
b) meal
c) restaurant
d) to reserve

18) jadłospis
a) soup spoon
b) menu
c) to eat
d) salad fork

19) kolacja
a) to reserve
b) to order
c) dinner
d) waitress

20) salaterka
a) beverage
b) soup spoon
c) salad bowl
d) salad fork

21) ustawienie tabeli
a) setting
b) waiter
c) thirsty
d) beverage

22) obiad
a) dessert
b) setting
c) lunch
d) soup bowl

23) głodny
a) hungry
b) tablecloth
c) expensive
d) lunch

24) zamawiać
a) to order
b) to drink
c) salad fork
d) waiter

Polish - Word Quiz - #63 - Restaurant
Select the closest English word to match the Polish word.

1) miska do zupy
a) to order
b) hungry
c) soup bowl
d) dinner

2) ustawienie tabeli
a) setting
b) restaurant
c) cheap
d) soup spoon

3) pić
a) to drink
b) menu
c) soup bowl
d) beverage

4) napój
a) wine list
b) to order
c) to reserve
d) beverage

5) deser
a) main course
b) soup bowl
c) dessert
d) lunch

6) kolacja
a) setting
b) to reserve
c) dinner
d) menu

7) jadłospis
a) waiter
b) soup bowl
c) menu
d) tablecloth

8) zamawiać
a) soup spoon
b) lunch
c) to order
d) dessert

9) kelnerka
a) waitress
b) beverage
c) cheap
d) to reserve

10) zachowywać
a) to reserve
b) main course
c) restaurant
d) hungry

11) sałatka widelec
a) to drink
b) restaurant
c) salad fork
d) setting

12) lista win
a) wine list
b) dinner
c) menu
d) dessert

13) drogi
a) to drink
b) to eat
c) beverage
d) expensive

14) resturacja
a) soup spoon
b) expensive
c) soup bowl
d) restaurant

15) tani
a) cheap
b) expensive
c) dinner
d) setting

16) jeść
a) lunch
b) to reserve
c) to eat
d) tablecloth

17) salaterka
a) salad bowl
b) thirsty
c) to reserve
d) tablecloth

18) głodny
a) soup spoon
b) hungry
c) dinner
d) to reserve

19) spragniony
a) dinner
b) restaurant
c) expensive
d) thirsty

20) kelner
a) setting
b) salad bowl
c) waiter
d) to eat

21) posiłek
a) dessert
b) restaurant
c) meal
d) thirsty

22) obrus
a) menu
b) cheap
c) tablecloth
d) hungry

23) danie główne
a) tablecloth
b) soup bowl
c) main course
d) meal

24) obiad
a) hungry
b) lunch
c) salad fork
d) wine list

Polish - Word Quiz - #64 - Restaurant
Select the closest Polish word to match the English word.

1) to order
a) jeść
b) drogi
c) zamawiać
d) pić

2) main course
a) danie główne
b) lista win
c) głodny
d) obiad

3) beverage
a) napój
b) miska do zupy
c) lista win
d) danie główne

4) waiter
a) kelner
b) obiad
c) miska do zupy
d) sałatka widelec

5) menu
a) danie główne
b) tani
c) zamawiać
d) jadłospis

6) to eat
a) kolacja
b) posiłek
c) ustawienie tabeli
d) jeść

7) setting
a) danie główne
b) tani
c) ustawienie tabeli
d) głodny

8) thirsty
a) głodny
b) spragniony
c) posiłek
d) obrus

9) cheap
a) drogi
b) ustawienie tabeli
c) głodny
d) tani

10) meal
a) salaterka
b) drogi
c) obrus
d) posiłek

11) tablecloth
a) posiłek
b) obrus
c) lista win
d) kelner

12) to drink
a) obiad
b) obrus
c) sałatka widelec
d) pić

13) wine list
a) salaterka
b) tani
c) lista win
d) spragniony

14) salad fork
a) ustawienie tabeli
b) obrus
c) sałatka widelec
d) zachowywać

15) hungry
a) posiłek
b) obrus
c) drogi
d) głodny

16) dinner
a) kelnerka
b) kolacja
c) zachowywać
d) pić

17) salad bowl
a) deser
b) kelnerka
c) drogi
d) salaterka

18) lunch
a) tani
b) obiad
c) pić
d) napój

19) to reserve
a) danie główne
b) posiłek
c) kolacja
d) zachowywać

20) dessert
a) łyżka do zupy
b) kelner
c) deser
d) zachowywać

21) soup bowl
a) spragniony
b) ustawienie tabeli
c) miska do zupy
d) głodny

22) restaurant
a) kelner
b) danie główne
c) resturacja
d) głodny

23) waitress
a) kelnerka
b) miska do zupy
c) łyżka do zupy
d) jadłospis

24) soup spoon
a) tani
b) jeść
c) napój
d) łyżka do zupy

Polish - Word Quiz - #65 - Restaurant
Select the closest Polish word to match the English word.

1) thirsty
a) spragniony
b) kelner
c) resturacja
d) deser

2) main course
a) danie główne
b) resturacja
c) lista win
d) jadłospis

3) dessert
a) sałatka widelec
b) spragniony
c) kolacja
d) deser

4) menu
a) zamawiać
b) pić
c) jadłospis
d) głodny

5) lunch
a) kolacja
b) obiad
c) tani
d) ustawienie tabeli

6) meal
a) zachowywać
b) kelnerka
c) posiłek
d) kelner

7) to eat
a) zamawiać
b) jeść
c) drogi
d) danie główne

8) cheap
a) sałatka widelec
b) zamawiać
c) tani
d) kelnerka

9) setting
a) ustawienie tabeli
b) napój
c) obrus
d) kolacja

10) to reserve
a) salaterka
b) zachowywać
c) łyżka do zupy
d) pić

11) soup bowl
a) obiad
b) drogi
c) miska do zupy
d) spragniony

12) tablecloth
a) salaterka
b) tani
c) głodny
d) obrus

13) waiter
a) sałatka widelec
b) kelner
c) napój
d) zamawiać

14) salad fork
a) drogi
b) sałatka widelec
c) danie główne
d) napój

15) hungry
a) głodny
b) deser
c) kolacja
d) ustawienie tabeli

16) waitress
a) obrus
b) kelnerka
c) salaterka
d) kolacja

17) salad bowl
a) obiad
b) jeść
c) salaterka
d) kelner

18) wine list
a) sałatka widelec
b) zachowywać
c) obiad
d) lista win

19) to order
a) jadłospis
b) deser
c) zamawiać
d) spragniony

20) dinner
a) ustawienie tabeli
b) kolacja
c) głodny
d) salaterka

21) expensive
a) kelner
b) drogi
c) deser
d) posiłek

22) restaurant
a) drogi
b) głodny
c) resturacja
d) lista win

23) to drink
a) ustawienie tabeli
b) pić
c) jeść
d) sałatka widelec

24) soup spoon
a) salaterka
b) łyżka do zupy
c) posiłek
d) kelner

Polish - Word Quiz - #66 - Restaurant
Select the closest Polish word to match the English word.

1) wine list
a) kolacja
b) głodny
c) lista win
d) jeść

2) lunch
a) obrus
b) tani
c) głodny
d) obiad

3) waiter
a) obiad
b) kelnerka
c) danie główne
d) kelner

4) expensive
a) zachowywać
b) kolacja
c) drogi
d) sałatka widelec

5) salad fork
a) jeść
b) napój
c) sałatka widelec
d) deser

6) beverage
a) napój
b) kelner
c) obiad
d) posiłek

7) hungry
a) jadłospis
b) zachowywać
c) głodny
d) kelnerka

8) to eat
a) jadłospis
b) jeść
c) głodny
d) drogi

9) dessert
a) spragniony
b) danie główne
c) miska do zupy
d) deser

10) tablecloth
a) deser
b) obrus
c) łyżka do zupy
d) salaterka

11) setting
a) ustawienie tabeli
b) pić
c) kolacja
d) kelnerka

12) main course
a) pić
b) zamawiać
c) obiad
d) danie główne

13) to drink
a) łyżka do zupy
b) pić
c) kelner
d) salaterka

14) to reserve
a) sałatka widelec
b) jadłospis
c) zachowywać
d) kelner

15) to order
a) tani
b) zamawiać
c) kelnerka
d) spragniony

16) menu
a) jadłospis
b) spragniony
c) drogi
d) zachowywać

17) waitress
a) miska do zupy
b) danie główne
c) kelnerka
d) obiad

18) thirsty
a) spragniony
b) zachowywać
c) ustawienie tabeli
d) miska do zupy

19) meal
a) głodny
b) posiłek
c) resturacja
d) lista win

20) soup spoon
a) jeść
b) obrus
c) kelnerka
d) łyżka do zupy

21) cheap
a) tani
b) napój
c) drogi
d) obiad

22) restaurant
a) głodny
b) sałatka widelec
c) resturacja
d) napój

23) dinner
a) ustawienie tabeli
b) kolacja
c) sałatka widelec
d) danie główne

24) salad bowl
a) miska do zupy
b) kolacja
c) salaterka
d) kelnerka

Polish - Word Quiz - #67 - Vegetables
Select the closest English word to match the Polish word.

1) groszek
a) beet
b) peas
c) asparagus
d) corn

2) szpinak
a) mushroom
b) spinach
c) garlic
d) onion

3) koper
a) potato
b) broccoli
c) fennel
d) beet

4) karczoch
a) cabbage
b) vegetable
c) artichoke
d) onion

5) sałata
a) vegetable
b) lettuce
c) mushroom
d) tomato

6) cebula
a) radish
b) onion
c) broccoli
d) zucchini

7) pomidor
a) lettuce
b) tomato
c) artichoke
d) garlic

8) pieprz
a) pepper
b) cauliflower
c) gherkins
d) onion

9) kukurydza
a) fennel
b) artichoke
c) corn
d) asparagus

10) seler
a) tomato
b) celery
c) peas
d) corn

11) dynia
a) tomato
b) pumpkin
c) parsley
d) carrot

12) ziemniak
a) celery
b) potato
c) parsley
d) zucchini

13) pietruszka
a) beans
b) parsley
c) mushroom
d) radish

14) rzodkiewka
a) radish
b) zucchini
c) potato
d) pumpkin

15) kalafior
a) potato
b) garlic
c) cabbage
d) cauliflower

16) marchewka
a) mushroom
b) spinach
c) gherkins
d) carrot

17) cukinia
a) celery
b) garlic
c) fennel
d) zucchini

18) brokuły
a) mushroom
b) vegetable
c) zucchini
d) broccoli

19) ciecierzyca
a) carrot
b) chick-peas
c) mushroom
d) beans

20) jarzyna
a) vegetable
b) asparagus
c) peas
d) gherkins

21) ogórek
a) cucumber
b) beans
c) tomato
d) asparagus

22) burak
a) cabbage
b) garlic
c) beet
d) beans

23) fasola
a) artichoke
b) parsley
c) cucumber
d) beans

24) grzyb
a) lettuce
b) mushroom
c) aubergine
d) chick-peas

Polish - Word Quiz - #68 - Vegetables
Select the closest English word to match the Polish word.

1) pietruszka
a) parsley
b) cucumber
c) beet
d) pepper

2) koper
a) fennel
b) onion
c) lettuce
d) cauliflower

3) grzyb
a) parsley
b) carrot
c) aubergine
d) mushroom

4) cukinia
a) onion
b) gherkins
c) zucchini
d) aubergine

5) kukurydza
a) cucumber
b) parsley
c) corn
d) pepper

6) karczoch
a) artichoke
b) fennel
c) parsley
d) tomato

7) burak
a) beet
b) cauliflower
c) chick-peas
d) carrot

8) jarzyna
a) lettuce
b) corn
c) tomato
d) vegetable

9) ciecierzyca
a) cauliflower
b) artichoke
c) chick-peas
d) mushroom

10) dynia
a) beet
b) pumpkin
c) peas
d) spinach

11) fasola
a) beans
b) tomato
c) onion
d) pepper

12) ziemniak
a) asparagus
b) corn
c) potato
d) broccoli

13) seler
a) lettuce
b) celery
c) cabbage
d) pepper

14) sałata
a) onion
b) cabbage
c) lettuce
d) fennel

15) brokuły
a) asparagus
b) pumpkin
c) broccoli
d) carrot

16) czosnek
a) parsley
b) garlic
c) cabbage
d) pepper

17) pieprz
a) pepper
b) lettuce
c) vegetable
d) tomato

18) pomidor
a) tomato
b) asparagus
c) spinach
d) aubergine

19) cebula
a) onion
b) cucumber
c) gherkins
d) aubergine

20) groszek
a) spinach
b) celery
c) peas
d) lettuce

21) korniszony
a) gherkins
b) pumpkin
c) garlic
d) potato

22) bakłażan
a) mushroom
b) aubergine
c) lettuce
d) parsley

23) kapusta
a) potato
b) onion
c) cabbage
d) asparagus

24) rzodkiewka
a) aubergine
b) carrot
c) garlic
d) radish

Polish - Word Quiz - #69 - Vegetables
Select the closest English word to match the Polish word.

1) pieprz
a) chick-peas
b) pepper
c) beans
d) parsley

2) sałata
a) aubergine
b) zucchini
c) gherkins
d) lettuce

3) karczoch
a) beet
b) artichoke
c) peas
d) mushroom

4) rzodkiewka
a) lettuce
b) radish
c) mushroom
d) beet

5) koper
a) fennel
b) cucumber
c) beans
d) parsley

6) seler
a) celery
b) peas
c) artichoke
d) carrot

7) korniszony
a) gherkins
b) asparagus
c) garlic
d) mushroom

8) cebula
a) garlic
b) corn
c) cucumber
d) onion

9) szpinak
a) cabbage
b) spinach
c) chick-peas
d) zucchini

10) kapusta
a) cabbage
b) cucumber
c) corn
d) onion

11) burak
a) pumpkin
b) beet
c) cabbage
d) beans

12) fasola
a) beans
b) radish
c) vegetable
d) onion

13) brokuły
a) peas
b) carrot
c) parsley
d) broccoli

14) kalafior
a) parsley
b) cauliflower
c) cucumber
d) mushroom

15) grzyb
a) mushroom
b) asparagus
c) pepper
d) onion

16) cukinia
a) gherkins
b) pumpkin
c) cabbage
d) zucchini

17) pomidor
a) corn
b) tomato
c) beet
d) onion

18) dynia
a) tomato
b) potato
c) pumpkin
d) carrot

19) ziemniak
a) cauliflower
b) potato
c) mushroom
d) chick-peas

20) pietruszka
a) parsley
b) zucchini
c) gherkins
d) lettuce

21) groszek
a) peas
b) gherkins
c) broccoli
d) asparagus

22) bakłażan
a) zucchini
b) broccoli
c) aubergine
d) chick-peas

23) szparagi
a) asparagus
b) fennel
c) beans
d) tomato

24) ciecierzyca
a) potato
b) garlic
c) chick-peas
d) radish

Polish - Word Quiz - #70 - Vegetables
Select the closest Polish word to match the English word.

1) asparagus
a) kukurydza
b) szparagi
c) pietruszka
d) burak

2) spinach
a) szpinak
b) ziemniak
c) kapusta
d) czosnek

3) radish
a) rzodkiewka
b) szpinak
c) pietruszka
d) karczoch

4) cucumber
a) pietruszka
b) korniszony
c) szpinak
d) ogórek

5) aubergine
a) rzodkiewka
b) jarzyna
c) karczoch
d) bakłażan

6) tomato
a) cebula
b) fasola
c) pomidor
d) ogórek

7) beans
a) cebula
b) koper
c) dynia
d) fasola

8) fennel
a) pieprz
b) ciecierzyca
c) fasola
d) koper

9) carrot
a) koper
b) sałata
c) pieprz
d) marchewka

10) mushroom
a) ziemniak
b) grzyb
c) seler
d) burak

11) pumpkin
a) pomidor
b) ogórek
c) pietruszka
d) dynia

12) parsley
a) burak
b) pietruszka
c) kapusta
d) groszek

13) corn
a) sałata
b) karczoch
c) grzyb
d) kukurydza

14) broccoli
a) rzodkiewka
b) cebula
c) sałata
d) brokuły

15) garlic
a) szparagi
b) szpinak
c) czosnek
d) grzyb

16) cabbage
a) cebula
b) burak
c) kapusta
d) brokuły

17) onion
a) cebula
b) dynia
c) pietruszka
d) rzodkiewka

18) zucchini
a) cukinia
b) brokuły
c) szparagi
d) pomidor

19) gherkins
a) korniszony
b) pieprz
c) bakłażan
d) rzodkiewka

20) pepper
a) czosnek
b) korniszony
c) pieprz
d) groszek

21) beet
a) grzyb
b) kalafior
c) kukurydza
d) burak

22) celery
a) marchewka
b) rzodkiewka
c) seler
d) ziemniak

23) vegetable
a) jarzyna
b) ziemniak
c) groszek
d) szpinak

24) chick-peas
a) ciecierzyca
b) burak
c) ziemniak
d) czosnek

Polish - Word Quiz - #71 - Vegetables
Select the closest Polish word to match the English word.

1) pepper
a) kukurydza
b) pieprz
c) cukinia
d) brokuły

2) lettuce
a) koper
b) kukurydza
c) sałata
d) korniszony

3) artichoke
a) sałata
b) karczoch
c) korniszony
d) kalafior

4) broccoli
a) marchewka
b) brokuły
c) ziemniak
d) karczoch

5) tomato
a) pomidor
b) karczoch
c) kukurydza
d) jarzyna

6) chick-peas
a) ciecierzyca
b) jarzyna
c) kukurydza
d) sałata

7) zucchini
a) cukinia
b) pieprz
c) ogórek
d) fasola

8) onion
a) cebula
b) rzodkiewka
c) korniszony
d) cukinia

9) garlic
a) czosnek
b) pomidor
c) kukurydza
d) fasola

10) spinach
a) szpinak
b) pieprz
c) grzyb
d) rzodkiewka

11) celery
a) karczoch
b) jarzyna
c) kukurydza
d) seler

12) beans
a) szparagi
b) groszek
c) fasola
d) korniszony

13) corn
a) pietruszka
b) kukurydza
c) marchewka
d) karczoch

14) pumpkin
a) cebula
b) czosnek
c) dynia
d) fasola

15) peas
a) groszek
b) burak
c) ziemniak
d) koper

16) potato
a) bakłażan
b) pomidor
c) ziemniak
d) dynia

17) asparagus
a) ciecierzyca
b) szparagi
c) pietruszka
d) fasola

18) mushroom
a) marchewka
b) szpinak
c) grzyb
d) cebula

19) carrot
a) dynia
b) marchewka
c) koper
d) bakłażan

20) aubergine
a) burak
b) bakłażan
c) kapusta
d) ziemniak

21) fennel
a) pietruszka
b) koper
c) cebula
d) grzyb

22) parsley
a) pietruszka
b) korniszony
c) ciecierzyca
d) kapusta

23) radish
a) korniszony
b) rzodkiewka
c) karczoch
d) brokuły

24) beet
a) cebula
b) jarzyna
c) burak
d) szparagi

Polish - Word Quiz - #72 - Vegetables
Select the closest Polish word to match the English word.

1) corn
a) rzodkiewka
b) kukurydza
c) groszek
d) karczoch

2) cauliflower
a) kalafior
b) pieprz
c) ciecierzyca
d) fasola

3) artichoke
a) kapusta
b) rzodkiewka
c) marchewka
d) karczoch

4) fennel
a) bakłażan
b) koper
c) rzodkiewka
d) pietruszka

5) carrot
a) seler
b) cebula
c) marchewka
d) bakłażan

6) aubergine
a) bakłażan
b) kalafior
c) koper
d) kukurydza

7) peas
a) pomidor
b) groszek
c) szparagi
d) dynia

8) garlic
a) czosnek
b) burak
c) brokuły
d) sałata

9) mushroom
a) groszek
b) grzyb
c) pomidor
d) brokuły

10) vegetable
a) szpinak
b) jarzyna
c) koper
d) ziemniak

11) parsley
a) marchewka
b) szparagi
c) pietruszka
d) ogórek

12) chick-peas
a) korniszony
b) ciecierzyca
c) fasola
d) szpinak

13) zucchini
a) cukinia
b) pietruszka
c) jarzyna
d) bakłażan

14) lettuce
a) rzodkiewka
b) cebula
c) sałata
d) brokuły

15) radish
a) bakłażan
b) rzodkiewka
c) pieprz
d) groszek

16) cabbage
a) czosnek
b) kapusta
c) szparagi
d) fasola

17) beet
a) cukinia
b) burak
c) jarzyna
d) szparagi

18) potato
a) ziemniak
b) czosnek
c) brokuły
d) grzyb

19) pepper
a) kukurydza
b) seler
c) pieprz
d) sałata

20) cucumber
a) ogórek
b) burak
c) ciecierzyca
d) korniszony

21) pumpkin
a) brokuły
b) ogórek
c) kapusta
d) dynia

22) beans
a) pomidor
b) sałata
c) pieprz
d) fasola

23) tomato
a) pomidor
b) rzodkiewka
c) szparagi
d) brokuły

24) spinach
a) szpinak
b) fasola
c) koper
d) jarzyna

Quiz Solutions

#1 - 1) a - to check bags   2) a - runway   3) a - information   4) c - airport   5) d - land   6) a - single ticket
7) c - emergency   8) d - ticket agent   9) b - gangway   10) a - arrival   11) a - passenger
12) b - destination   13) b - exit   14) c - weight   15) b - non-smoking   16) a - suitcase   17) b - check-in
18) c - domestic   19) d - wheel   20) c - to carry   21) c - life preserver   22) a - oxygen   23) d - pilot
24) b - departure

#2 - 1) a - crew   2) d - airport   3) c - to carry   4) d - to sit down   5) d - information   6) b - destination
7) a - pilot   8) c - flying   9) d - boarding pass   10) c - to book   11) d - late   12) b - early   13) d - smoking
14) d - domestic   15) c - passport   16) d - liftoff   17) b - land   18) c - emergency   19) c - to declare
20) c - wheel   21) b - window   22) a - gangway   23) c - suitcase   24) a - weight

#3 - 1) d - cabin   2) b - suitcase   3) a - life preserver   4) a - single ticket   5) a - check-in   6) c - land
7) b - emergency   8) b - connection   9) c - wheel   10) b - metal detector   11) d - airplane   12) d - exit
13) a - ticket agent   14) a - to board   15) a - tray   16) c - late   17) a - air hostess   18) b - international
19) b - seat   20) a - travel agency   21) d - to carry   22) b - turbulence   23) b - domestic   24) a - pilot

#4 - 1) a - bilet w jedną stronę   2) d - wsiadać   3) a - odlatywać   4) b - bilet w obie strony   5) b - bilet
6) b - taca   7) a - biuro podróży   8) c - start   9) d - palenie   10) a - skrzydło   11) b - przyjazd
12) d - paszport   13) d - informacja   14) d - międzynarodowy   15) c - palenie wzbronione
16) a - wykrywacz metalu   17) d - odlot   18) b - siadać   19) a - nieść   20) a - śmigłowiec
21) d - domowy   22) a - wolnocłowy   23) c - okno   24) a - załoga

#5 - 1) b - zabezpieczenie   2) a - sprawdzić torby   3) a - lecieć   4) d - odprawa   5) d - lądować
6) a - kabina   7) a - międzynarodowy   8) b - toaleta   9) c - ziemia   10) b - tlen   11) b - bilet
12) d - samolot   13) a - niepalący   14) c - walizka   15) d - koło   16) b - informacja   17) b - późno
18) b - lotnisko   19) a - domowy   20) b - biuro podróży   21) d - drugi pilot   22) d - palenie   23) d - karta
pokładowa   24) c - latanie

#6 - 1) b - wcześnie   2) a - bilet w obie strony   3) d - przyjazd   4) b - pilot   5) c - pasażer   6) b - waga
7) a - stewardesa   8) b - paszport   9) b - koło   10) a - bilet w jedną stronę   11) c - siadać   12) d - bilet
13) d - kabina   14) b - tlen   15) d - nagły wypadek   16) b - odprawa   17) b - wsiadać   18) c - lądować
19) b - domowy   20) b - bezpośredni   21) a - palenie wzbronione   22) c - słuchawki   23) c - toaleta
24) c - zabezpieczenie

#7 - 1) d - koala   2) a - leopard   3) d - lamb   4) d - panda   5) c - tortoise   6) b - frog   7) a - rhinoceros
8) d - armadillo   9) a - alligator   10) d - chipmunk   11) c - lion   12) a - sheep   13) d - toad   14) b - horse
15) b - cheetah   16) a - monkey   17) a - deer   18) d - beaver   19) c - dog   20) d - pig   21) d - goat
22) c - animal   23) b - giraffe   24) a - jaguar

#8 - 1) a - ocelot   2) c - chipmunk   3) b - bull   4) a - giraffe   5) b - tortoise   6) a - cow   7) b - rat
8) a - anteater   9) d - cougar   10) c - pup   11) a - zebra   12) a - gorilla   13) d - toad   14) d - panda
15) b - dog   16) a - camel   17) c - lion   18) a - porcupine   19) a - wallaby   20) b - goat   21) c - deer
22) b - donkey   23) b - leopard   24) a - beaver

Quiz Solutions

#9 - 1) d - pup   2) d - chipmunk   3) b - little dog   4) c - buffalo   5) c - cougar   6) c - horse   7) b - zebra   8) c - frog   9) d - fox   10) c - elephant   11) d - lynx   12) c - beaver   13) a - panda   14) c - pig   15) d - kangaroo   16) d - wallaby   17) a - anteater   18) c - mule   19) c - badger   20) a - armadillo   21) c - snake   22) a - jaguar   23) c - rat   24) a - cow

#10 - 1) c - mysz   2) a - szczenię   3) d - bawół   4) c - kot   5) b - lis   6) b - królik   7) b - pies   8) b - hipototam   9) c - lampart   10) c - żaba   11) b - zwierzę   12) b - krowa   13) a - gepard   14) b - szczur   15) d - wielbłąd   16) d - goryl   17) b - pręgowiec   18) c - koza   19) c - mrównik   20) a - walabia   21) d - hiena   22) b - pawian   23) b - ropucha   24) c - gazela

#11 - 1) d - panda   2) c - krokodyl   3) d - tygrys   4) a - hipototam   5) c - szczur   6) c - żyrafa   7) b - żółw   8) a - małpa   9) c - świnia   10) b - jaguar   11) a - jagnię   12) b - koń   13) c - kot   14) d - lis   15) a - wiewiórka   16) b - wilk   17) c - owca   18) d - walabia   19) b - wąż   20) b - ryś   21) b - byk   22) a - muł   23) d - kuguar   24) d - goryl

#12 - 1) d - lis   2) a - jeżozwierz   3) c - wiewiórka   4) a - szczur   5) b - wilk   6) a - gazela   7) c - krokodyl   8) c - ropucha   9) b - mrównik   10) b - lew   11) a - żaba   12) d - zebra   13) c - piesek   14) a - osioł   15) d - wąż   16) b - kuguar   17) a - jeleń   18) d - hipototam   19) b - krowa   20) b - byk   21) d - ocelot   22) c - hiena   23) a - bawół   24) d - niedźwiedź

#13 - 1) c - lamp   2) c - floor   3) a - napkin   4) c - ashtray   5) d - dish   6) c - coffee pot   7) c - dresser   8) a - door   9) a - refrigerator   10) b - roof   11) a - pot   12) b - washing machine   13) c - shelf   14) b - shower curtain   15) a - rubbish bag   16) d - handbag   17) a - plate   18) b - sheet   19) c - drinking glass   20) c - couch   21) b - pillow   22) a - carpet   23) b - hoover   24) d - box

#14 - 1) c - cot   2) d - floor   3) d - bowl   4) a - toaster   5) d - drawer   6) a - freezer   7) a - fork   8) c - drinking glass   9) b - switch   10) a - water   11) c - blanket   12) a - wall   13) c - kettle   14) b - bag   15) d - vase   16) d - bookcase   17) d - shower curtain   18) d - cabinet   19) b - kitchen sink   20) c - curtain   21) c - purse   22) b - bath (tub)   23) b - pot   24) c - dishwasher

#15 - 1) a - pail   2) c - tap   3) c - loo   4) c - sheet   5) b - kitchen   6) d - washing machine   7) a - dishwasher   8) c - fork   9) d - ceiling   10) b - bed   11) a - ashtray   12) b - clock   13) c - shower   14) d - staircase   15) d - coffee pot   16) b - roof   17) d - kitchen sink   18) a - freezer   19) a - toaster   20) a - telephone   21) b - knife   22) d - bottle   23) d - frying pan   24) b - pillow

#16 - 1) c - przełącznik   2) d - zegar   3) d - mydło   4) b - toster   5) c - podłoga   6) b - zasłonka od prysznica   7) b - klatka schodowa   8) a - danie   9) a - filiżanka   10) c - łóżko polowe   11) b - dzbanek do kawy   12) a - torebka   13) c - koc   14) a - łóżko   15) a - zamrażarka   16) a - wazon   17) a - śpiwór   18) c - lustro   19) d - piekarnik   20) a - sufit   21) c - kanapa   22) c - talerz   23) c - kocioł   24) b - torba

Quiz Solutions

#17 - 1) c - dzbanek do kawy   2) a - śpiwór   3) c - latarka   4) d - koc   5) b - toalteta   6) d - lustro
7) a - portfel   8) d - zegar   9) a - przełącznik   10) d - pudełko   11) b - szafka   12) a - miotła
13) b - kanapa   14) c - dywan   15) d - zamrażarka   16) a - meble   17) b - serwetka   18) c - poduszka
19) b - kurek   20) d - łóżko   21) a - patelnia   22) b - miska   23) a - kuchnia   24) d - obraz

#18 - 1) d - szuflada   2) a - kanapa   3) b - podłoga   4) a - szafka   5) d - czajnik   6) c - szklanka
7) b - radio   8) b - dach   9) a - wazon   10) c - portfel   11) d - ściana   12) d - danie   13) c - portmonetka
14) b - sufit   15) c - budzik   16) c - poduszka   17) d - łyżka   18) b - serwetka   19) b - wanna   20) b - stół
21) c - toalteta   22) a - kurek   23) c - zmywarka   24) b - klucz

#19 - 1) c - hawk   2) d - bird   3) c - rooster   4) a - dove   5) a - seagull   6) a - vulture   7) c - flamingo
8) b - pheasant   9) c - stork   10) d - sparrow   11) a - parrot   12) d - hen   13) c - eagle   14) b - pelican
15) a - owl   16) b - ostrich   17) a - goose   18) b - nightingale   19) a - duck   20) c - turkey   21) d - crow
22) d - swan   23) d - heron   24) a - swan

#20 - 1) b - swan   2) a - vulture   3) d - owl   4) a - heron   5) d - crow   6) b - stork   7) b - pelican
8) a - parrot   9) c - pheasant   10) d - bird   11) d - rooster   12) b - ostrich   13) a - eagle   14) b - flamingo
15) c - nightingale   16) d - goose   17) a - seagull   18) c - dove   19) b - hawk   20) b - duck   21) b - hen
22) c - sparrow   23) d - turkey   24) c - parrot

#21 - 1) b - eagle   2) d - turkey   3) b - dove   4) b - parrot   5) d - ostrich   6) c - pheasant   7) a - sparrow
8) a - crow   9) d - seagull   10) c - swan   11) a - owl   12) a - goose   13) b - hawk   14) d - hen
15) b - pelican   16) d - flamingo   17) b - vulture   18) d - duck   19) a - stork   20) c - bird   21) c - heron
22) a - nightingale   23) d - rooster   24) c - owl

#22 - 1) a - papuga   2) a - wrona   3) c - wróbel   4) b - sowa   5) b - bażant   6) a - słowik   7) a - struś
8) c - kogut   9) c - mewa   10) a - bocian   11) c - gęś   12) a - sęp   13) a - czapla   14) b - orzeł
15) d - kura   16) d - kaczka   17) c - gołąb   18) c - jastrząb   19) c - flaming   20) d - ptak   21) b - łabędź
22) b - pelikan   23) a - indyk   24) c - flaming

#23 - 1) c - łabędź   2) c - sęp   3) d - orzeł   4) b - bażant   5) c - jastrząb   6) c - indyk   7) a - słowik
8) c - wrona   9) b - sowa   10) d - czapla   11) c - struś   12) d - gołąb   13) d - mewa   14) a - bocian
15) a - papuga   16) b - kogut   17) d - ptak   18) b - pelikan   19) c - gęś   20) a - flaming   21) d - wróbel
22) a - kura   23) b - kaczka   24) d - kaczka

#24 - 1) d - czapla   2) d - ptak   3) a - jastrząb   4) d - kogut   5) b - bażant   6) c - kaczka   7) b - sowa
8) b - sęp   9) c - kura   10) b - papuga   11) c - pelikan   12) a - bocian   13) a - struś   14) b - orzeł
15) d - gęś   16) c - wrona   17) c - gołąb   18) a - wróbel   19) d - mewa   20) a - łabędź   21) b - słowik
22) c - flaming   23) a - indyk   24) b - struś

Quiz Solutions

#25 - 1) d - scarf 2) c - sandals 3) a - jeans 4) d - jumper 5) d - stockings 6) d - tights 7) b - gloves
8) d - umbrella 9) d - pyjamas 10) c - T-shirt 11) c - glove 12) d - hiking boots 13) b - zip
14) a - belt 15) d - sweatshirt 16) d - cardigan 17) b - mackintosh 18) a - trousers 19) b - cap
20) d - briefs 21) a - waistcoat 22) a - coat 23) a - skirt 24) a - running shoes

#26 - 1) a - skirt 2) c - gloves 3) d - umbrella 4) c - coat 5) a - dressing gown 6) b - belt 7) a - zip
8) a - clothes 9) c - anorak 10) c - bow tie 11) b - hiking boots 12) c - scarf 13) a - cap
14) a - sweatshirt 15) c - sandals 16) a - hat 17) c - blouse 18) c - suit 19) a - braces/suspenders
20) c - trousers 21) b - running shoes 22) c - mackintosh 23) d - waistcoat 24) c - cardigan

#27 - 1) c - overalls 2) a - hiking boots 3) c - necktie 4) a - jumpsuit 5) c - dress 6) a - trousers
7) d - bathing suit 8) a - blouse 9) a - waistcoat 10) c - sandals 11) c - slippers 12) a - jumper
13) c - coat 14) a - socks 15) a - belt 16) c - stockings 17) c - clothes 18) d - hat 19) c - sweatshirt
20) a - T-shirt 21) c - skirt 22) c - running shoes 23) d - size 24) d - gloves

#28 - 1) a - rękawice 2) b - szlafrok 3) a - biustonosz 4) c - bluza 5) c - płaszcz przeciwdeszczowy
6) a - dżinsy 7) d - kamizelka 8) d - sukienka 9) c - ubranie 10) d - muszka 11) a - czapka
12) c - garnitur 13) c - tenisówki 14) a - sweter 15) a - pasek 16) a - bluzka 17) a - kapelusz
18) c - ogrodniczki 19) b - kombinezon 20) c - skarpetki 21) b - gorset 22) d - pończochy 23) c - buty
trekkingowe 24) d - sandały

#29 - 1) a - kardigan 2) a - T-shirt 3) a - szlafrok 4) b - czapka 5) a - koszula 6) a - piżama
7) b - rękawiczka 8) a - płaszcz przeciwdeszczowy 9) a - garnitur 10) b - tenisówki 11) d - krawat
12) b - buty trekkingowe 13) d - biustonosz 14) b - rozmiar 15) a - kombinezon 16) d - kapcie
17) b - bikini 18) d - rękawice 19) a - ubranie 20) b - muszka 21) a - kapelusz 22) a - gorset
23) d - szalik 24) a - parasol

#30 - 1) c - rękawiczka 2) c - spodnie 3) b - krawat 4) d - dżinsy 5) c - pończochy 6) a - spódnica
7) d - kamizelka 8) c - pasek 9) c - garnitur 10) d - bluzka 11) b - buty trekkingowe 12) c - T-shirt
13) b - szalik 14) d - czapka 15) a - muszka 16) b - szelki 17) b - parasol 18) a - gorset
19) d - szlafrok 20) c - kurtka 21) b - płaszcz przeciwdeszczowy 22) a - sukienka 23) b - kardigan
24) b - ubranie

#31 - 1) a - cousin 2) c - mother 3) c - family 4) c - wife 5) c - uncle 6) a - sister 7) b - stepmother
8) b - grandchild 9) b - niece 10) c - dad 11) a - stepbrother 12) b - son 13) d - bride
14) d - stepdaughter 15) c - grandmother 16) a - relatives 17) b - grandfather 18) b - aunt
19) c - relative 20) c - stepfather 21) d - stepsister 22) a - husband 23) c - nephew 24) b - mum

#32 - 1) a - dad 2) d - grandchild 3) d - niece 4) d - daughter 5) b - sister 6) b - stepdaughter
7) a - parent 8) c - bride 9) b - aunt 10) c - family 11) d - wife 12) a - mother 13) d - stepfather
14) c - stepmother 15) d - parents 16) c - stepsister 17) a - relatives 18) a - uncle 19) a - father
20) a - nephew 21) a - son 22) b - relative 23) d - husband 24) b - stepbrother

Quiz Solutions

#33 - 1) b - brother   2) c - stepdaughter   3) d - parent   4) a - stepmother   5) d - aunt   6) a - cousin
7) b - wife   8) a - stepson   9) a - grandchild   10) b - sister   11) c - relative   12) d - father   13) a - parents
14) b - husband   15) b - daughter   16) a - uncle   17) c - mother   18) c - grandmother   19) c - relatives
20) d - bride   21) c - son   22) b - grandfather   23) b - nephew   24) c - mum

#34 - 1) d - żona   2) a - siostra   3) a - ojczym   4) c - brat   5) a - krewni   6) d - tata   7) a - ciocia
8) d - syn   9) b - przyrodni brat   10) a - macocha   11) d - rodzice   12) b - dziadek   13) b - mama
14) d - córka   15) d - wnuk   16) a - matka   17) b - panna młoda   18) a - mąż   19) b - rodzina
20) a - siostrzeniec   21) d - pasierbica   22) a - wuj   23) d - przyrodnia siostra   24) a - pasierb

#35 - 1) d - siostrzenica   2) d - babcia   3) a - kuzyn   4) a - siostra   5) d - córka   6) a - ojciec
7) b - rodzina   8) b - brat   9) d - przyrodnia siostra   10) d - ojczym   11) a - dziadek   12) a - matka
13) d - krewni   14) b - pasierbica   15) a - mama   16) a - syn   17) d - macocha   18) b - pasierb
19) c - przyrodni brat   20) a - żona   21) d - tata   22) c - rodzice   23) d - krewny   24) d - wuj

#36 - 1) a - mama   2) a - brat   3) c - żona   4) b - matka   5) d - wnuk   6) c - córka   7) b - przyrodni brat
8) b - ojczym   9) d - krewni   10) c - pasierbica   11) a - mąż   12) d - rodzice   13) c - rodzina
14) d - babcia   15) d - ciocia   16) c - macocha   17) b - panna młoda   18) c - krewny   19) c - przyrodnia
siostra   20) d - siostrzenica   21) b - syn   22) a - pasierb   23) d - siostrzeniec   24) c - tata

#37 - 1) d - vegetable soup   2) b - biscuit   3) c - cheese   4) c - yoghurt   5) b - egg   6) d - cracker
7) c - chocolate bar   8) c - ice-cream   9) c - food   10) b - cake   11) b - mustard   12) a - olive oil
13) a - milk   14) c - salad   15) b - bun   16) c - vinegar   17) a - bread   18) b - butter   19) d - sugar
20) d - salt   21) d - cracker   22) b - salad   23) d - food   24) d - salt

#38 - 1) c - ice-cream   2) c - vegetable soup   3) a - mustard   4) c - egg   5) b - salad   6) d - olive oil
7) a - cake   8) a - vinegar   9) c - biscuit   10) b - food   11) c - cheese   12) a - chocolate bar   13) c - bread
14) c - cracker   15) b - bun   16) b - sugar   17) b - butter   18) a - salt   19) d - yoghurt   20) c - milk
21) b - salad   22) d - sugar   23) b - mustard   24) a - food

#39 - 1) c - vinegar   2) a - yoghurt   3) c - cracker   4) c - vegetable soup   5) d - food   6) d - bun
7) c - mustard   8) b - salad   9) b - olive oil   10) b - butter   11) a - sugar   12) c - cheese   13) c - biscuit
14) b - bread   15) b - cake   16) a - ice-cream   17) c - milk   18) a - salt   19) b - egg   20) c - chocolate bar
21) d - food   22) c - vinegar   23) b - mustard   24) c - egg

#40 - 1) c - ocet   2) b - ciastko   3) d - mleko   4) b - krakers   5) c - ser   6) b - chleb   7) b - oliwa z oliwek
8) d - cukier   9) a - bułka   10) c - herbatnik   11) d - sałatka   12) a - musztarda   13) d - jogurt
14) c - tabliczka czekolady   15) a - lody   16) a - jedzenie   17) a - masło   18) b - jajko   19) a - zupa
jarzynowa   20) c - sól   21) d - masło   22) b - jajko   23) a - zupa jarzynowa   24) a - mleko

Quiz Solutions

#41 - 1) c - sałatka   2) a - cukier   3) b - ser   4) c - herbatnik   5) a - bułka   6) c - lody   7) a - musztarda   8) b - krakers   9) c - mleko   10) a - ciastko   11) c - sól   12) d - oliwa z oliwek   13) a - jedzenie   14) a - jajko   15) a - jogurt   16) b - zupa jarzynowa   17) b - tabliczka czekolady   18) c - chleb   19) b - ocet   20) d - masło   21) d - ocet   22) b - cukier   23) c - lody   24) b - jedzenie

#42 - 1) d - musztarda   2) d - mleko   3) b - herbatnik   4) a - zupa jarzynowa   5) c - jogurt   6) d - ciastko   7) c - krakers   8) a - oliwa z oliwek   9) b - ocet   10) d - bułka   11) a - ser   12) d - sałatka   13) d - jedzenie   14) c - tabliczka czekolady   15) b - jajko   16) b - cukier   17) a - chleb   18) a - masło   19) d - lody   20) d - sól   21) a - lody   22) b - musztarda   23) a - oliwa z oliwek   24) b - ocet

#43 - 1) a - watermelon   2) a - orange   3) c - banana   4) b - blueberry   5) b - raisin   6) c - grapefruit   7) a - tangerine   8) d - fig   9) c - blackberry   10) d - rhubarb   11) a - hazelnut   12) b - strawberry   13) a - date   14) d - apricot   15) b - pear   16) a - coconut   17) d - raspberry   18) d - peach   19) d - chestnut   20) d - cherry   21) d - grape   22) a - fruit   23) c - melon   24) d - prune

#44 - 1) a - pineapple   2) b - watermelon   3) a - coconut   4) c - raspberry   5) b - lemon   6) d - banana   7) a - pear   8) b - lime   9) c - orange   10) b - peanut   11) d - melon   12) a - rhubarb   13) d - grapefruit   14) d - tangerine   15) a - strawberry   16) d - date   17) a - walnut   18) d - blueberry   19) b - almond   20) b - plum   21) c - fruit   22) b - hazelnut   23) c - blackberry   24) c - fig

#45 - 1) d - grape   2) c - apple   3) b - watermelon   4) b - orange   5) d - blackberry   6) d - plum   7) b - peach   8) a - tangerine   9) d - grapefruit   10) b - cherry   11) d - strawberry   12) c - pear   13) b - raisin   14) d - fig   15) d - date   16) a - lemon   17) c - hazelnut   18) a - coconut   19) a - rhubarb   20) a - chestnut   21) c - prune   22) a - melon   23) d - raspberry   24) a - blueberry

#46 - 1) d - truskawka   2) a - jagoda   3) c - jeżyna   4) d - mandarynka   5) c - cytryna   6) c - daktyl   7) a - kokos   8) b - jabłko   9) a - banan   10) b - suszona śliwka   11) a - orzech włoski   12) b - limonka   13) d - brzoskwinia   14) a - owoc   15) c - śliwka   16) a - malina   17) d - pomarańcza   18) c - morela   19) c - migdał   20) a - figa   21) d - arbuz   22) d - ananas   23) b - rodzynek   24) b - grejpfrut

#47 - 1) a - ananas   2) a - grejpfrut   3) c - arbuz   4) b - figa   5) a - banan   6) a - orzech ziemny   7) c - cytryna   8) c - daktyl   9) d - orzech laskowy   10) a - gruszka   11) a - owoc   12) b - suszona śliwka   13) d - winogrono   14) b - rodzynek   15) a - pomarańcza   16) d - mandarynka   17) b - limonka   18) c - rabarbar   19) b - jeżyna   20) c - migdał   21) c - morela   22) d - truskawka   23) d - śliwka   24) c - brzoskwinia

#48 - 1) a - banan   2) a - limonka   3) c - śliwka   4) c - jabłko   5) a - malina   6) b - daktyl   7) d - grejpfrut   8) c - brzoskwinia   9) d - jeżyna   10) d - rabarbar   11) d - figa   12) b - arbuz   13) a - gruszka   14) a - rodzynek   15) d - suszona śliwka   16) c - jagoda   17) a - winogrono   18) a - morela   19) b - owoc   20) a - mandarynka   21) b - orzech włoski   22) c - migdał   23) b - kasztan   24) b - cytryna

Quiz Solutions

#49 - 1) c - to pay 2) c - entrance 3) b - receptionist 4) b - lift 5) b - message 6) b - ground floor
7) a - lobby 8) d - garage 9) b - bellboy 10) b - balcony 11) c - air conditioning 12) c - hotel
13) b - complaint 14) c - ice 15) b - room 16) c - check-out 17) b - receipt 18) c - reception desk
19) c - internet 20) d - swimming pool 21) a - stairs 22) a - booking 23) a - living room 24) c - maid

#50 - 1) d - balcony 2) a - air conditioning 3) c - ground floor 4) b - taxi 5) c - receipt 6) b - maid
7) c - room 8) a - suite 9) c - message 10) c - doorman 11) c - ice 12) b - garage 13) d - stairs
14) c - bellboy 15) b - view 16) a - reception desk 17) c - dining room 18) a - complaint
19) d - internet 20) d - recreation 21) a - lift 22) a - room service 23) a - booking 24) a - lobby

#51 - 1) a - booking 2) a - receptionist 3) a - reception desk 4) b - lift 5) a - hotel 6) c - air
conditioning 7) b - manager 8) b - to pay 9) b - bill 10) c - dining room 11) a - entrance
12) b - ground floor 13) a - swimming pool 14) c - view 15) c - price 16) d - ice 17) a - living room
18) b - breakfast 19) c - stairs 20) d - room service 21) b - doorman 22) c - balcony 23) d - taxi
24) a - maid

#52 - 1) a - pływalnia 2) a - obsługa hotelowa 3) d - hol 4) c - pokojówka 5) b - kwit 6) b - parter
7) c - hotel 8) c - schody 9) d - lód 10) b - apartament 11) c - cena 12) b - widok 13) d - portier
14) d - pokój jadalny 15) c - recepcja 16) c - pokój 17) d - recepcjonista 18) a - płacić 19) b - chłopiec
hotelowy 20) d - powództwo 21) c - winda 22) a - komunikat 23) c - garaż 24) d - klimatyzacja

#53 - 1) d - rekreacja 2) c - klimatyzacja 3) a - pokój 4) a - pokojówka 5) c - pływalnia 6) c - cena
7) d - recepcja 8) b - płacić 9) a - kierownik 10) d - recepcjonista 11) c - pokój jadalny
12) d - rachunek 13) a - portier 14) c - śniadanie 15) d - internet 16) d - taksówka 17) d - parter
18) b - apartament 19) b - kwit 20) a - duży pokój 21) d - obsługa hotelowa 22) d - garaż 23) c - hol
24) b - lód

#54 - 1) b - kwit 2) b - duży pokój 3) b - internet 4) a - lód 5) a - garaż 6) b - śniadanie
7) c - kierownik 8) a - recepcjonista 9) a - hotel 10) b - pokojówka 11) a - powództwo
12) c - pływalnia 13) d - cena 14) c - rachunek 15) b - portier 16) c - pokój jadalny 17) a - płacić
18) a - chłopiec hotelowy 19) c - wejście 20) c - balkon 21) b - klimatyzacja 22) b - parter
23) d - apartament 24) d - pokój

#55 - 1) c - foot 2) d - calf 3) c - lip 4) b - breast 5) d - rib 6) b - skin 7) b - kidney 8) b - freckles
9) c - muscle 10) d - jaw 11) d - stomach 12) d - brain 13) c - tendon 14) c - eyebrow 15) b - fist
16) c - throat 17) a - wrist 18) b - gland 19) a - iris 20) b - tooth 21) c - bone 22) c - neck
23) a - feet 24) b - bladder

#56 - 1) c - tongue 2) c - fist 3) b - arm 4) d - face 5) b - tonsils 6) c - body 7) c - hair
8) c - backbone 9) b - forehead 10) d - skin 11) a - bone 12) a - eye 13) c - moustache
14) a - bladder 15) c - tooth 16) d - neck 17) c - eyelid 18) d - knee 19) a - nerve 20) d - liver
21) d - iris 22) d - shoulder 23) d - mouth 24) d - kidney

Quiz Solutions

#57 - 1) b - foot 2) b - backbone 3) a - lung 4) c - eyelid 5) d - throat 6) a - body 7) b - forehead 8) a - vein 9) c - thumb 10) a - ear 11) d - kidney 12) c - tonsils 13) b - leg 14) b - lip 15) b - eyebrow 16) a - cheek 17) c - beard 18) c - mouth 19) b - iris 20) d - shoulder 21) b - neck 22) a - thorax 23) d - elbow 24) d - face

#58 - 1) c - twarz 2) d - ciało 3) d - włosy 4) c - język 5) c - noga 6) c - kręgosłup 7) c - kciuk 8) b - ząb 9) b - zęby 10) c - pęcherz 11) c - policzek 12) a - żyła 13) a - wyrostek robaczkowy 14) a - płuco 15) a - staw 16) a - szyja 17) a - żebro 18) d - kolano 19) d - palec u nogi 20) a - tętnica 21) a - wąsy 22) b - pięść 23) c - powieka 24) c - czoło

#59 - 1) d - łokieć 2) a - staw 3) a - zęby 4) c - palec 5) d - paznokieć 6) d - przegub 7) a - wyrostek robaczkowy 8) d - ząb 9) b - brew 10) a - żebro 11) a - ramię 12) c - rzęsa 13) c - policzek 14) b - mięsień 15) b - oko 16) a - nerw 17) c - szyja 18) a - mòzg 19) b - usta 20) b - części ciała 21) d - żyła 22) c - płuco 23) a - czoło 24) a - powieka

#60 - 1) d - części ciała 2) c - ramię 3) a - wyrostek robaczkowy 4) a - mięsień 5) b - warga 6) b - zęby 7) d - gardło 8) c - twarz 9) a - noga 10) a - szyja 11) a - brew 12) c - stopy 13) d - wąsy 14) d - ucho 15) c - tęczówka 16) b - czoło 17) d - ciało 18) b - plecy 19) d - ząb 20) c - staw 21) d - płuco 22) b - biodro 23) b - łydka 24) c - kciuk

#61 - 1) d - to eat 2) c - salad bowl 3) b - cheap 4) d - main course 5) a - wine list 6) a - waitress 7) b - hungry 8) d - salad fork 9) a - restaurant 10) c - dessert 11) d - setting 12) b - meal 13) a - soup spoon 14) c - beverage 15) b - thirsty 16) d - to order 17) a - waiter 18) b - soup bowl 19) a - lunch 20) c - to drink 21) b - tablecloth 22) d - to reserve 23) b - expensive 24) d - dinner

#62 - 1) a - thirsty 2) a - restaurant 3) d - beverage 4) d - main course 5) b - waitress 6) c - waiter 7) b - to reserve 8) c - expensive 9) c - to drink 10) d - wine list 11) d - to eat 12) c - salad fork 13) d - dessert 14) b - tablecloth 15) a - soup bowl 16) b - soup spoon 17) b - meal 18) b - menu 19) c - dinner 20) c - salad bowl 21) a - setting 22) c - lunch 23) a - hungry 24) a - to order

#63 - 1) c - soup bowl 2) a - setting 3) a - to drink 4) d - beverage 5) c - dessert 6) c - dinner 7) c - menu 8) c - to order 9) a - waitress 10) a - to reserve 11) c - salad fork 12) a - wine list 13) d - expensive 14) d - restaurant 15) a - cheap 16) c - to eat 17) a - salad bowl 18) b - hungry 19) d - thirsty 20) c - waiter 21) c - meal 22) c - tablecloth 23) c - main course 24) b - lunch

#64 - 1) c - zamawiać 2) a - danie główne 3) a - napój 4) a - kelner 5) d - jadłospis 6) d - jeść 7) c - ustawienie tabeli 8) b - spragniony 9) d - tani 10) d - posiłek 11) b - obrus 12) d - pić 13) c - lista win 14) c - sałatka widelec 15) d - głodny 16) b - kolacja 17) d - salaterka 18) b - obiad 19) d - zachowywać 20) c - deser 21) c - miska do zupy 22) c - resturacja 23) a - kelnerka 24) d - łyżka do zupy

Quiz Solutions

#65 - 1) a - spragniony 2) a - danie główne 3) d - deser 4) c - jadłospis 5) b - obiad 6) c - posiłek
7) b - jeść 8) c - tani 9) a - ustawienie tabeli 10) b - zachowywać 11) c - miska do zupy 12) d - obrus
13) b - kelner 14) b - sałatka widelec 15) a - głodny 16) b - kelnerka 17) c - salaterka 18) d - lista win
19) c - zamawiać 20) b - kolacja 21) b - drogi 22) c - resturacja 23) b - pić 24) b - łyżka do zupy

#66 - 1) c - lista win 2) d - obiad 3) d - kelner 4) c - drogi 5) c - sałatka widelec 6) a - napój
7) c - głodny 8) b - jeść 9) d - deser 10) b - obrus 11) a - ustawienie tabeli 12) d - danie główne
13) b - pić 14) c - zachowywać 15) b - zamawiać 16) a - jadłospis 17) c - kelnerka 18) a - spragniony
19) b - posiłek 20) d - łyżka do zupy 21) a - tani 22) c - resturacja 23) b - kolacja 24) c - salaterka

#67 - 1) b - peas 2) b - spinach 3) c - fennel 4) c - artichoke 5) b - lettuce 6) b - onion 7) b - tomato
8) a - pepper 9) c - corn 10) b - celery 11) b - pumpkin 12) b - potato 13) b - parsley 14) a - radish
15) d - cauliflower 16) d - carrot 17) d - zucchini 18) d - broccoli 19) b - chick-peas 20) a - vegetable
21) a - cucumber 22) c - beet 23) d - beans 24) b - mushroom

#68 - 1) a - parsley 2) a - fennel 3) d - mushroom 4) c - zucchini 5) c - corn 6) a - artichoke
7) a - beet 8) d - vegetable 9) c - chick-peas 10) b - pumpkin 11) a - beans 12) c - potato
13) b - celery 14) c - lettuce 15) c - broccoli 16) b - garlic 17) a - pepper 18) a - tomato
19) a - onion 20) c - peas 21) a - gherkins 22) b - aubergine 23) c - cabbage 24) d - radish

#69 - 1) b - pepper 2) d - lettuce 3) b - artichoke 4) b - radish 5) a - fennel 6) a - celery
7) a - gherkins 8) d - onion 9) b - spinach 10) a - cabbage 11) b - beet 12) a - beans 13) d - broccoli
14) b - cauliflower 15) a - mushroom 16) d - zucchini 17) b - tomato 18) c - pumpkin 19) b - potato
20) a - parsley 21) a - peas 22) c - aubergine 23) a - asparagus 24) c - chick-peas

#70 - 1) b - szparagi 2) a - szpinak 3) a - rzodkiewka 4) d - ogórek 5) d - bakłażan 6) c - pomidor
7) d - fasola 8) d - koper 9) d - marchewka 10) b - grzyb 11) d - dynia 12) b - pietruszka
13) d - kukurydza 14) d - brokuły 15) c - czosnek 16) c - kapusta 17) a - cebula 18) a - cukinia
19) a - korniszony 20) c - pieprz 21) d - burak 22) c - seler 23) a - jarzyna 24) a - ciecierzyca

#71 - 1) b - pieprz 2) c - sałata 3) b - karczoch 4) b - brokuły 5) a - pomidor 6) a - ciecierzyca
7) a - cukinia 8) a - cebula 9) a - czosnek 10) a - szpinak 11) d - seler 12) c - fasola
13) b - kukurydza 14) c - dynia 15) a - groszek 16) c - ziemniak 17) b - szparagi 18) c - grzyb
19) b - marchewka 20) b - bakłażan 21) b - koper 22) a - pietruszka 23) b - rzodkiewka 24) c - burak

#72 - 1) b - kukurydza 2) a - kalafior 3) d - karczoch 4) b - koper 5) c - marchewka 6) a - bakłażan
7) b - groszek 8) a - czosnek 9) b - grzyb 10) b - jarzyna 11) c - pietruszka 12) b - ciecierzyca
13) a - cukinia 14) c - sałata 15) b - rzodkiewka 16) b - kapusta 17) b - burak 18) a - ziemniak
19) c - pieprz 20) a - ogórek 21) d - dynia 22) d - fasola 23) a - pomidor 24) a - szpinak

About the Author

Erik Zidowecki is a computer programmer and language lover. He is a co-founder of UniLang and founder of Parleremo, both web communities dedicated to helping people learn languages. He is also the Editor in Chief of Parrot Time magazine, a magazine devoted to language, linguistics, culture and the Parleremo community.

About Parleremo Languages

Parleremo is a language learning web site and online community. Free to any who wish to learn about languages and cultures, Parleremo uses a mixture of static and interactive resources as well as peer to peer sharing of knowledge and experience.

We are devoted to providing language materials and resources to people that want to learn and work with a like minded community.

Connect with Me:

Follow me on Twitter: https://twitter.com/Parleremo
Friend me on Facebook: https://www.facebook.com/ezidowecki
Join my group on Facebook: https://www.facebook.com/groups/264839636895941/
Join my site: http://www.parleremo.org/

Printed in Great Britain
by Amazon